Andreas Frodl

Management in Gesundheitseinrichtungen

Andreas Frodl

# Management in Gesundheits-einrichtungen

Praxisbeispiele und Konzepte

DE GRUYTER

**Autor**
Dr. Andreas Frodl
Von-Kleist-Str. 18
85435 Erding

Das Buch enthält 13 Abbildungen und 60 Tabellen.

ISBN 978-3-11-057993-2
e-ISBN (PDF) 978-3-11-037926-6
e-ISBN (EPUB) 978-3-11-038742-1

**Library of Congress Cataloging-in-Publication Data**
A CIP catalog record for this book has been applied for at the Library of Congress.

**Bibliografische Information der Deutschen Nationalbibliothek**
Die Deutsche Nationalbibliothek verzeichnet diese Publikation in der Deutschen Nationalbibliografie; detaillierte bibliografische Daten sind im Internet über http://dnb.dnb.de abrufbar.


Dieser Band ist text- und seitenidentisch mit der 2015 erschienenen gebundenen Ausgabe.
Umschlaggestaltung: Ridofranz/iStock/Thinkstock
Satz: PTP Protago-TEX-Production, Berlin
Druck und Bindung: CPI books GmbH, Leck

♾ Gedruckt auf säurefreiem Papier
Printed in Germany

www.degruyter.com

# Vorwort

Nicht selten wird angezweifelt, ob sich betriebswirtschaftliche Verfahren, Methoden und Konzepte in Gesundheitseinrichtungen anwenden lassen. Derartige Bedenken und Vorbehalte sind insbesondere dann nachvollziehbar, wenn man einschlägige Erfahrungen mit Managementberatern gemacht hat, die Konzepte aus Industrie, Handwerk oder Dienstleistungsbereichen nahezu unverändert auf den Gesundheitssektor zu übertragen versuchen, frei nach dem Motto „Was in der Automobilindustrie funktioniert, muss doch auch im Gesundheitswesen machbar sein!"

Andererseits lassen sich mittlerweile zahlreiche Beispiele für Anwendungsmöglichkeiten des BWL-Instrumentariums in Gesundheitseinrichtungen finden, von denen einige in diesem Buch aufgezeigt werden sollen.

Oftmals haben Klinikärzte, Praxisinhaber, Pflegekräfte oder Medizinstudenten betriebswirtschaftliche Begriffe auch schon einmal gehört, fragen sich aber, wie das jeweilige Instrument denn in einer Gesundheitseinrichtung konkret anwendbar und umsetzbar sei.

Anhand von 100 praktischen Beispielen von A wie „ABC-Analyse" bis Z wie „Zuschlagskalkulation" werden Begriffe, Methoden und Instrumente kompakt erläutert und mit einem konkreten, gesundheitsbetrieblichen Anwendungsbeispiel in Form von Tabellen, Listen, Zahlenmaterial, Berechnungen, Textformulierungen, Abbildungen etc. dargestellt.

Die Leserinnen mögen mir nachsehen, dass aufgrund der einfacheren Lesbarkeit überwiegend maskuline (Berufs-)Bezeichnungen verwendet wurden.

Erding, im März 2015 Dr. Andreas Frodl

# Abkürzungsverzeichnis

| | |
|---|---|
| ABEDL | Aktivitäten, Beziehungen und existentielle Erfahrungen des Lebens (Pflegemodell nach *Krohwinkel*) |
| AfA | Abschreibungen für Anschaffungen |
| AGW | Arbeitsplatzgrenzwert |
| AktG | Aktiengesetz |
| ApBetrO | Apothekenbetriebsordnung |
| AVV | Abfallverzeichnis-Verordnung |
| AWMF | Arbeitsgemeinschaft der Wissenschaftlichen Medizinischen Fachgesellschaften |
| BAB | Betriebsabrechnungsbogen |
| BAuA | Bundesanstalt für Arbeitsschutz und Arbeitssicherheit |
| BBiG | Berufsbildungsgesetz |
| BCG | Boston Consulting Group |
| BDL | Bundesverband Deutscher Leasingunternehmen e.V. |
| BDSG | Bundesdatenschutzgesetz |
| BEMA | Bewertungsmaßstab für zahnärztliche Leistungen |
| BetrVG | Betriebsverfassungsgesetz |
| BGB | Bürgerliches Gesetzbuch |
| BGBEG | Einführungsgesetz zum Bürgerlichen Gesetzbuch |
| BGBl | Bundesgesetzblatt |
| BGW | Berufsgenossenschaft für Gesundheitsdienst und Wohlfahrtspflege |
| BIP | Best in Procurement (Fachzeitschrift) |
| BME | Bundesverband Materialwirtschaft, Einkauf und Logistik e.V. |
| BMF | Bundesfinanzministerium |
| BMI | Body-Mass-Index |
| BPR | Business Process Reengineering |
| BSC | Balanced Scorecard |
| BWA | Betriebswirtschaftliche Auswertung |
| BZÄK | Bundeszahnärztekammer |
| CBP | Caritas Behindertenhilfe und Psychatrie e.V. |
| DAHZ | Deutscher Arbeitskreis für Hygiene in der Zahnmedizin |
| DCV | Deutscher Caritasverband |
| dfkm | Deutsches Forum für Krankenhausmanagement |
| DGHM | Deutsche Gesellschaft für Hygiene und Mikrobiologie |
| DIMDI | Deutsches Institut für medizinische Dokumentation und Information |
| DIN | Deutsche Industrie Norm |
| DKI | Deutsches Krankenhaus Institut |
| DMP | Disease-Management-Programme |

| | |
|---|---|
| DRG | Diagnosis Related Groups |
| EPA | Europäisches Praxisassessment |
| EStG | Einkommensteuergesetz |
| EÜR | Einnahmenüberschussrechnung |
| e.V. | eingetragener Verein |
| FA | Facharzt |
| FTE | Full Time Equivalents |
| FZ | Fehlzeiten |
| GbR | Gesellschaft bürgerlichen Rechts |
| GefStoffV | Gefahrstoffverordnung |
| gGmbH | gemeinnützige GmbH |
| GmbH | Gesellschaft mit beschränkter Haftung |
| GOÄ | Gebührenordnung für Ärzte |
| GoB | Grundsätze ordnungsgemäßer Buchführung |
| GOZ | Gebührenordnung für Zahnärzte |
| GPO | Geschäftsprozessoptimierung |
| GWG | Geringwertiges (Wirtschafts-)Gut |
| HA | Hausarzt |
| HGB | Handelsgesetzbuch |
| HI | Herstellerinformation (für nicht kennzeichnungspflichtige Gefahrstoffe) |
| HKP | Heil- und Kostenplan |
| ICD | International Statistical Classification of Diseases and Related Health Problems |
| IfSG | Infektionsschutzgesetz |
| IKKBB | Innungskrankenkasse Brandenburg und Berlin |
| IOSB | Fraunhofer-Institut für Optronik, Systemtechnik und Bildauswertung |
| KG | Kommanditgesellschaft |
| KHBV | Krankenhaus-Buchführungsverordnung |
| KHG | Krankenhausfinanzierungsgesetz |
| KTQ | Kooperation für Transparenz und Qualität im Gesundheitswesen |
| KZV BW | Kassenzahnärztliche Vereinigung Baden-Württemberg |
| MD | Medizinischer Dienst |
| MPBetreibV | Medizinprodukte-Betreiberverordnung |
| MPG | Medizinproduktegesetz |
| MRSA | Methicillin-resistenter Staphylococcus aureus |
| MVZ | Medizinisches Versorgungszentrum |
| NVL | Nationale Versorgungsleitlinien |
| NWA | Nutzwertanalyse |
| OHG | Offene Handelsgesellschaft |
| OPS | Operationen- und Prozedurenschlüssel |

| | |
|---|---|
| PBV | Pflege-Buchführungsverordnung |
| PEG | Perkutane endoskopische Gastrostomie |
| PKR | Prozesskostenrechnung |
| PT | Personentage |
| Qb-R | Regelungen zum Qualitätsbericht der Krankenhäuser |
| QSKH-RL | Richtlinie über Maßnahmen der Qualitätssicherung in Krankenhäusern |
| RDG | Reinigungs- Desinfektions-Geräte |
| RoI | Return on Investment |
| RKI | Robert-Koch-Institut |
| Schufa | Schutzgemeinschaft für allgemeine Kreditsicherung (früher SCHUFA e.V., jetzt: Schufa Holding AG) |
| SDB | Sicherheitsdatenblatt |
| SGB | Sozialgesetzbuch |
| TG | Teilgewichte |
| TRBA | Technische Regeln für Biologische Arbeitsstoffe |
| Tsd. | Tausend |
| UStG | Umsatzsteuergesetz |
| VAH | Verbund für angewandte Hygiene |
| VgV | Vergabeverordnung |
| VKAD | Verband katholischer Altenhilfe in Deutschland |
| VOB | Vergabe- und Vertragsordnung für Bauleistungen |
| VOF | Verdingungsordnung für freiberufliche Leistungen |
| VOL | Verdingungsordnung für Leistungen |
| VZK | Vollzeitkapazitäten |
| z. B. | zum Beispiel |
| ZA | Zielkostenanteil |
| ZI | Zielkostenindex |
| ZMV | Zahnmedizinische Verwaltungsassistentin |

# Inhalt

# 1 Beispiele aus dem Bereich „Finanzmanagement“

## 1.1 Finanzierung

### 1.1.1 Factoring

Das Factoring zählt als sogenannte unechte Finanzierungsform zu den Sonderformen der Außenfinanzierung. Es handelt sich dabei um den laufenden Ankauf von Geldforderungen gegen einen Drittschuldner (bspw. Patient) aus Dienstleistungen durch ein Finanzierungsinstitut (Factor). Das Factoringinstitut übernimmt gegen Entgelt beispielsweise

- das Mahnwesen,
- das Ausfallrisiko,
- die Buchführung

und stellt der die Patientenforderungen verkaufenden medizinischen Einrichtung sofort Liquidität zur Verfügung, was die eigentliche Finanzierungsfunktion des Factorings ausmacht. Im Rahmen der Vorfälligkeit werden vom Factor die Rechnungsbeträge bis zum Fälligkeitstag bevorschusst und abzüglich eines prozentualen Einbehalts der Gesundheitseinrichtung unmittelbar nach Erstellung der Rechnungen bereitgestellt. Mit Übernahme der Delkrederefunktion trägt der Factor das Ausfallrisiko vollständig. Auch obliegt ihm die zwangsweise Geltendmachung notleidender Forderungen.

Üblicherweise wird vereinbart, dass der Factor regelmäßig über Kontenbewegungen, Skonti und offene Posten informiert. Die Factoringgebühren sind in der Regel unter anderem abhängig von Umsatz, Forderungslaufzeiten, Zahlungsverhalten und Fluktuation der Patienten. Sie betragen üblicherweise zwischen 1 und 5 % des Umsatzes.

Typische **Anwendungsfelder** des Factorings im Gesundheitswesen sind offene Forderungen gegenüber Patienten, aber auch etwa Laborleistungen oder andere Dienstleistungen der Gesundheitsversorgung.

Bei der **Vorgehensweise** unterscheidet man zunächst das offene Factoring, bei dem in der Rechnung auf die Abtretung der Forderung an den Factor hingewiesen wird, so dass der Patient mit befreiender Wirkung an ihn leistet. Ein halboffenes Factoring liegt vor, wenn durch einen Zahlungsvermerk auf der Rechnung über die Zusammenarbeit mit dem Factor informiert wird und der Patient an den Factor oder die Gesundheitseinrichtung leisten kann. Bei dem stillen Factoring wird die Forderungsabtretung nicht bekannt gegeben, so dass der Patient Zahlungen an die Gesundheitseinrichtung leistet, die diese weiterleitet, wobei der Factor das Mahnwesen auf Briefpapier der Gesundheitseinrichtung durchführt.

Die wesentlichen **Vorteile** für eine Gesundheitseinrichtung liegen in der sofortigen Liquiditätsbereitstellung aus offenen Forderungen und der häufig durch das Factoringinstitut kostengünstiger durchzuführenden Dienstleistung, da durch die Ein-

**Beispiel für Factoring im Gesundheitswesen**

„Modulares Factoring sichert den Praxiserfolg

Immer mehr Patienten sind bereit für ein makelloses Lächeln, eine besonders umfangreiche Untersuchung oder Therapie in die eigene Tasche zu greifen. Hat der Arzt oder Zahnarzt dann keine Antwort auf die Frage, wie seine hochwertige Behandlung bequem zu finanzieren ist, verpasst er beachtliche Umsatzchancen.

Wo Patienten die Möglichkeit erhalten, ihre Rechnung in bequemen Raten zu zahlen, beurteilen sie den Service positiver und tragen dadurch zum langfristigen Erfolg der Praxis bei. Viele Ärzte und Zahnärzte entscheiden sich deshalb für das Modulare Factoring der Health AG. Nicht nur ihre Honorarforderungen werden vorfinanziert, unabhängig vom Zahlungseingang durch den Patienten, der Finanzdienstleister hat auch die Patienten im Blick: mit der Patienten-Ratenzahlung als Teil des Modularen Factorings.

Mit dem Modularen Factoring erhält der Arzt oder Zahnarzt von der Health AG ein individuell kombinierbares Leistungsangebot, das drei Module beinhaltet. ‚Unser Basismodul Patienten-Buchhaltung inklusive Patienten-Ratenzahlung deckt alle Phasen der Abrechnung ab: von der Erstellung der Rechnung über den Versand bis zu individuellen Vereinbarungen mit den Patienten‘, erklärt Jens Törper, Vorstand der Health AG.

Das Modul Liquiditätssicherung verschafft dem Kunden Unabhängigkeit vom Zahlungsverhalten seiner Patienten: Sein Honorar erhält er zu einem festgelegten Zeitpunkt – auf Wunsch bereits am Tag nach Rechnungserstellung, oder nach 15, 30, 60 oder 90 Tagen. Als Ergänzung oder kombiniert mit dem Basismodul gewährleistet das Modul Risikoschutz das Honorar sogar dann, wenn der Patient gar nicht zahlt. ‚Nach positiver Ankaufsvoranfrage erteilen wir online sekundenschnell eine hundertprozentige Zusicherung des Honorars‘, erläutert Törper.“

Quelle: Health AG (2014): Modulares Factoring sichert den Praxiserfolg. Online im Internet: http://www.healthag.de/presse/pressematerial/modulares_factoring_sichert_den_praxiserfolg. Hamburg. Abfrage: 26.05.2014

treibung von Forderungen verursachten Anwalts-, Gerichts- und sonstige Prozesskosten wegfallen bzw. durch das Institut übernommen werden. Die **Nachteile** liegen in gegebenenfalls hohen Gebühren und einem eventuellen Vertrauensverlust im Patientenverhältnis, der durch die Einschaltung eines Factoringinstituts entstehen könnte.

### 1.1.2 Finanzplan

Der Finanzplan stellt ein Planungs-, Steuerungs- und Kontrollinstrument im Rahmen des Liquiditätsmanagements zur Sicherung der Zahlungsfähigkeit (Liquidität) dar. In ihm werden, möglichst vollständig, betrags- und zeitpunktgenau diejenigen Größen erfasst, die die Zahlungsfähigkeit einer Gesundheitseinrichtung unmittelbar bestimmen: Verfügbare Zahlungsmittelbestände sowie zukünftige kumulierte Einzahlungen und Auszahlungen des Planungszeitraums.

Im Finanzplan sind die zukünftigen Zu- und Abnahmen liquider Mittel systematisch zu erfassen, einander gegenüber zu stellen und abzugleichen. Dazu zählen in

**Beispiel für die Struktur eines Finanzplans**

Tab. 1.1: Finanzplan.

| | | |
|---|---|---|
| **Zahlungsplan** | Einzahlungen<br>– Auszahlungen<br>= Differenz Zahlungsplan | |
| **Kreditplan** | Kreditrahmen<br>Kreditbewegungen | |
| | | Anfangsbestand<br>+ Neue Schulden<br>– Tilgungen<br>= Differenz Kreditplan<br>Endbestand |
| | Freie Kreditlinie (Kreditrahmen – Endbestand) | |
| **Zahlungsmittelplan** | Liquide Mittel (Anfangsbestand)<br>– (Differenz Zahlungsplan– Differenz Kreditplan)<br>Liquide Mittel (Endbestand) | |
| **Dispositionsplan** | Liquide Mittel Endbestand<br>+ Freie Kreditlinie<br>Disponible Mittel | |

Quelle: Eigene Darstellung.

einer medizinischen Einrichtung bspw. die Bestände auf unterschiedlichen Konten der Klinik oder Arztpraxis, Termingelder, die Bestände in Handkassen, offene Forderungen an Patienten und anderes mehr. Die Finanzplanung hat dabei zum Ziel, eine optimale Liquidität zu ermitteln, zu erreichen und zu erhalten, und den dazu nötigen Bestand an Zahlungsmitteln vorauszuplanen. Da die Ein- und Auszahlungen zu Planungszwecken zeitlich genau bestimmt werden müssen, dies aber bei Forderungen an Patienten oder Krankenkassen mit terminlichen Unsicherheiten behaftet ist, werden die Forderungen üblicherweise mit Hilfe einer Umrechnungstabelle in nach Höhe und Termin bestimmten Einzahlungen transformiert. Im Ergebnis steht dann fest, welche Einzahlungen mit welcher Wahrscheinlichkeit in welcher Periode zu erwarten sind.

Mögliche **Anwendungsfelder** eines Finanzplans sind das Controlling und damit die Planung, Steuerung und Kontrolle von Gesundheitseinrichtungen oder aber auch Problemstellungen im Rahmen der Finanzierung, beispielsweise als geforderte Vorlage für das Rating eines Kreditinstituts im Rahmen der Verhandlungen über eine Fremdfinanzierung.

Bei der Aufstellung eines Finanzplans ist z. B. folgende **Vorgehensweise** möglich:

– Kurzfristiger, ordentlicher Finanzplan: Detailplan, Planung der laufenden Geschäftstätigkeit, Zeithorizont < 1 Jahr, Basis für tägliche Finanzdispositionen.

- Kurzfristiger, außerordentlicher Finanzplan: Detailplan, Planung größerer Investitionen oder Kapitalerhöhungen, Zeithorizont < 1 Jahr, Basis für tägliche Finanzdispositionen.
- Langfristiger, ordentlicher Finanzplan: Grob- bzw. Rahmenplan, Planung der operativen Geschäftstätigkeit, Zeithorizont > 1 Jahr.
- Langfristiger, außerordentlicher Finanzplan: Grob- bzw. Rahmenplan, Planung größerer Investitionen oder Kapitalerhöhungen, Zeithorizont > 1 Jahr.

Die **Vorteile** eines Finanzplans liegen unter anderem darin, dass im Verlauf einer Periode ein laufender Vergleich mit den Ist-Werten stattfinden kann, um Abweichungen zu erkennen und gegebenenfalls frühzeitig entgegensteuern zu können. Der Finanzplan gibt auch Hinweise darauf, in welchem Umfang freie finanzielle Mittel längerfristig angelegt werden können. Als **Nachteil** mag der Aufwand gelten, der mit der Einplanung der Einnahmen, Ausgaben, etc. für die einzelnen Perioden verbunden ist, damit ein möglichst realistisches Bild der Finanzlage erzeugt wird.

### 1.1.3 Leasing

Das Leasing gehört als kapitalsubstitutive Finanzierungsform zu den Sonderformen der Außenfinanzierung und bedeutet die Überlassung von Wirtschaftsgütern durch den Hersteller oder eine Finanzierungsgesellschaft, die es erwirbt und ihrerseits für eine vertragsgemäße Nutzungsdauer vermietet. Hierfür sind regelmäßige gleich bleibende Zahlungen (Leasingraten) oder auch eine Miet-Sonderzahlung zu erbringen.

Zugrunde liegt hierbei ein Vertrag nach § 305 *Bürgerliches Gesetzbuch (BGB)* über die Vermietung oder Verpachtung von beweglichen oder unbeweglichen Sachen, in diesem Falle durch Leasinggesellschaften, deren juristisches Eigentum sie bleiben. Bei der Gesundheitseinrichtung als Leasingnehmer werden die Leasingraten in der Regel als Aufwand verrechnet, da sie steuerrechtlich Betriebsausgaben darstellen. Bewegliche Wirtschaftsgüter sind als Leasingobjekte insbesondere dann steuerlich dem Leasingnehmer zuzurechnen, wenn unter anderem

- das Leasingobjekt derart auf die speziellen Anforderungen des Leasingnehmers zugeschnitten ist, dass eine wirtschaftlich sinnvolle anderweitige Nutzung nach Vertragsablauf nicht möglich erscheint,
- ein verdeckter Ratenkaufvertrag unterstellt werden kann oder
- die Grundmietzeit mehr als 90 % der betriebsgewöhnlichen Nutzungsdauer beträgt.

**Anwendungsfelder** für das Leasing im Gesundheitswesen sind beispielsweise die Finanzierung von Diagnose- und Therapiegeräten, das Fahrzeugleasing oder aber auch Leasingmodelle für informations- und kommunikationstechnische Lösungen.

**Beispiel für Leasing in der Medizintechnik**

„Medizintechnik-Leasing wächst

Rund 50 Mitgliedsgesellschaften des BDL waren 2012 im Leasing-Geschäft mit Medizintechnik aktiv. Darunter finden sich international tätige Konzerne genauso wie mittelständische, hochspezialisierte Gesellschaften. Das Leasing-Neugeschäft mit dieser Objektgruppe belief sich 2012 auf rund 460 Mio. Euro, was einem Plus von zwei Prozent entspricht. Der Vergleich mit anderen westeuropäischen Ländern zeigt jedoch, dass der Bereich Medizintechnik in Deutschland noch großes Potenzial für die Leasing-Branche birgt. Die Leasing-Quote liegt hier deutlich unter zehn Prozent, jedoch verzeichnet der Leasing-Sektor seit Jahren ein überdurchschnittliches Wachstum, wenn auch auf noch niedriger Basis.

Chancen ergeben sich außerdem durch die zusätzlichen Serviceangebote, denn Leasing ist im Medizintechnik-Sektor längst mehr als die reine Finanzierung der medizinischen Geräte und IT-Lösungen. Die Kunden fragen verstärkt nach Serviceangeboten wie Wartung und Reparatur, Verschleiß und Austausch gegen die nächste Generation, Upgrades, Versicherungspakete etc. Hierbei kommt den Leasing-Gesellschaften als Objektfinanzierer zugute, dass sie die Branche und den Markt kennen und über umfangreiches Objekt-Know-how verfügen, was sie gegenüber anderen Finanzierungsformen qualifiziert. Neben den klassischen Finanzierungsexperten arbeiten in Leasing-Gesellschaften, die sich auf Medizintechnik spezialisiert haben, häufig auch Mitarbeiter mit einem ingenieurwissenschaftlichen oder medizinischen Hintergrund. Diese Spezialisten kennen das Gesundheitssystem und können so die Kunden auf Augenhöhe beraten.

Motive für Leasing von Medizintechnik

Der Austausch gegen die nächste Generation und die Vermarktung der Altgeräte durch die Leasing-Gesellschaften sind starke Motive, die für Leasing sprechen. Die Leasing-Kunden wollen ihr Equipment auf dem neuesten technischen Stand halten und die Geräte nicht erst austauschen, wenn sie sich amortisiert haben. Bei Investitionen in Millionenhöhe z. B. für einen Kernspintomographen ein verständlicher Wunsch. Aber auch die Anschaffungskosten für ein Ultraschallgerät können über 100.000 Euro betragen. Zudem fragen Kunden bei diesen Hightech-Geräten neben der Finanzierung verstärkt begleitende Serviceleistungen nach.

Die monatlichen Leasing-Raten für die Geräte speisen sich aus den Erträgen, die sich aus der Nutzung der Anlage ergeben. *Pay as you earn* wird dieser Leasing-Vorteil genannt. Darüber hinaus erwarten Kunden individuelle flexible Leasing-Modelle, die sich an ihre eigene Abrechnungspraxis anpassen (z. B. eine Leasing-Rate, die pro Röntgenbild berechnet wird). Flexibilität und Individualität bei der Vertragsgestaltung sind generell Schlüsselworte beim Leasing von Medizintechnik. Zudem sprechen für die Realisierung der Investition über Leasing die klassischen Motive: Kosten und Budget lassen sich einfacher und übersichtlicher planen. Die Kalkulationssicherheit ist durch feste Raten für die gesamte Laufzeit garantiert. Leasing schont die Liquidität, die Bankkreditlinie bleibt erhalten. Leasing belastet die Bilanz nicht und bietet die Möglichkeit einer 100-prozentigen Fremdfinanzierung ohne Erstinvestition.

Medizintechnische Geräte haben in der Regel eine Abschreibungszeit von fünf bis zehn Jahren. Mit den Leasing-Raten werden dagegen die gesamten Investitionskosten über eine deutlich geringere Laufzeit steuerlich berücksichtigt, die Leasing-Raten sind als Betriebsausgaben voll absetzbar."

Quelle: Bundesverband Deutscher Leasingunternehmen eV (2014): Im Fokus: Medizintechnik. Online im Internet: http://bdl.leasingverband.de/im-fokus/medizintechnik. Berlin. Abfrage: 27.05.2014.

Für eine sich aufgrund der Vertragsgestaltung ergebende steuerrechtliche Bilanzierungspflicht des Leasingnehmers empfiehlt sich folgende **Vorgehensweise**:
- Aktivierung und gesonderter Ausweis der Leasinggegenstände mit den Anschaffungskosten bzw. Herstellungskosten und Anschaffungsnebenkosten,
- Abschreibung gemäß der betriebsgewöhnlichen Nutzungsdauer,
- Passivierung der entsprechenden Verbindlichkeiten,
- Vermerk der entsprechenden Leasingverbindlichkeiten unter Angabe der vor Ablauf von vier Jahren fälligen Beträge,
- Erwähnung der Leasingverbindlichkeiten im Lagebericht, soweit sie für den Geschäftsverlauf und die Lage des Gesundheitsbetriebs bedeutsam sind.

Als wesentliche **Vorteile** des Leasings werden häufig genannt:
- Klare Kalkulationsgrundlage für die Liquiditätsplanung aufgrund konstanter Leasingraten,
- als gewinnmindernde Betriebsausgabe geltend machbare Zahlungen,
- geringer Finanzbedarf im Jahr der Anschaffung,
- Möglichkeit der Anpassung an den stets neuesten Stand der Medizintechnik,
- Erweiterung der Verschuldungsgrenze und damit zusätzliche Finanzierungspotenziale.

**Nachteile** bestehen möglicherweise darin, dass mit dem Leasing in der Regel hohe regelmäßige Zahlungen einhergehen und auch eine Belastung mit ausgabewirksamen Fixkosten während der Gesamtmietzeit, welche vielfach höher sind als Zins- und Tilgungsleistungen einer vergleichbaren Fremdfinanzierung.

### 1.1.4 Liquiditätssteuerung

Da sich der Zahlungsmittelbestand, die Forderungen und Verbindlichkeiten sowie das Umlaufvermögen ständig ändern, reicht eine einmalige, statische Betrachtung der Liquidität nicht aus. Die Steuerung wird durch eine dynamische Liquiditätsplanung ermöglicht, die die jeweilige Periodenliquidität planerisch ermittelt. Zur Sicherstellung der Zahlungsfähigkeit einer Gesundheitseinrichtung und damit der Fähigkeit, allen Zahlungsverpflichtungen jederzeit, uneingeschränkt und fristgerecht nachkommen zu können, ist die optimale Liquidität zu ermitteln und der dazu nötige Bestand an Zahlungsmitteln im Hinblick auf die kurz-, mittel- oder langfristige Fälligkeit der Verbindlichkeiten vorauszuplanen. Es ist daher wichtig, den Überblick darüber zu behalten, in welchem Umfang beispielsweise Zahlungsmittel, Zahlungsersatzmittel oder freie disponible Kreditlinien zur Verfügung stehen oder Vermögensgegenstände auch vorzeitig durch Verkauf oder Abtretung in Zahlungsmittel umgewandelt werden können. Je schneller die Umwandlung möglich ist und je geringer damit verbundene Verluste sind, desto höher ist der Liquiditätsgrad eines Vermögensgegenstandes.

Über die Liquiditätslage gibt der jeweilige Bestand an Zahlungsmitteln zu jedem betrachteten Zeitpunkt Aufschluss, wobei die für jeden Tag vorhandene Liquidität sich aus der Gegenüberstellung von Zahlungsfähigkeit, die die zu einem bestimmten Zeitpunkt vorhandene Verfügungsmacht über Zahlungsmittel darstellt, und der an diesem Tag zu leistenden Ausgaben ermitteln lässt.

Die absolute Liquidität umfasst den Bestand vorhandener Zahlungsmittel sowie Vermögensteile, die bei Bedarf in Zahlungsmittel umgewandelt werden können. Das Verhältnis zwischen Zahlungsmitteln und Verbindlichkeiten wird als relative Liquidität bezeichnet.

**Anwendungsfelder** der Liquiditätssteuerung sind das Finanz- und Liquiditätsmanagement einer Gesundheitseinrichtung, das einen Liquiditätsmangel zu verhindern sucht, um sich durch Zahlungsschwierigkeiten verschlechternde Bonitäten und steigende Finanzierungskosten zu vermeiden.

Für die Ermittlung von Liquiditätskennzahlen bietet sich beispielsweise folgende **Vorgehensweise** an:
- Primäre Liquidität: Sie ergibt sich aus dem Geldvermögen abzüglich der Forderungen und dividiert durch seine kurzfristigen Verbindlichkeiten.
- Sekundäre Liquidität: Sie lässt sich aus dem Umlaufvermögen abzüglich der Forderungen und dividiert durch seine kurzfristigen Verbindlichkeiten ermitteln.
- Tertiäre Liquidität: Sie ergibt sich aus der Summe des Geldvermögens und der Vorräte, dividiert durch die kurzfristigen Verbindlichkeiten.
- Dynamische Liquidität: Sie stellt die Summe aus Zahlungsmitteln, Forderungen und geschätzten Umsätzen, dividiert durch die kurzfristigen Verbindlichkeiten dar.
- Periodische Liquidität: Sie ergibt sich aus den Zahlungsausgängen der betreffenden Periode dividiert durch die zu erwartenden Zahlungseingänge.

Der wesentliche **Vorteil** der Liquiditätssteuerung liegt in der Initiierung von Gegenmaßnahmen, denn bereits vermeintliche Liquiditätsprobleme machen ein sofortiges, aktives Gegensteuern notwendig, da sich ansonsten möglicherweise eine Abwärtsspirale in Gang setzt, deren Auswirkungen schwer beherrschbar sind.

Zur Optimierung der Liquidität sind beispielsweise folgende **Maßnahmen** geeignet:
- Forderungen: Überwachung des Zahlungsverhalten der Patienten, Überwachung der Außenstände, eindeutige Definition von Zahlungsfristen, Ausstellung von Mahnungen bei Fristenüberschreitung, Zwischenrechnungen bei langwierigen Behandlungsmaßnahmen, ausschließliche Behandlung säumiger Patienten gegen Barzahlung.
- Lagerhaltung: Reduzierung der Lager- und Kapitalbindungskosten durch Verminderung der Lagerbestände für medizinisches Verbrauchsmaterial und sonstigen Materialien, Abbau von Überbeständen, Verbesserung der Lieferzeiten, möglichst

**Beispiele für Liquiditätsgrade und Maßnahmen zur Liquiditätssteuerung**

Tab. 1.2: Liquiditätssteuerung.

| Grad | Beschreibung | Beispiele |
|---|---|---|
| Liquide Mittel 1. Ordnung (Barliquidität) | Vermögensteile, die unmittelbar zur Zahlung verwendet werden können | Eine hohe Liquidität weisen beispielsweise Kassen- und sonstige Bargeldbestände, Guthaben auf Klinik- oder Praxiskonten, Tagesgelder auf. |
| Liquide Mittel 2. Ordnung (Einzugsbedingte Liquidität) | Nicht direkt zur Zahlung verwendbare Vermögensteile mit Anspruch auf kurzfristige Umwandlung in Barmittel | Schecks, Fremdwährungen, offene Forderungen an Patienten und anderes mehr. |
| Liquide Mittel 3. Ordnung (Umsatzbedingte Liquidität) | Vermögensteile, die erst veräußert werden müssen | Sonstige Vermögensgegenstände des Umlaufvermögens verfügen in der Regel über einen geringeren Liquiditätsgrad, weil sie z. B. dazu bestimmt sind, als medizinisches Verbrauchsmaterial kurzfristig in die Behandlungs- oder Pflegetätigkeit einzugehen. |
| Illiquide Mittel | Wirtschaftsgüter, die nur bei Aufgabe der Tätigkeit bzw. durch Verpfändung verflüssigt werden können | |

Quelle: Eigene Darstellung.

genaue Bestimmung des tatsächlichen Materialbedarfs, Vermeidung von „Hamstervorräten“.
- Factoring: Einschaltung von Abrechnungsfirmen, an die z. B. Patientenforderungen abgetreten werden, die sofort Liquidität zur Verfügung stellen und das Ausfallrisiko übernehmen.
- Entnahmepolitik: Änderung des Privatentnahmeverhaltens, Vermeidung zu hoher Privatentnahmen und Abwälzung privater Liquiditätsprobleme auf die Gesundheitseinrichtung.
- Verbindlichkeiten: Erwirkung der Verlängerung von Zahlungszielen bei Lieferanten, Vereinbarung oder Erhöhung von Skonti.

### 1.1.5 Rating

Für die Finanzierung eines Gesundheitsbetriebs und die damit häufig verbundene Aufnahme von Fremdmitteln ist vor allen Dingen das Kreditrating wichtig. Neben der Kreditfähigkeit, als voll geschäftsfähige natürliche Person in Form einer juristischen Person rechtswirksame Kreditverträge abschließen zu können, ist die Bonität von wesentlicher Bedeutung, da bei ihr im Rahmen eines Ratings erwartete Eigenschaften und Fähigkeiten überprüft werden, den sich aus dem Kreditvertrag ergebenden Verpflichtungen nachkommen zu können. Zum Zweck einer derartigen Risikoabschätzung werden von Banken standardisierte Expertensysteme eingesetzt, die eine Bonitätsbeurteilung anhand der wirtschaftlichen Verhältnisse, wie Vermögens- und Kapitalsituation, Ertragslage, Liquiditätssituation, Umsatzentwicklung etc. durchführen. Ihr Ergebnis beeinflusst die Konditionen der Kreditgewährung, so dass angestrebt wird, eine möglichst gute Einstufung zu erhalten.

**Anwendungsfelder** dieser Form des Ratings sind vor allen Dingen Bonitätsbeurteilungen im Rahmen der Fremdfinanzierung von Gesundheitseinrichtungen. Sie dienen im Rahmen von kalibrierten Ratingverfahren zur Festlegung von Bonitätsklassen.

Die **Vorgehensweise** ist unterschiedlich, je nachdem, welche Punkte für die Beurteilung relevant sind, ob zusätzliche Aspekte herangezogen und wie die einzelnen Faktoren gewichtet werden. Dabei spielen beispielsweise Faktoren wie die Entwicklung der Gesundheitsbranche, in der ein Arzt selbständig tätig ist oder werden will, die Qualifikation des Managements einer Gesundheitseinrichtung und auch geschäftliche und private Vermögenssituation eine wichtige Rolle. Häufig herangezogene Bewertungsmerkmale sind z. B.
- Bankguthaben,
- Wertpapiere,
- Bürgschaften von Gesellschaftern,
- Grundstücke,
- Klinik- oder Praxisimmobilien,
- medizintechnische Ausstattungen und Einrichtungen,
- Vorräte an medizinischem Verbrauchsmaterial,
- Kraftfahrzeuge,
- Forderungen an Patienten,
- Lebensversicherungen.

Insgesamt werden vorhandene Sicherheiten abgefragt, deren Nachweis und Umfang für eine Kreditzusage von entscheidender Bedeutung ist. Auf der Grundlage aller Informationen wird je nach Höhe des gewünschten Kredits die Werthaltigkeit der Besicherung ermittelt, die angibt, wie hoch das Ausfallrisiko für den Finanzierungsgeber eingeschätzt werden kann. Dabei wird errechnet, in welche Besicherungsklasse die Gesundheitseinrichtung einzustufen ist. Eine günstige Besicherungsklasse bedeutet in der Regel eine niedrigere Preisklasse und damit geringere Darlehenskosten.

Als möglichen **Vorteil** könnte man die Gleichbehandlung von Kreditnehmern ansehen, die in der Regel ohne Ausnahme Ratingverfahren durchlaufen müssen. **Nachteile** könnten darin zu sehen sein, dass ein Kreditnehmer üblicherweise nicht alle Kriterien einer Bonitätsklasse im gleichen Maße erfüllt und unterschiedliche Ratingverfahren auch zu voneinander abweichenden Ergebnissen gelangen.

**Beispiel Schufa-Merkmale**

Tab. 1.3: Auszugsweise Übersicht über die von Banken verwendeten Schufa-Merkmale.

| Merkmal | Bezeichnung |
|---|---|
| A1 | Anfrage Betriebsmittelkredit (freiberuflich) |
| A3 | Anfrage Investitionskredit (freiberuflich) |
| EV | Eidesstattliche Vers. über ein dem Gericht vorzulegendes Vermögensverz. |
| GA | Girokonto in Abwicklung |
| GI | Girokonto |
| GO | Geburtsort |
| H2 | Hinweis auf andere Person oder Schreibweise |
| H3 | Betreuungsfälle |
| H6 | Hinweis auf Anschriftenermittlung |
| H7 | Hinweis auf unterschiedliche Personen |
| H9 | Hinweis auf abweichende Anschrift |
| HB | Haftbefehl zur Erzwingung einer eidesstattl. Versicherung |
| HF | Forward-Darlehen |
| HN | Bauspardarlehen |
| HP | Grundpfandrechtilch gesicherter Kredit |
| IA | Einstellung eines Insolvenz-/Konkursverfahrens mang. Masse |
| IE | Insolvenzverfahren eröffnet |
| IS | Insolvenzverfahren aufgehoben |
| K1 | Betriebsmittelkredit (für Freiberufler) |
| K3 | Investitionskredit (für Freiberufler) |
| KG | Nichtratenkredite und Kredite auf Girokonten |
| KH | Anfrage Immobilienkreditkonditionen |
| KK | Anfrage Kreditkonditionen |
| KM | Missbrauch e. Ktos o. e. Karte durch den rechtmäßigen Kontoinhaber |
| KR | Ratenkredit |
| KW | Konto in Abwicklung |
| KX | Kredit mit Einmal-oder Endfälligkeit |
| MA | Mitantragsteller f. einen Ratenkredit |
| ML | Mobilienleasing/Mietkauf |
| MX | Mitantragsteller f. einen Nichtratenkredit |
| MY | Mitverpflichtung Hypokredit |
| NA | Neue Anschrift |
| RA | Restschuldbefreiung angekündigt |
| RB | Restschuldbefreiung erteilt |
| RK | Rahmenkreditvertrag mit einem KI |
| RV | Restschuldbefreiung versagt |
| SD | Saldo aus gesamtfälliger oder titullierter Ford. |
| SE | Saldo nach gerichtl. Entsch./Titulierung |
| SG | Saldo nach Gesamtfälligstellung |
| SU | Auftrag zur Anschriftenermittlung über einen Schuldner |
| SV | Saldovergleich zur gesamtfällig gestellten Forderung |
| SW | Widerspruch zum titulierten Saldo |
| SZ | Saldo durch Forderungszession verkauft |
| UF | Uneinbringliche titulierte Forderung |
| UI | Übergabe einer Ford. an Inkassountern. zur Beitreibung |
| US | Uneinbringlicher Salso ohne Titel nach SG |
| VA | Voranschrift |
| WS | Widerspruch gegen gemeldeten Saldo |

Quelle: Völz, B. (2014): Schufa Merkmale und Löschfristen für Banken. Online im Internet: http://www.schufascore.com/Schufa-Merkmale.html. Hamburg. Abfrage: 04.06.2014.

### 1.1.6 Tilgungsplan

Der Tilgungsplan ist eine Auflistung der Zins- und Tilgungsbeträge eines langfristigen Darlehens mit ihren zugehörigen Fälligkeiten. Er soll die Zahlungsverpflichtungen für den Darlehensnehmer transparent machen.

Nach § 492 Abs. 3 Satz 2 des *Bürgerlichen Gesetzbuchs (BGB)* kann der Darlehensnehmer vom Darlehensgeber jederzeit einen Tilgungsplan verlangen, sofern der Zeitpunkt für die Rückzahlung des Darlehens bestimmt ist. Gemäß Artikel 247 § 14 des *Einführungsgesetzes zum Bürgerlichen Gesetzbuch (BGBEG)* ist der Tilgungsplan dem Darlehensnehmer in Textform zur Verfügung zu stellen. Aus ihm muss hervorgehen

- welche Zahlungen in welchen Zeitabständen zu leisten sind,
- welche Bedingungen für diese Zahlungen gelten und
- in welcher Höhe die Teilzahlungen auf das Darlehen, die nach dem Sollzinssatz berechneten Zinsen und die sonstigen Kosten angerechnet werden.

Ist der Sollzinssatz nicht gebunden oder können die sonstigen Kosten angepasst werden, ist in dem Tilgungsplan in klarer und verständlicher Form anzugeben, dass die Daten des Tilgungsplans nur bis zur nächsten Anpassung des Sollzinssatzes oder der sonstigen Kosten gelten.

Als typische **Anwendungsfelder** von Tilgungsplänen sind insbesondere langfristige Kredite von Gesundheitseinrichtungen anzusehen, beispielsweise Immobilienkredite mit Laufzeiten von zehn bis fünfzehn Jahren (im Beispiel ist aufgrund der besseren Übersichtlichkeit eine fünfjährige Laufzeit angegeben).

Die **Vorgehensweise** bei der Tilgungsplanerstellung beinhaltet zunächst die Berechnung, die auf der Grundlage der individuellen Darlehenskonditionen zu erstellen ist. Dazu zählen insbesondere:

- Kreditbetrag,
- Zinssatz (nominal, effektiv),
- Bearbeitungsgebühren,
- tilgungsfreie Zeiten,
- Disagio,
- Ratenintervall (jährlich, halbjährlich, vierteljährlich, monatlich),
- Zahlungsart (vorschüssig, nachschüssig) und
- Laufzeit.

Anhand der Konditionen werden die Ratenhöhe, die verbleibende Restschuld und der Gesamtaufwand ermittelt. Bei einem Annuitätendarlehen wird die Höhe der Raten über die gesamte Laufzeit konstant gehalten, so dass der enthaltene Tilgungsanteil im Laufe der Zeit steigt und der Zinsanteil entsprechend sinkt. Die Verwendung des effektiven Jahreszinses unter Einbezug aller Zahlungen sichert die Vergleichbarkeit verschiedener Kreditangebote.

**Beispiel Tilgungsplan**

Tab. 1.4: Berechnung und Tilgungsplan für ein Annuitätendarlehen.

| **1. Berechnung** | |
|---|---|
| Kreditbetrag | 10.000,00 Euro |
| Bearbeitungsgebühr, Disagio, tilgungsfreier Zeitraum | 0 |
| Zinssatz | 2,53 % p. a. effektiv |
| Rückzahlungsrate monatlich | 177,47 Euro |
| Ratenintervall | jährlich |
| Zahlungsart | nachschüssig |
| Laufzeit der Ratenzahlungen | 5 Jahre |
| Restschuld | 0,00 Euro |
| Zinsen und Gebühren gesamt | 648,42 Euro |
| Gesamtaufwand | 10.648,42 Euro |

**2. Tilgungsplan**

| Jahr | Stand Vorjahr | Raten | Zinsanteil | Tilgungsanteil | Stand Jahresende |
|---|---|---|---|---|---|
| 1 | 10.000,00 | 2.129,68 | 228,31 | 1.901,37 | 8.098,63 |
| 2 | 8.098,63 | 2.129,68 | 180,23 | 1.949,45 | 6.149,17 |
| 3 | 6.149,17 | 2.129,68 | 130,93 | 1.998,75 | 4.150,42 |
| 4 | 4.150,42 | 2.129,68 | 80,38 | 2.049,30 | 2.101,12 |
| 5 | 2.101,12 | 2.129,68 | 28,56 | 2.101,12 | 0,00 |
| Summen | 10.000 | 10.648,42 | 648,42 | 10.000 | 0,00 |

Quelle: Eigene Darstellung.

Als **Vorteile** können angesehen werden, dass die Erstellung unterschiedlicher Tilgungspläne nicht nur die Transparenz des Gesamtaufwandes für die Fremdkapitalaufnahme erhöht, sondern auch die Vergleichbarkeit unterschiedlicher Szenarien (beispielsweise mit oder ohne tilgungsfreie Zeiträume) ermöglicht. Alle Zahlungen für Zins und Tilgung werden im Tilgungsplan übersichtlich dargestellt. **Nachteile** einer Tilgungsplanerstellung sind hingegen kaum bekannt.

## 1.2 Investition

### 1.2.1 Gewinnvergleichsrechnung

Die Gewinnvergleichsrechnung zählt zu den Verfahren der statischen Investitionsrechnung und hat zum Ziel, die bei den verschiedenen Investitionsalternativen zu erwartenden und zurechenbaren Gewinne miteinander zu vergleichen. Da die kostengünstigste Investitionsalternative nicht immer auch zu einem höheren Gewinn führt, gibt die Gewinnvergleichsrechnung zusätzlich darüber Auskunft, welche Investition den höchsten durchschnittlichen Gewinn erwarten lässt. Die Investitionsentscheidung wird dadurch beispielsweise nicht nur von der Kostensituation abhängig gemacht, sondern berücksichtigt auch zukünftige Erlöse. Insofern stellt die Gewinnvergleichsrechnung eine Erweiterung der Kostenvergleichsrechnung dar und versucht durch die zusätzliche Einbeziehung der Erlöse die Vorteilhaftigkeit einer Investition fundierter zu begründen.

Die Gewinnvergleichsrechnung findet ihre **Anwendung** insbesondere dann, wenn Investitionsobjekte im Gesundheitswesen mit unterschiedlichen Kapazitäten oder unterschiedlicher Leistungsqualität miteinander verglichen werden sollen und ihnen Erlöse im Rahmen der Kassen- und Privatliquidation zugeordnet werden können.

**Beispiel Gewinnvergleichsrechnung**

Tab. 1.5: Gewinnvergleichsrechnung zweier Diagnostikgeräte.

| | Diagnostikgerät A | Diagnostikgerät B |
|---|---|---|
| Investitionssumme (Anschaffungskosten) | 100.000 | 80.000 |
| Nutzungsdauer in Jahren | 10 | 10 |
| Restwert | 0 | 0 |
| Durchschnittlich gebundenes Kapital | 60.000 | 55.000 |
| Behandlungsfälle pro Jahr | 12.000 | 12.000 |
| Erlös pro Behandlungsfall | 4,00 | 5,00 |
| Gesamterlöse | 48.000 | 60.000 |
| Ermittlung der Fixkosten: | | |
| Kalkulatorische Zinsen (5 %) | 3.000 | 2.750 |
| Abschreibungen | 10.000 | 8.000 |
| Sonstige Fixkosten | 3.000 | 2.000 |
| Summe Fixkosten | 16.000 | 12.750 |
| Ermittlung der variablen Kosten: | | |
| Gehälter (A = 0,8; B = 1,0) | 9.600 | 12.000 |
| Materialkosten (A, B = 0,1) | 1.200 | 1.200 |
| Sonstige variable Kosten (A = 0,3; B = 0,5) | 3.600 | 6.000 |
| Summe variable Kosten | 14.400 | 19.200 |
| Ermittlung der Gesamtkosten: | | |
| Gesamtkosten | 30.400 | 31.950 |
| Ermittlung des Gesamtgewinns: | | |
| Gesamtgewinn | 17.600 | 28.050 |

Quelle: Eigene Darstellung.

Die **Vorgehensweise** zur Durchführung der Gewinnvergleichsrechnung orientiert sich beispielsweise an den bei verschiedenen Investitionsalternativen zu erwartenden Jahresgewinnen:

Jährlicher Gesamtgewinn = Gesamteinnahmen – Gesamtkosten

Die gesamten Kosten sind dabei in durchschnittliche jährliche Kosten umzurechnen, wobei die Gewinngrenze Auskunft darüber gibt, ab welcher Zahl von Behandlungsfällen in einer Klinik oder Arztpraxis die Kosten gedeckt sind und die Gewinnzone erreicht wird:

Durchschnittliche Kosten je Periode
÷ Einnahmen je Behandlungsfall
– variable Kosten je Behandlungsfall
= Gewinngrenze

Bei der Gewinnvergleichsrechnung handelt es sich um ein einfaches, pragmatisches Verfahren, was als ihr wesentlicher **Vorteil** angesehen werden kann. Mögliche **Nachteile** sind die Berücksichtigung von nur einer Rechnungsperiode und das Ausgehen von durchschnittlichen Jahreswerten. Sie wird häufig auch als Hilfsverfahren bezeichnet, weil sie weder die Rendite der zu vergleichenden Anlagen noch zeitlich später liegende, die Investitionsentscheidung betreffende Ereignisse berücksichtigt, da nur auf die Anfangsinvestition abgestellt wird. Auch können Investitionsobjekten nicht immer Erlöse eindeutig zugerechnet werden. Daher ist auch schwierig, die Erlöse von Investitionsgütern zu bewerten, die nur für den Eigenverbrauch eingesetzt werden. Ferner wird der notwendige Kapitaleinsatz zur Erzielung der Gewinne vernachlässigt.

### 1.2.2 Kapitalwertmethode

Bei der Kapitalwertmethode handelt es sich um ein Verfahren der dynamischen Investitionsrechnung. Sie basiert auf dem Kapitalwert, den sie als Differenz zwischen dem jeweiligen Barwert (Gegenwartswert) aller Einnahmen und den Ausgaben ermittelt, wobei unter Barwert auf den Entscheidungszeitpunkt abgezinste Zahlungen zu verstehen sind. Eine Investition oder Investitionsalternativen erscheinen vorteilhaft, wenn der Barwert aller Einzahlungen größer als der aller Auszahlungen ist, bzw. im Vergleich der höhere Kapitalwert erzielt wird. Der Kapitalwert stellt als betriebswirtschaftliche Kennziffer somit einen Maßstab für die effektive Verzinsung dar.

Als Kapitalwert eines Investitionsobjektes lässt sich die Summe aller Ein- und Auszahlungen ansehen, die durch dieses Objekt verursacht worden sind.

Häufiges **Anwendungsgebiet** der Kapitalwertmethode in Gesundheitseinrichtungen ist die dynamische Investitionsberechnung und damit die Ermittlung der Vorteilhaftigkeit von einzelnen Investitionen und alternativen Investitionsobjekten.

**Beispiel Kapitalwertmethode**

Tab. 1.6: Kapitalwertvergleich zweier Diagnostikgeräte.

| | Diagnostikgerät A | Diagnostikgerät B |
|---|---|---|
| Investitionssumme (Anschaffungskosten) | 100.000 | 80.000 |
| Nutzungsdauer (Jahre) | 10 | 10 |
| Marktzins | 4 % | 4 % |
| Voraussichtlicher Restwert | 10.000 | 15.000 |
| Voraussichtliche Einnahmen – Ausgaben: | | |
| 1. Jahr | 10.000 | 15.000 |
| 2. Jahr | 12.500 | 17.500 |
| 3. Jahr | 15.000 | 20.000 |
| 4. Jahr | 17.500 | 22.500 |
| 5. Jahr | 20.000 | 25.000 |
| 6. Jahr | 22.500 | 27.500 |
| 7. Jahr | 25.000 | 30.000 |
| 8. Jahr | 27.500 | 32.500 |
| 9. Jahr | 30.000 | 35.000 |
| 10. Jahr | 32.500 | 37.500 |
| Restwert 10. Jahr | 10.000 | 15.000 |

Kapitalwertberechnung:

| | Abzinsung: 1/(1+i)n | Überschüsse Alternative A | Barwerte Alternative A | Überschüsse Alternative B | Barwerte Alternative B |
|---|---|---|---|---|---|
| 1. Jahr | 0,96 | 10.000 | 9.600 | 15.000 | 14.400 |
| 2. Jahr | 0,92 | 12.500 | 11.500 | 17.500 | 16.100 |
| 3. Jahr | 0,89 | 15.000 | 13.350 | 20.000 | 17.800 |
| 4. Jahr | 0,85 | 17.500 | 14.875 | 22.500 | 19.125 |
| 5. Jahr | 0,82 | 20.000 | 16.400 | 25.000 | 20.500 |
| 6. Jahr | 0,79 | 22.500 | 17.775 | 27.500 | 21.725 |
| 7. Jahr | 0,76 | 25.000 | 19.000 | 30.000 | 22.800 |
| 8. Jahr | 0,73 | 27.500 | 20.075 | 32.500 | 23.725 |
| 9. Jahr | 0,70 | 30.000 | 21.000 | 35.000 | 24.500 |
| 10. Jahr | 0,68 | 32.500 | 22.100 | 37.500 | 25.500 |
| Restwert 10. Jahr | 0,68 | 10.000 | 6.800 | 15.000 | 10.200 |
| Barwertesumme | | | 172.375 | | 216.375 |
| – Investitions summe | | | 100.000 | | 80.000 |
| Kapitalwerte | | | 72.375 | | 136.375 |

Quelle: Eigene Darstellung.

Die **Vorgehensweise** zur Ermittlung des Kapitalwerts als Entscheidungskriterium für die Vorteilhaftigkeit einer Investition geht somit beispielsweise vom Barwert aller Periodenüberschüsse aus, von dem die Investitionsauszahlungen abgezogen werden. Der Barwert einer Zahlungsreihe wiederum wird als Summe aller vor dem Zeitpunkt, von dem aus man die Investition betrachtet (aktuelles Datum, erster Tag eines Geschäftsjahrs) anfallenden und bis zum Bezugszeitpunkt aufgezinsten Zahlungen sowie aller nach diesem Zeitpunkt anfallenden und auf den Bezugszeitpunkt abgezinsten Zahlungen ermittelt. Er gibt somit die Vermögensveränderung bei einem Diskontierungssatz an.

Bei einem Kapitalwert > 0 ist die Investition vorteilhaft, bei einem Wert = 0 erzielt sie zumindest eine Mindestrendite und bei einem Wert < 0 sollte sie aufgrund fehlender Vorteilhaftigkeit unterbleiben, da der Investitionsbetrag auf andere Weise ertragreicher angelegt werden kann.

Grundsätzlich lassen sich

- Aufzinsungen aktueller Zahlungen oder von Zahlungsreihensummen sowie
- Abzinsungen späterer Zahlungen oder von Zahlungsreihensummen

durchführen.

Der wesentliche **Vorteil** der Kapitalwertmethode liegt in ihrer Eignung zur Beurteilung eines einzelnen Investitionsobjektes und zum Vergleich verschiedener Investitionsalternativen. Als **Nachteil** kann bei der vergleichenden Beurteilung von Investitionsalternativen angesehen werden, dass sich die Alternativen weder in der Höhe des Kapitaleinsatzes noch in der Anzahl der Nutzungsperioden unterscheiden dürfen. Ansonsten wäre für die Vergleichbarkeit der Kapitalwert der Differenz mit zu berücksichtigen, damit die Differenzbeträge beim Kapitaleinsatz und bei den Rückflüssen bis zum Ende der Nutzungsperioden richtig einfließen und der Kapitalwert der Differenzinvestition nicht = 0 ist (Wiederanlageprämisse). Aufgrund der Abhängigkeit des Kapitalwerts vom Kalkulationszinsfuß gilt das Ergebnis der Kapitalwertrechnung insgesamt als beeinflussbar.

### 1.2.3 Kostenvergleichsrechnung

Die Kostenvergleichsrechnung zählt zu den statischen Verfahren der Investitionsrechnung und führt einen Vergleich der in einer Periode anfallenden Kosten von Investitionsobjekten durch, wobei sie die fixen Kosten, die variable Kosten und die Kapitalkosten der zu vergleichenden Investitionsobjekte berücksichtigt:

- Fixe Kosten: Entstehen unabhängig bspw. von Behandlungsleistungen und fallen auch an, wenn kein Patient behandelt wird.
- Variable Kosten: Entstehen in Abhängigkeit von Behandlungsleistungen und dem Einsatz bspw. eines Röntgengerätes, in das investiert werden soll.
- Kapitalkosten: Bestehen aus den kalkulatorischen Abschreibungen (berücksichtigen die gleichmäßige Verteilung der Anschaffungskosten auf die gesamte Nutzungsdauer sowie den Restwert des Investitionsobjektes) sowie den kalkulatorischen Zinsen (stellen die entgehenden Erträge oder Kreditkosten dar, weil das entsprechende Kapital im Investitionsobjekt gebunden ist).

**Beispiel Kostenvergleichsrechnung**

Tab. 1.7: Kostenvergleich zweier Diagnostikgeräte.

| | Diagnostikgerät A | Diagnostikgerät B |
|---|---|---|
| Investitionssumme (Anschaffungskosten) | 100.000 | 80.000 |
| Nutzungsdauer (Jahre) | 10 | 10 |
| Voraussichtlicher Restwert | 10.000 | 15.000 |
| Marktzinssatz | 4 % | 4 % |
| Geplante Behandlungsfälle | 12.000 | 12.000 |
| Berechnung: | | |
| Fixe Kosten | 3.000 | 4.000 |
| + Variable Kosten | 72.000 | 48.000 |
| (je Behandlungsfall: 6,00 bzw. 4,00) | (6 ×12.000) | (4 ×12.000) |
| + Kalkulatorische Abschreibungen (pro Jahr): | 8.800 | 6.500 |
| Anschaffungskosten – Restwert ÷ Nutzungsdauer | | |
| + Kalkulatorische Zinsen (pro Jahr): | 2.200 | 1.900 |
| (Anschaffungskosten + Restwert) ÷ 2 | | |
| × (Zinssatz ÷ 100) | | |
| = Gesamtkosten | 77.200 | 56.400 |
| Kosten je Behandlungsfall | 6,43 | 4,70 |

Quelle: Eigene Darstellung.

Für die Anwendung bei einer Investitionsalternative lassen sich Obergrenzen für die Gesamtkosten als Vergleichsbasis festlegen. Bei der Auswahl zwischen mehreren Investitionsobjekten ist die günstigste Alternative auswählbar.

Wichtige **Anwendungsfelder** der Kostenvergleichsrechnung liegen insbesondere dann vor, wenn in Gesundheitseinrichtungen alte Investitionsobjekte durch neue ersetzt werden sollen. Ziel ist es dabei auch, den optimalen Zeitpunkt für die Anschaffung eines neuen Investitionsobjekts zu bestimmen. Dazu ist die Kostenentwicklung zu beobachten, um festzustellen, wann die Kapital- und Betriebskosten einer neuen Investition im Vergleich zum Altobjekt deutlich günstiger sind.

Zur **Vorgehensweise**: Die Kostenvergleichsrechnung berechnet die durchschnittlichen Gesamtkosten einer Periode, die aus der Summe der fixen Kosten, variablen Kosten, kalkulatorischen Abschreibungen und kalkulatorischen Zinsen besteht. Um die variablen Gesamtkosten zu erhalten, werden die variablen Kosten je Behandlungsfall mit der Gesamtzahl der Behandlungsfälle multipliziert. Die kalkulatorischen Abschreibungen geben den jährlichen Wertverlust des Investitionsobjekts an und lassen sich durch Subtrahieren des Restwerts vom Anschaffungswert und anschließendem Teilen durch die Nutzungsdauer berechnen. Die kalkulatorischen Zinsen berechnen sich durch Multiplizieren des Marktzinssatzes mit dem durchschnittlich gebundenen Kapital, welches sich aus der Summe von Anschaffungswert und Restwert geteilt durch 2 ermitteln lässt.

Der wesentliche **Vorteil** der Kostenvergleichsrechnung liegt in ihrer Eignung zur quantitativen Bewertung von Erweiterungs- und Ersatzinvestitionen. **Nachteile** bestehen darin, dass sie nicht die Ertragsseite berücksichtigt, so dass Rentabilitätsaspekte und die Frage nach einem Gewinnbeitrag nicht geklärt werden. Auch werden keine zeitlich später liegende, die Investitionsentscheidung betreffende Ereignisse berücksichtigt, da nur auf die Anfangsinvestition abgestellt wird. Ebenso werden auch die qualitativen Merkmale der Investitionsobjekte werden durch die Kostenvergleichsrechnung nicht aufgezeigt.

### 1.2.4 Rentabilitätsrechnung

Die Rentabilitätsrechnung ist eine Methode der statischen Investitionsrechnung und beantwortet die Frage, ob eine Investition dennoch unterbleiben sollte, weil das dafür notwendige Kapital am Kapitalmarkt eine bessere Rendite erzielen würde. Dazu wird die Rentabilität verschiedener Investitionsalternativen miteinander verglichen, genauer gesagt mit der gewünschten Mindestrendite. Die Rentabilität gibt dabei den prozentualen Anteil an, um den sich das durchschnittlich im Investitionsobjekt gebundene Kapital innerhalb einer Periode verzinst. Das Investitionsprojekt mit der höchsten Rentabilität ist dabei am vorteilhaftesten.

Investitionen durch Eigenkapital weisen immer eine höhere Rentabilität auf, da auf Fremdkapital in der Regel Zinsen gezahlt werden und daher fiktive Zinsen als kalkulatorische Kapitalkosten in Ansatz gebracht werden müssen. Die eigentliche Rendite besteht aus dem Ertrag, der über die Verzinsung des eingesetzten Kapitals hinausgeht.

**Anwendungsgebiet**: Die Rentabilitätsrechnung kann zur Beurteilung von Rationalisierungsinvestitionen wie auch von Ersatz- und Erweiterungsinvestitionen im Gesundheitswesen herangezogen werden. Sie eignet sich insbesondere dann, wenn einzelne Investitionsalternativen einen unterschiedlichen Kapitalbedarf aufweisen oder nur begrenztes Kapital für die Investition zur Verfügung steht.

Die **Vorgehensweise** der Rentabilitätsrechnung ist durch die Ermittlung der Rentabilität als Quotienten des Gewinns vor Zinsen und dem durchschnittlichen Kapitaleinsatz gekennzeichnet. Die gewinnmindernden Zinsaufwendungen für die Finanzierung des Investitionsobjekts sind somit wieder zu addieren, damit die Rendite unabhängig von der jeweiligen Finanzierung ermittelt werden kann. Sie lässt sich anschließend mit den Finanzierungsaufwendungen vergleichen, um die Vorteilhaftigkeit der Investition zu bewerten.

Zunächst wird dazu der durchschnittliche Gewinn für die alternative Investition ermittelt und die durchschnittlichen jährlichen Kapitalkosten werden dabei abgezo-

**Beispiel Rentabilitätsrechnung**

Tab. 1.8: Rentabilitätsvergleich zweier Diagnostikgeräte.

| | Diagnostikgerät A | Diagnostikgerät B |
|---|---|---|
| Anschaffungskosten | 100.000 | 80.000 |
| Jährliche Betriebskosten | 30.400 | 31.950 |
| Berechnung des durchschnittlichen Gewinns: | | |
| Erlöse | 48.000 | 60.000 |
| + Ø Kapitalkosten [(Anschaffungskosten/2) ×4 %] | 2.000 | 1.600 |
| – Abschreibungen (Nutzungsdauer 10 Jahre) | 10.000 | 8.000 |
| – Betriebskosten | 30.400 | 31.950 |
| Ø Gewinn | 9.600 | 21.650 |
| Berechnung der Rentabilität | | |
| Ø Gewinn | 9.600 | 21.650 |
| Ø Kapitalkosten | 2.000 | 1.600 |
| Ø Gewinn vor Zinsen | 11.600 | 23.250 |
| Ø Kapitaleinsatz (Anschaffungskosten/2) | 50.000 | 40.000 |
| Rentabilität (Ø Gewinn vor Zinsen/Ø Kapitaleinsatz) | 0,23 | 0,58 |

Quelle: Eigene Darstellung.

gen. Anschließend werden die Zinsen wieder hinzugerechnet und der daraus resultierende Gewinn vor Zinsen ins Verhältnis zum durchschnittlichen Kapitaleinsatz gesetzt.

Die Rentabilität errechnet sich somit nach der Formel:

$$\text{Rentabilität} = \text{Gewinn vor Zinsen}/\text{durchschnittliches Kapital}.$$

Wesentliche **Vorteile** der Rentabilitätsrechnung liegen darin, dass sie praktikabel, einfach und rasch anwendbar ist. Allerdings finden bei ihrer kurzfristigen Betrachtung von jeweils nur einer Periode kosten-, mengen- oder preismäßige Veränderungen im Zeitablauf keine Berücksichtigung, was einen **Nachteil** darstellt. Es werden zudem nur Durchschnittswerte betrachtet und auch der absolute Gewinn wird vernachlässigt. Weiterhin wird durch den Prozentwert auch nur die relative Vorteilhaftigkeit einer Investition ermittelt, so dass riskantere Investitionen mit absolut niedrigerem Gewinn vorteilhafter erscheinen können.

Um genauere Ergebnisse zu erhalten, kann es auch zweckmäßiger sein, die relative Vorteilhaftigkeit einer Investition gegenüber einer alternativen Investition anhand der Rentabilität der Differenzinvestition zu bestimmen, die grösser sein sollte als eine vorgegebene Mindestrentabilität.

## 1.3 Finanzbuchhaltung

### 1.3.1 Bilanzgliederung

Die Bilanz ist, je nach Sichtweise, eine Gegenüberstellung von Mittelverwendung oder Vermögen (Aktiva) und Mittelherkunft oder Eigenkapital bzw. Schulden (Passiva). Ausgehend von der Eröffnungsbilanz werden zu ihrer Erstellung die Bestandskonten (Vermögens- und Kapitalkonten) der Buchhaltung, in denen alle Geschäftsvorfälle erfasst werden, am Ende des Buchungszeitraumes saldiert und der Saldo in die Schlussbilanz aufgenommen. Ferner werden darin die Inventarpositionen unter Wegfall der Mengenangaben zusammengefasst.

**Anwendungsfelder** sind neben der Handelsbilanz als weitere ordentliche Jahresbilanz die Steuerbilanz, sowie Sonderbilanzen (bspw. Gründungs-, Liquidations-, Fusionsbilanzen etc.) im Gesundheitswesen.

Die **Vorgehensweise** bei der Bilanzerstellung lässt sich stark verkürzt folgendermaßen beschreiben: Im Rahmen der Bewertung sind Gütern oder Leistungen und damit insgesamt den Vermögensteilen und Verbindlichkeiten zum Zeitpunkt der Bilanzerstellung Werte zuzuordnen. Sie richtet sich nach den handelsrechtlich vorgegebenen Bewertungsverfahren sowie dem Vorsichtsprinzip aus den *Grundsätzen ordnungsgemäßer Buchführung (GoB)*. Als Werte ansetzbar sind bspw. der Anschaffungspreis zuzüglich Nebenkosten (Anschaffungskosten), alle Ausgaben, die durch Güter und Dienstleistungen zur betrieblichen Leistungserstellung entstanden sind (Herstellkosten) oder der Betrag, den ein Betriebserwerber für das einzelne Wirtschaftsgut ansetzen würde (Teilwert). Mit Hilfe von Abschreibungen werden die leistungsabhängig oder zeitbezogen auftretenden Wertminderungen erfasst, die die Anschaffungskosten und Herstellungskosten auf eine bestimmte Zeitdauer verteilen oder den nicht planmäßig eintretenden Wertminderungen Rechnung tragen.

Bei der Aufstellung der Bilanz sind u. a. folgende weitere Grundsätze zu beachten:

- Vollständigkeitsgebot: Bilanzierung sämtlicher Vermögensgegenstände, Schulden und Rechnungsabgrenzungsposten.
- Bilanzierungsverbote: Für Aufwendungen für die Gründung und Beschaffung von Eigenkapital sowie für nicht entgeltlich erworbene immaterielle Vermögenswerte des Anlagevermögens.
- Bilanzierungswahlrechte: Vom Gesetzgeber u. a. für Bilanzierungshilfen eingeräumt.
- Darstellungskontinuität.
- Angabe von Vorjahresvergleichszahlen.
- Bilanzgliederung: Jahresabschluss ist klar und übersichtlich und innerhalb einer dem ordnungsgemäßen Geschäftsgang entsprechenden Zeit aufzustellen; für Kapitalgesellschaften existieren Gliederungsvorschriften.

**Beispiel Bilanzgliederung**

Tab. 1.9: Bilanzgliederung nach der Pflege-Buchführungsverordnung (PBV).

**Aktivseite**

A. Anlagevermögen
- I. Immaterielle Vermögensgegenstände
  1. Selbst geschaffene gewerbliche Schutzrechte und ähnliche Rechte und Werte
  2. Entgeltlich erworbene Konzessionen, gewerbliche Schutzrechte und ähnliche Rechte und Werte sowie Lizenzen an solchen Rechten und Werten
  3. Geschäfts- oder Firmenwert
  4. Geleistete Anzahlungen
- II. Sachanlagen
  1. Grundstücke und grundstücksgleiche Rechte mit Betriebsbauten einschließlich der Betriebsbauten auf fremden Grundstücken
  2. Grundstücke und grundstücksgleiche Rechte mit Wohnbauten einschließlich der Wohnbauten auf fremden Grundstücken
  3. Grundstücke und grundstücksgleiche Rechte ohne Bauten
  4. Technische Anlagen
  5. Einrichtungen und Ausstattungen ohne Fahrzeuge
  6. Fahrzeuge
  7. Geleistete Anzahlungen und Anlagen im Bau
- III. Finanzanlagen
  1. Anteile an verbundenen Unternehmen*
  2. Ausleihungen an verbundene Unternehmen*
  3. Beteiligungen
  4. Ausleihungen an Unternehmen, mit denen ein Beteiligungsverhältnis besteht*
  5. Wertpapiere des Anlagevermögens
  6. Sonstige Finanzanlagen

B. Umlaufvermögen
- I. Vorräte
  1. Roh-, Hilfs- und Betriebsstoffe
  2. Geleistete Anzahlungen
- II. Forderungen und sonstige Vermögensgegenstände
  1. Forderungen aus Lieferungen und Leistungen, davon mit einer Restlaufzeit von mehr als einem Jahr
  2. Forderungen an Gesellschafter oder Träger der Einrichtung, davon mit einer Restlaufzeit von mehr als einem Jahr
  3. Forderungen gegen verbundene Unternehmen, davon mit einer Restlaufzeit von mehr als einem Jahr*
  4. Forderungen gegen Unternehmen, mit denen ein Beteiligungsverhältnis besteht, davon mit einer Restlaufzeit von mehr als einem Jahr*
  5. Forderungen aus öffentlicher Förderung, davon mit einer Restlaufzeit von mehr als einem Jahr
  6. Forderungen aus nicht-öffentlicher Förderung, davon mit einer Restlaufzeit von mehr als einem Jahr
  7. Eingefordertes, noch nicht eingezahltes Kapital*
  8. Sonstige Vermögensgegenstände, davon mit einer Restlaufzeit von mehr als einem Jahr
- III. Wertpapiere des Umlaufvermögens, davon Anteile an verbundenen Unternehmen*
- IV. Kassenbestand, Guthaben bei Kreditinstituten und Schecks

C. Ausgleichsposten
  1. Ausgleichsposten aus Darlehensförderung
  2. Ausgleichsposten für Eigenmittelförderung

D. Rechnungsabgrenzungsposten
E. Aktive latente Steuern*
F. Aktiver Unterschiedsbetrag aus der Vermögensverrechnung
G. Nicht durch Eigenkapital gedeckter Fehlbetrag

**Passivseite**

A. Eigenkapital
  1. Eingefordertes Kapital, Gezeichnetes Kapital abzüglich nicht eingeforderter ausstehender Einlagen
B. Sonderposten aus Zuschüssen und Zuweisungen zur Finanzierung des Sachanlagevermögens
  1. Sonderposten aus öffentlichen Fördermitteln für Investitionen
  2. Sonderposten aus nicht-öffentlicher Förderung für Investitionen
C. Rückstellungen
D. Verbindlichkeiten
  1. Verbindlichkeiten aus Lieferungen und Leistungen, davon mit einer Restlaufzeit bis zu einem Jahr
  2. Verbindlichkeiten gegenüber Kreditinstituten, davon mit einer Restlaufzeit bis zu einem Jahr
  3. Erhaltene Anzahlungen davon mit einer Restlaufzeit bis zu einem Jahr
  4. Verbindlichkeiten gegenüber Gesellschaftern oder dem Träger der Einrichtung, davon mit einer Restlaufzeit bis zu einem Jahr
  5. Verbindlichkeiten gegenüber verbundenen Unternehmen, davon mit einer Restlaufzeit bis zu einem Jahr*
  6. Verbindlichkeiten gegenüber Unternehmen, mit denen ein Beteiligungsverhältnis besteht, davon mit einer Restlaufzeit bis zu einem Jahr*
  7. Verbindlichkeiten aus öffentlichen Fördermitteln für Investitionen, davon mit einer Restlaufzeit bis zu einem Jahr
  8. Verbindlichkeiten aus nicht-öffentlicher Förderung für Investitionen, davon mit einer Restlaufzeit bis zu einem Jahr
  9. Sonstige Verbindlichkeiten, davon mit einer Restlaufzeit bis zu einem Jahr, davon im Rahmen der sozialen Sicherheit
  10. Verwahrgeldkonto
E. Ausgleichsposten aus Darlehensförderung
F. Rechnungsabgrenzungsposten
G. Passive latente Steuern*

* Diese Posten werden nur bei Kapitalgesellschaften ausgewiesen.

Quelle: Anlage 1 der Pflege-Buchführungsverordnung vom 22. November 1995 (BGBl. I S. 1528), zuletzt durch Artikel 7 Absatz 3 des Gesetzes vom 20. Dezember 2012 (BGBl. I S. 2751) geändert.

Zum Zwecke der Veröffentlichung dürfen mittelgroße und kleine Kapitalgesellschaften ihr Gliederungsschema straffen. Haftungsverhältnisse und Eventualverbindlichkeiten (aus Begebung und Übertragung von Wechseln, Bürgschaften, Gewährleistungsverträgen sowie Bestellung von Sicherheiten für fremde Verbindlichkeiten) müssen unter der Bilanz dargestellt werden, soweit sie nicht auf der Passivseite auszuweisen sind.

### 1.3.2 Einnahmenüberschussrechnung

Die Einnahmenüberschussrechnung (EÜR) ist in § 4 Abs. 3 des *Einkommensteuergesetzes (EStG)* geregelt: „Steuerpflichtige, die nicht auf Grund gesetzlicher Vorschriften verpflichtet sind, Bücher zu führen und regelmäßig Abschlüsse zu machen, und die auch keine Bücher führen und keine Abschlüsse machen, können als Gewinn den Überschuss der Betriebseinnahmen über die Betriebsausgaben ansetzen." Sie stellt somit eine vereinfachte Form der Gewinnermittlung dar, die beispielsweise von Ärzten als Freiberufler angewendet werden kann, um den Informationspflichten gegenüber der Finanzverwaltung Folge zu leisten. Sie erfordert keine doppelte Buchführung, denn der Gewinn ergibt sich aus der Differenz von Einnahmen und Ausgaben. Besteht aber beispielsweise ein Medizinisches Versorgungszentrum (MVZ) in der Rechtsform einer GmbH, KG, OHG usw., so besteht ebenso eine volle Buchhaltungspflicht mit Bilanz und Jahresabschluss wie bei einer freiwilligen Eintragung in das Handelsregister.

Die Einnahmenüberschussrechnung kommt typischerweise in kleinen Arztpraxen zur **Anwendung**, die die steuerrechtliche Erlaubnis zu dieser Form der Gewinnermittlung haben und die auf die Anwendung der doppelten Buchführung verzichten.

Bei der **Vorgehensweise** zur Erstellung einer Einnahmenüberschussrechnung ist abweichend von der Gewinnermittlung durch Bilanzierung darauf zu achten, dass Einnahmen erst dann erfasst werden dürfen, wenn sie zugeflossen sind und für Ausgaben der Zeitpunkt des tatsächlichen Zahlungsabflusses zählt (Zu- und Abflussflussprinzip).

Neues Anlagevermögen ist mit dem Nettokaufpreis in einem Anlagenverzeichnis zu führen, wobei die Abschreibungen und die Vorsteuer als Betriebsausgabe in der EÜR zu erfassen sind. Mit der Ausnahme von sich regelmäßig wiederholende Einnahmen und Ausgaben (z. B. Miete, Gehälter usw.) werden in der EÜR keine zeitlichen Abgrenzungen vorgenommen. Auch besteht in der EÜR kaum eine Möglichkeit Rückstellungen (z. B. für Steuerzahlungen, ungewisse Verbindlichkeiten usw.) zu bilden, da sie nur tatsächlich erfolgte Ausgaben berücksichtigt. Kreditzinsen und Darlehenskosten zählen zu den Betriebsausgaben in der EÜR. Geldliche Privateinlagen und Privatentnahmen haben keine Auswirkung auf den betrieblichen Gewinn der Gesundheitseinrichtung. Sofern Leistungen der Gesundheitseinrichtung überhaupt umsatzsteuerpflichtig sind, führt die Umsatzsteuer von selbsterstellten Rechnungen in der EÜR zu einer Einnahme, die Vorsteuer bei Eingangsrechnungen zu einer Ausgabe.

Die Zuordnung von Wirtschaftsgütern zum betrieblichen oder privaten Bereich kann mit steuerlichen Folgen verbunden sein, da die hiermit zusammenhängenden Einnahmen und Ausgaben die Gewinnhöhe in der EÜR beeinflussen. Ein Zweifamilienhaus mit Praxis im Erdgeschoss und Wohnung im Obergeschoss ist somit als notwendiges betriebliches und privates Vermögen auszuweisen.

Ein wesentlicher **Vorteil** der EÜR liegt in der Aufwandsreduzierung: Es genügen einfache Aufzeichnungen, aus denen alle im Laufe einer Rechnungsperiode zuge-

**Beispiel Einnahmenüberschussrechnung**

Tab. 1.10: Aufbau der EÜR in Anlehnung an den BMF-Vordruck „Einnahmenüberschussrechnung – Anlage EÜR“.

| Angaben | Zeile | Inhalte |
|---|---|---|
| Allgemeine Angaben | 1–3 | Steuernummer, Betriebsart, Zuordnung zur Einkunftsart und steuerpflichtigen Person. |
| | 4 | Eintragungen, wenn das Wirtschaftsjahr vom Kalenderjahr abweicht. |
| | 7 | Grundstücke oder grundstücksgleiche Rechte, die im Wirtschaftsjahr entnommen oder veräußert wurden. |
| Betriebseinnahmen | 8 | Betriebseinnahmen umsatzsteuerlicher Kleinunternehmer mit dem Bruttobetrag. |
| | 9 | Nicht steuerbare Umsätze und Umsätze nach § 19 Abs. 3 Satz 1 Nr. 1 und 2 UStG. |
| | 11 | Sämtliche umsatzsteuerpflichtigen Betriebseinnahmen jeweils ohne Umsatzsteuer (netto). |
| | 12 | Nach § 4 UStG umsatzsteuerfreie Umsätze und die nicht umsatzsteuerbaren Betriebseinnahmen. |
| | 15 | Die vom Finanzamt erstatteten und ggf. verrechneten Umsatzsteuerbeträge. |
| | 16 | Bei Veräußerung von Wirtschaftsgütern des Anlagevermögens der Erlös jeweils ohne Umsatzsteuer. |
| | 17 | Nutzung eines zum Betriebsvermögen gehörenden Fahrzeugs auch zu privaten Zwecken: Privater Nutzungswert als Betriebseinnahme. |
| | 18 | Privatanteile (jeweils ohne Umsatzsteuer), die für Sach-, Nutzungs- oder Leistungsentnahmen anzusetzen sind. |
| Betriebsausgaben | 21 | Betriebsausgabenpauschale statt der tatsächlich angefallenen Betriebsausgaben. |
| | 7 24 | Die von Dritten erbrachten Dienstleistungen, die in unmittelbarem Zusammenhang mit dem Betriebszweck stehen. |
| | 25 | Betriebsausgaben für Gehälter, Löhne und Versicherungsbeiträge. |
| Absetzung für Abnutzung | 26–28 | Verteilung der Anschaffungs-/Herstellungskosten von selbständigen, abnutzbaren Wirtschaftsgütern über die betriebsgewöhnliche Nutzungsdauer (AfA). |
| | 31 | Sonderabschreibungen. |
| | 32 | Herabsetzungsbeträge nach § 7g Abs. 2 EStG. |
| | 33, 34 | Anschaffungs-/Herstellungskosten bzw. der Einlagewert von abnutzbaren, beweglichen und einer selbständigen Nutzung fähigen Wirtschaftsgütern des Anlagevermögens in voller Höhe als Betriebsausgaben, wenn die um einen enthaltenen Vorsteuerbetrag verminderten Anschaffungs-/Herstellungskosten bzw. deren Einlagewert für das einzelne Wirtschaftsgut 410 € nicht übersteigen (GWG). |
| | 35 | Restbuchwert als Betriebsausgabe bei Wirtschaftsgütern die z. B. aufgrund Verkauf, Entnahme oder Verschrottung bei Zerstörung aus dem Betriebsvermögen ausscheiden. |

| | | |
|---|---|---|
| Raumkosten und sonstige Grundstücks-aufwendungen | 37 | Miete und sonstige Aufwendungen für eine betrieblich veranlasste doppelte Haushaltsführung. |
| | 38 | Aufwendungen für betrieblich genutzte Grundstücke. |
| Sonstige unbeschränkt abziehbare Betriebs-ausgaben | 42, 43 | Schuldzinsen für gesondert aufgenommene Darlehen zur Finanzierung von Anschaffungs-/Herstellungskosten von Wirtschaftsgütern des Anlagevermögens. |
| | 44 | In Eingangsrechnungen enthaltenen Vorsteuerbeträge auf die Betriebsausgaben im Zeitpunkt ihrer Bezahlung. |
| | 45 | Aufgrund der Umsatzsteuervoranmeldungen oder aufgrund der Umsatzsteuerjahreserklärung an das Finanzamt gezahlte und ggf. verrechnete Umsatzsteuer. |
| | 47 | Übrige unbeschränkt abziehbaren Betriebsausgaben, soweit diese nicht bereits berücksichtigt worden sind. |
| Beschränkt abziehbare Betriebsausgaben und Gewerbe-steuern | 48 | Aufwendungen für Geschenke an Personen, die nicht Arbeitnehmer sind, wenn die Anschaffungs-oder Herstellungskosten der dem Empfänger im Gewinnermittlungszeitraum zugewendeten Gegenstände 35 € nicht übersteigen. |
| | 49 | Aufwendungen für die Bewirtung von Personen aus geschäftlichem Anlass. |
| | 50 | Verpflegungsmehraufwendungen anlässlich einer Geschäftsreise oder einer betrieblich veranlassten doppelten Haushaltsführung. |
| | 51 | Aufwendungen bis zu einem Betrag von maximal 1.250 €, wenn für die betriebliche/berufliche Tätigkeit kein anderer (Büro-)Arbeitsplatz zur Verfügung steht. |
| | 52 | Sonstige beschränkt abziehbare und nicht abziehbare Betriebsausgaben. |
| Kraftfahrzeug-kosten und andere Fahrt-kosten | 54 | Alle festen und laufenden Kosten für zum Betriebsvermögen gehörende Kfz; Aufwendungen für alle weiteren betrieblich veranlassten Fahrten. |
| | 55 | Tatsächliche Aufwendungen, die auf Wege zwischen Wohnung und Betriebsstätte entfallen. |
| | 56 | Unabhängig von der Art des benutzten Verkehrsmittels die Aufwendungen für die Wege zwischen Wohnung und Betriebsstätte und für Familienheimfahrten in Höhe der Pauschbeträge. |
| Ermittlung des Gewinns | 63 | Hinzurechnung des Investitionsabzugsbetrag nach § 7g Abs. 1 EStG im Wirtschaftsjahr der Anschaffung oder Herstellung, wenn er für ein Wirtschaftsgut in Anspruch genommen wurde. |
| | 64 | Gewinnzuschlag (6 % pro Wirtschaftsjahr) des Bestehens, soweit die Auflösung der jeweiligen Rücklagen nicht auf der Übertragung des Veräußerungsgewinns auf ein begünstigtes Wirtschaftsgut beruht. |
| | 65 | Gewinnmindernde Berücksichtigung nach § 7g EStG für die künftige Anschaffung oder Herstellung von abnutzbaren beweglichen Wirtschaftsgütern des Anlagevermögens bis zu 40 % der voraussichtlichen Anschaffungs-/Herstellungskosten. |

| | | |
|---|---|---|
| | 66 | Beim Übergang von der Gewinnermittlung durch Betriebsvermögensvergleich bzw. nach Durchschnittssätzen zur Gewinnermittlung nach § 4 Abs. 3 EStG die durch den Wechsel der Gewinnermittlungsart bedingten Hinzurechnungen und Abrechnungen im ersten Jahr nach dem Übergang zur Gewinnermittlung nach § 4 Abs. 3 EStG. |
| | 67 | Gesondert und einheitlich festgestellte Ergebnisanteile aus Beteiligungen an Personengesellschaften (Mitunternehmerschaften, vermögensverwaltende Personengesellschaften und Kostenträgergemeinschaften wie z. B. Bürogemeinschaften). |
| Rücklagen und stille Reserven | 73–76 | Rücklage nach § 6c i.V.m. § 6b EStG; Rücklage für Ersatzbeschaffung nach R 6.6 EStR |
| Entnahmen und Einlagen | 77, 78 | Entnahmen und Einlagen, die nach § 4 Abs. 4a EStG gesondert aufzuzeichnen sind. |

Quelle: In Anlehnung an Bundesfinanzministerium (Hrsg., 2013): Anleitung zum Vordruck „Einnahmenüberschussrechnung – Anlage EÜR“ (Gewinnermittlung nach § 4 Abs. 3 EStG). Stand: Juni 2013. Berlin.

flossenen Einnahmen, bzw. abgeflossenen Ausgaben hervorgehen, wobei die Beträge selbstverständlich allerdings durch Belege dokumentiert sein müssen. Als **Nachteil** können insbesondere die fehlenden bilanziellen Gestaltungsmöglichkeiten angesehen werden.

### 1.3.3 Gewinn- und Verlustrechnung

Bei der Gewinn- und Verlustrechnung (GuV) handelt es sich um eine periodische Erfolgsrechnung als Bestandteil des Jahresabschlusses. Sie stellt die Erträge und Aufwendungen eines GeschäftsJahrs dadurch gegenüber, dass die Erfolgskonten (Aufwand- und Ertragskonten) in sie eingehen. Die GuV hat in erster Linie eine Informationsfunktion, wobei ihr wesentliche Bedeutung für die Vermittlung eines den tatsächlichen Verhältnissen entsprechenden Bildes der Ertragslage zukommt: Sie zeigt ebenso wie die Bilanz den Erfolg einer Geschäftsperiode in Form eines Gewinnes oder Verlustes und hat zur Aufgabe, die Quelle der Erträge und die Aufwandsstruktur ersichtlich zu machen, wobei sie von folgenden Definitionen ausgeht:

- Ertrag: Während einer Abrechnungsperiode erwirtschafteter Wertzuwachs.
- Aufwand: Werteverzehr von Gütern und Dienstleistungen während einer Abrechnungsperiode.
- Einzahlung: Zahlungsmittelzufluss.
- Auszahlung: Zahlungsmittelabfluss.
- Einnahmen: Einzahlungen zuzüglich Forderungszugänge und Schuldenabgänge.
- Ausgaben: Auszahlungen zuzüglich Forderungsabgänge und Schuldenzugänge.

**Beispiel Gewinn- und Verlustrechnung**

Tab. 1.11: GuV-Gliederung nach der Krankenhaus-Buchführungsverordnung (KHBV).

| Ziff. | Inhalte |
|---|---|
| 1 | Erlöse aus Krankenhausleistungen |
| 2 | Erlöse aus Wahlleistungen |
| 3 | Erlöse aus ambulanten Leistungen des Krankenhauses |
| 4 | Nutzungsentgelte der Ärzte |
| 5 | Erhöhung oder Verminderung des Bestandes an fertigen und unfertigen Erzeugnissen/unfertigen Leistungen |
| 6 | Andere aktivierte Eigenleistungen |
| 7 | Zuweisungen und Zuschüsse der öffentlichen Hand, soweit nicht unter Nr. 11 |
| 8 | Sonstige betriebliche Erträge, davon aus Ausgleichsbeträgen für frühere Geschäftsjahre |
| 9 | Personalaufwand:<br>a) Löhne und Gehälter<br>b) soziale Abgaben und Aufwendungen für Altersversorgung und für Unterstützung, davon für Altersversorgung |
| 10 | Materialaufwand:<br>a) Aufwendungen für Roh-, Hilfs- und Betriebsstoffe<br>b) Aufwendungen für bezogene Leistungen |
| Zwischenergebnis | |
| 11 | Erträge aus Zuwendungen zur Finanzierung von Investitionen, davon Fördermittel nach dem KHG |
| 12 | Erträge aus der Einstellung von Ausgleichsposten aus Darlehensförderung und für Eigenmittelförderung |
| 13 | Erträge aus der Auflösung von Sonderposten/Verbindlichkeiten nach dem KHG und auf Grund sonstiger Zuwendungen zur Finanzierung des Anlagevermögens |
| 14 | Erträge aus der Auflösung des Ausgleichspostens für Darlehensförderung |
| 15 | Aufwendungen aus der Zuführung zu Sonderposten/Verbindlichkeiten nach dem KHG und auf Grund sonstiger Zuwendungen zur Finanzierung des Anlagevermögens |
| 16 | Aufwendungen aus der Zuführung zu Ausgleichsposten aus Darlehensförderung |
| 17 | Aufwendungen für die nach dem KHG geförderte Nutzung von Anlagegegenständen |
| 18 | Aufwendungen für nach dem KHG geförderte, nicht aktivierungsfähige Maßnahmen |
| 19 | Aufwendungen aus der Auflösung der Ausgleichsposten aus Darlehensförderung und für Eigenmittelförderung |
| 20 | Abschreibungen:<br>a) auf immaterielle Vermögensgegenstände des Anlagevermögens und Sachanlagen<br>b) auf Vermögensgegenstände des Umlaufvermögens, soweit diese die im Krankenhaus üblichen Abschreibungen überschreiten |
| 21 | Sonstige betriebliche Aufwendungen |
| Zwischenergebnis | |
| 22 | Erträge aus Beteiligungen, davon aus verbundenen Unternehmen* |
| 23 | Erträge aus anderen Wertpapieren und aus Ausleihungen des Finanzanlagevermögens, davon aus verbundenen Unternehmen* |
| 24 | Sonstige Zinsen und ähnliche Erträge, davon aus verbundenen Unternehmen* |
| 25 | Abschreibungen auf Finanzanlagen und auf Wertpapiere des Umlaufvermögens |
| 26 | Zinsen und ähnliche Aufwendungen, davon für Betriebsmittelkredite, davon an verbundene Unternehmen |

| | |
|---|---|
| 27 | Ergebnis der gewöhnlichen Geschäftstätigkeit |
| 28 | Außerordentliche Erträge |
| 29 | Außerordentliche Aufwendungen |
| 30 | außerordentliches Ergebnis |
| 31 | Steuern, davon vom Einkommen und vom Ertrag |
| 32 | Jahresüberschuss/Jahresfehlbetrag |

* Diese Posten werden nur bei Kapitalgesellschaften ausgewiesen.

Quelle: Anlage 2 der Verordnung über die Rechnungs- und Buchführungspflichten von Krankenhäusern (Krankenhaus-Buchführungsverordnung – KHBV) in der Fassung der Bekanntmachung vom 24. März 1987 (BGBl. I S. 1045), zuletzt durch Artikel 7 Absatz 1 des Gesetzes vom 20. Dezember 2012 (BGBl. I S. 2751) geändert.

Ein wesentliches **Anwendungsgebiet** der GuV ist der kaufmännische Jahresabschluss, da nach § 242 Abs. 2 *Handelsgesetzbuch (HGB)* der Kaufmann für den Schluss eines jeden Geschäftsjahrs eine Gegenüberstellung der Aufwendungen und Erträge des Geschäftsjahrs (Gewinn- und Verlustrechnung) aufzustellen hat.

Bei der **Vorgehensweise** ist zu beachten, dass die GuV klar und übersichtlich zu gliedern, das Bruttoprinzip (Erträge und Aufwendungen dürfen nicht saldiert werden) zu beachten und der Grundsatz der Stetigkeit der Darstellung einzuhalten ist. Sie ist ferner in Konto- oder Staffelform bzw. nach dem Umsatz- oder Gesamtkostenverfahren aufzustellen:
- Kontoform: Zeigt das Ergebnis als Sollsaldo bei Gewinn, als Habensaldo bei Verlust auf der entsprechenden Kontoseite.
- Staffelform: Ordnet die einzelnen Positionen untereinander an und gelangt zum Periodenergebnis über eine Fortschreibung bzw. Fortrechnung in mehreren Zwischenschritten.
- Gesamtkostenverfahren: Gruppierung der Aufwendungen nach Aufwandsarten und Berücksichtigung alle Aufwendungen, die in der betrachteten Rechnungsperiode bei der betrieblichen Leistungserstellung entstanden sind. Es stellt den Aufwendungen alle erzielten Erträge gegenüber und rechnet Bestandsveränderungen an fertigen und unfertigen Erzeugnissen sowie der Eigenleistungen heraus, die nicht verkauft, sondern im eigenen Betrieb verbraucht werden.
- Umsatzkostenverfahren: Gruppierung der Aufwendungen nach Funktionsbereichen und Gegenüberstellung von Umsatzerlösen einer Periode nur derjenigen Aufwendungen, die für die tatsächlich verkauften Produkte angefallen sind.

**Vorteile** der Aufstellung einer GuV sind die Transparenz der Aufwandsstruktur und der Quelle der Erträge, was in die Lage versetzt, die Nachhaltigkeit der Erfolgsbestandteile zu beurteilen und Rückschlüsse auf die künftige Ertragslage zu ziehen. Auch sind weitere Untergliederungen und auch das Hinzufügen neuer GuV-Posten möglich, was z. B. forschungsintensive Einrichtungen nutzen können, indem sie nach dem Umsatzkostenverfahren einen GuV-Posten Forschungs- und Entwicklungskosten hinzufügen. Die Aufstellung einer GuV ist kein **Nachteil**, jedoch benötigt man sie für die Gewinnermittlung nicht unbedingt, denn der Gewinn bzw. Verlust lässt sich auch aus der Veränderung des Eigenkapitals (unter Berücksichtigung von Einlagen und Entnahmen) zwischen zwei Bilanzstichtagen ablesen.

### 1.3.4 Inventaraufstellung

Nach § 240 HGB hat jeder Kaufmann zu Beginn seines Handelsgewerbes seine Grundstücke, seine Forderungen und Schulden, den Betrag seines baren Geldes sowie seine sonstigen Vermögensgegenstände genau zu verzeichnen und dabei den Wert der einzelnen Vermögensgegenstände und Schulden anzugeben. Bei dem Inventar handelt es sich demnach um ein vollständiges, detailliertes Verzeichnis, in dem alle durch die Inventur festgestellten und tatsächlich vorhandenen Vermögensgegenstände und Schulden einer Gesundheitseinrichtung einzeln nach Art, Menge und Wert bezogen auf den Bilanzstichtag erfasst werden.

Ein wesentliches **Anwendungsgebiet** der Inventaraufstellung ist der Jahresabschluss, da das Inventar die Grundlage für die Aufstellung der Bilanz darstellt. Allerdings werden im Inventar die Werte einzeln aufgelistet, während sie in der Bilanz in einem Posten zusammengefasst und lediglich wertmäßig angegeben werden.

Die **Vorgehensweise** bei der Inventaraufstellung ist ebenfalls durch die Vorgaben des HGB geprägt:

- Für den Schluss eines jeden Geschäftsjahrs ist ein solches Inventar aufzustellen.
- Die Dauer des Geschäftsjahrs darf zwölf Monate nicht überschreiten.
- Die Aufstellung des Inventars ist innerhalb der einem ordnungsmäßigen Geschäftsgang entsprechenden Zeit zu bewirken.
- Vermögensgegenstände des Sachanlagevermögens sowie Roh-, Hilfs- und Betriebsstoffe können, wenn sie regelmäßig ersetzt werden und ihr Gesamtwert für das Unternehmen von nachrangiger Bedeutung ist, mit einer gleichbleibenden Menge und einem gleichbleibenden Wert angesetzt werden, sofern ihr Bestand in seiner Größe, seinem Wert und seiner Zusammensetzung nur geringen Veränderungen unterliegt.
- In der Regel ist alle drei Jahre eine körperliche Bestandsaufnahme durchzuführen.
- Gleichartige Vermögensgegenstände des Vorratsvermögens sowie andere gleichartige oder annähernd gleichwertige bewegliche Vermögensgegenstände und Schulden können jeweils zu einer Gruppe zusammengefasst und mit dem gewogenen Durchschnittswert angesetzt werden.

Ansonsten wird es üblicherweise in Staffelform und als Liste (nicht in Kontenform) aufgestellt und unterscheidet nach Vermögen, Schulden und Eigenkapital oder Reinvermögen.

**Beispiel Inventaraufstellung**

Tab. 1.12: Anlagennachweis nach der Krankenhaus-Buchführungsverordnung (KHBV).

| Bilanzposten: B. II. Sachanlagen | Entwicklung der Anschaffungswerte | | | | | Entwicklung der Abschreibungen | | | | | | |
|---|---|---|---|---|---|---|---|---|---|---|---|---|
| | Anfangsstand | Zugang | Umbuchungen | Abgang | Endstand | Anfangsstand | Abschreibungen des Geschäftsjahres | Umbuchungen | Zuschreibungen des Geschäftsjahres | Entnahme für Abgänge | Endstand | Restbuchwerte (Stand 31.12.) |
| | Euro | Euro | Euro | Euro | Euro | Euro | Euro | Euro | Euro | Euro | Euro | Euro |
| 1 | 2 | 3 | 4 | 5 | 6 | 7 | 8 | 9 | 10 | 11 | 12 | 13 |
| 1. Grundstücke und grundstücksgleiche Rechte mit Betriebsbauten einschließlich der Betriebsbauten auf fremden Grundstücken | | | | | | | | | | | | |
| 2. Grundstücke und grundstücksgleiche Rechte mit Wohnbauten einschließlich der Wohnbauten auf fremden Grundstücken | | | | | | | | | | | | |
| 3. Grundstücke und grundstücksgleiche Rechte ohne Bauten | | | | | | | | | | | | |
| 4. technische Anlagen | | | | | | | | | | | | |
| 5. Einrichtungen und Ausstattungen | | | | | | | | | | | | |
| 6. geleistete Anzahlungen und Anlagen im Bau | | | | | | | | | | | | |

Quelle: Anlage 3 der Verordnung über die Rechnungs- und Buchführungspflichten von Krankenhäusern (Krankenhaus-Buchführungsverordnung – KHBV) in der Fassung der Bekanntmachung vom 24. März 1987 (BGBl. I S. 1045), zuletzt durch Artikel 7 Absatz 1 des Gesetzes vom 20. Dezember 2012 (BGBl. I S. 2751) geändert.

Eine lückenlose, fehlerfreie und den Tatsachen entsprechende Inventaraufstellung bietet den **Vorteil** einer vollständigen Auflistung von Sachwerten und Bargeldern, aller Vermögensgegenstände und Schulden nach ihrer Fälligkeit geordnet und somit aller gegenständlichen wie auch nicht gegenständlichen Werte und Verbindlichkeiten. Als **Nachteil** mag der Aufwand für die regelmäßige Inventur gelten, aus der das Inventar als aktualisiertes Verzeichnis hervorgeht.

### 1.3.5 Kontenrahmen und Kontenplan

Der Kontenplan ist das Verzeichnis aller Konten einer Gesundheitseinrichtung und orientiert sich üblicherweise an vorgegebenen Kontenrahmen im Gesundheitswesen. Da das Zahlenmaterial von Gesundheitseinrichtungen wichtige Grundlagen für allgemeine Versorgungsplanungen und Entscheidungen darstellt, wären bei unterschiedlichen Kontensystematiken Entwicklungsvergleiche kaum möglich. Daher übernimmt der Kontenrahmen die Aufgaben eines allgemeingültigen Ordnungsschemas, welches Kontenklassen sowie die Nummerierung der Konten einheitlich vorgibt. Als wichtiger Bestandteil der doppelten Buchführung weicht der Kontenplan in der Regel dennoch hier und da von den Kontenrahmen ab, weil vorgesehene Konten entweder nicht benötigt oder zusätzliche gebraucht werden.

Hauptsächliches **Anwendungsgebiet** ist das gesamte Rechnungswesen, das dadurch nach Aufbau und Inhalt grundsätzlich festgelegt wird.

Als **Vorgehensweise,** um aus einem Standardkontenrahmen einen individuellen Kontenplan zu entwickeln, ist es empfehlenswert, sich Klarheit über die geschäftlichen und betrieblichen Vorfälle zu verschaffen, die im Rechnungswesen abgebildet werden müssen:

- Aus dem Bereich Betriebsausgaben und Aufwendungen sind üblicherweise die Konten Einkauf medizinisches Verbrauchsmaterial, Bürobedarf, Versicherungen, Porto, Telefon und andere mehr notwendig.
- Konten aus dem Bereich Anlagevermögen werden für Vermögensgegenstände benötigt, die für den Klinik-, Praxis- oder Pflegebetrieb notwendig sind, um beispielsweise die Anschaffung sowie die Abschreibung dieser Anlagegüter zu verbuchen.
- Im Bereich Eigenkapital werden beispielsweise Konten für Privatentnahmen und Privateinlagen des Praxisinhabers benötigt, bzw. die Konten Forderungen oder Verbindlichkeiten gegenüber Gesellschaftern, wenn diese Beträge für private Zwecke entnehmen oder privates Geld einlegen.
- Die Konten Kasse und Bank aus dem Bereich Umlaufvermögen werden gebraucht, um beispielsweise Kassenbelege und Kontoauszüge zu erfassen.
- Für die Bilanzerstellung werden das Konto Forderungen bzw. die Debitorenkonten benötigt z. B. für die Erfassung der Patientenrechnungen. Das Konto Verbindlichkeiten bzw. die Kreditorenkonten ist für die Erfassung der Lieferantenrechnungen notwendig.
- Das Konto Darlehen aus dem Bereich Fremdkapital wird benötigt, falls ein Kredit aufgenommen wurde.

**Vor-** und **Nachteile** ergeben sich insbesondere aus dem möglichen Umfang eines Kontenplans: Je umfassender die Anzahl der Konten ist, desto genauer und aussagekräftiger lassen sich die einzelnen Vorgänge im Rechnungswesen abbilden. Mit zunehmenden Umfang des Kontenplans und zunehmender Kontenzahl steigt allerdings auch die Unübersichtlichkeit der Buchhaltung. Daher ist häufig die schwierige Entscheidung zu treffen, welche Fälle auf Sammelkonten zusammengefasst werden können und für welche jeweils ein eigenes Konto angelegt werden muss.

**Beispiel Kontenrahmen und Kontenplan**

Tab. 1.13: Kontenrahmen nach der Pflege-Buchführungsverordnung (PBV).

| Konten-klasse | Konten-gruppe | Konten-unter-gruppe | Text-Erläuterung |
|---|---|---|---|
| 0 | Ausstehende Einlagen, Anlagevermögen | | |
| | Ausstehende Einlagen auf das gezeichnete oder festgesetzte Kapital | | |
| | 01 | Grundstücke und grundstücksgleiche Rechte | |
| | | 010 | Bebaute Grundstücke |
| | | 011 | Betriebsbauten |
| | | 012 | Außenanlagen |
| | 02 | Grundstücke und grundstücksgleiche Rechte mit Wohnbauten | |
| | | 020 | Bebaute Grundstücke |
| | | 021 | Wohnbauten |
| | | 022 | Außenanlagen |
| | 03 | Grundstücke und grundstücksgleiche Rechte ohne Bauten | |
| | 04 | Bauten auf fremden Grundstücken | |
| | | 040 | Betriebsbauten |
| | | 041 | Wohnbauten |
| | | 042 | Außenanlagen |
| | 05 | Technische Anlagen | |
| | | 050 | in Betriebsbauten |
| | | 051 | in Wohnbauten |
| | | 052 | in Außenanlagen |
| | 06 | Einrichtung und Ausstattung | |
| | | 060 | in Betriebsbauten |
| | | 061 | in Wohnbauten |
| | | 062 | in Außenanlagen |
| | | 063 | Fahrzeuge |
| | | 064 | Geringwertige Wirtschaftsgüter (GWG's) |
| | | 065 | Festwerte in Betriebsbauten |
| | | 066 | Festwerte in Wohnbauten |
| | 07 | Anlagen im Bau, Anzahlungen auf Anlagen | |
| | | 070 | Betriebsbauten |
| | | 071 | Wohnbauten |
| | 08 | Immaterielle Vermögensgegenstände, Beteiligungen und andere Finanzanlagen | |
| | | 080 | Immaterielle Vermögensgegenstände |
| | | 0800 | Selbst geschaffene gewerbliche Schutzrechte und ähnliche Rechte und Werte |
| | | 0801 | entgeltlich erworbene Konzessionen, gewerbliche Schutzrechte und ähnliche Rechte und Werte sowie Lizenzen an solchen Rechten und Werten |
| | | 0802 | Geschäfts- und Firmenwert |
| | | 0803 | geleistete Anzahlungen |
| | | 081 | Anteile an verbundenen Unternehmen* |
| | | 082 | Ausleihungen an verbundene Unternehmern* |
| | | 083 | Beteiligungen |
| | | 084 | Ausleihungen an Unternehmen, mit denen ein Beteiligungsverhältnis besteht* |
| | | 085 | Wertpapiere des Anlagevermögens |
| | | 086 | sonstige Finanzanlagen |

1 Umlaufvermögen, Rechnungsabgrenzung
- 10 Vorräte
  - 101 Roh-, Hilfs- und Betriebsstoffe
  - 102 Geleistete Anzahlungen
- 11 Forderungen aus, geleistete Anzahlungen auf Lieferungen und Leistungen
- 12 Kassenbestand, Guthaben bei Kreditinstituten und Schecks
- 13 Wertpapiere des Umlaufvermögens
- 14 Forderungen aus öffentlicher Förderung
- 15 Forderungen aus nicht-öffentlicher Förderung
- 16 Sonstige Vermögensgegenstände
  - 160 Forderungen an Gesellschafter oder Träger der Pflegeeinrichtung
  - 161 Forderungen gegen verbundene Unternehmen*
  - 162 Forderungen gegen Unternehmen, mit denen ein Beteiligungsverhältnis besteht*
  - 163 Vorsteuer
  - 164 Sonstige Vermögensgegenstände
  - 165 Eingefordertes, noch nicht eingezahltes Kapital
- 17 Ausgleichsposten
  - 171 Ausgleichsposten aus Darlehensförderung
  - 172 Ausgleichsposten für Eigenmittelförderung
- 18 Rechnungsabgrenzung
- 19 Aktive latente Steuern, Aktiver Unterschiedsbetrag aus der Vermögensverrechnung, Bilanzverlust
  - 191 Aktive latente Steuern
  - 192 Aktiver Unterschiedsbetrag aus der Vermögensverrechnung
  - 193 Bilanzverlust

---

2 Eigenkapital, Sonderposten, Rückstellungen
- 20 Eigenkapital
  - 200 Gezeichnetes/festgesetztes (gewährtes) Kapital
  - 2001 Gezeichnetes Kapital/festgesetztes Kapital
  - 2002 Nicht eingeforderte ausstehende Einlagen
  - 2003 Eingefordertes Kapital
  - 201 Kapitalrücklagen
  - 202 Gewinnrücklagen
  - 203 Gewinnvortrag/Verlustvortrag
  - 204 Jahresüberschuss/Jahresfehlbetrag
- 21 Sonderposten aus öffentlichen Fördermitteln für Investitionen
- 22 Sonderposten aus nicht-öffentlicher Förderung für Investitionen
- 23 Ausgleichsposten aus Darlehensförderung
- 24 Rückstellungen
  - 240 Pensionsrückstellungen
  - 241 Steuerrückstellungen
  - 242 Urlaubsrückstellungen
  - 243 Sonstige Rückstellungen

---

3 Verbindlichkeiten, Rechnungsabgrenzung
- 30 Verbindlichkeiten aus Lieferungen und Leistungen
- 31 Verbindlichkeiten gegenüber Kreditinstituten
- 32 Verbindlichkeiten aus öffentlicher Förderung
- 33 Verbindlichkeiten aus nicht-öffentlicher Förderung
- 34 Erhaltene Anzahlungen
- 35 Sonstige Verbindlichkeiten
  - 350 gegenüber Mitarbeitern
  - 351 gegenüber Sozialversicherungsträgern
  - 352 gegenüber Finanzbehörden

| | | | |
|---|---|---|---|
| | | 353 | gegenüber Bewohnern |
| | | 354 | Verbindlichkeiten gegenüber Gesellschafter oder dem Träger der Einrichtung |
| | | 355 | Verbindlichkeiten gegenüber verbundenen Unternehmen* |
| | | 356 | Verbindlichkeiten gegenüber Unternehmen, mit denen ein Beteiligungsverhältnis besteht* |
| | | 357 | Sonstige Verbindlichkeiten |
| | 36 | Umsatzsteuer | |
| | 37 | Verwahrgeldkonto | |
| | 38 | Rechnungsabgrenzung | |
| | 39 | Passive latente Steuern | |
| 4 | Betriebliche Erträge | | |
| | 40 | Erträge aus ambulanten Pflegeleistungen | |
| | | 400 | Erträge aus Pflegeleistungen: Pflegestufe I |
| | | 4000 | Pflegekasse |
| | | 4001 | Sozialhilfeträger |
| | | 4002 | Selbstzahler |
| | | 4003 | Übrige |
| | | 401 | Erträge aus Pflegeleistungen: Pflegestufe II |
| | | 4010 | Pflegekasse |
| | | 4011 | Sozialhilfeträger |
| | | 4012 | Selbstzahler |
| | | 4013 | Übrige |
| | | 402 | Erträge aus Pflegeleistungen: Pflegestufe III |
| | | 4020 | Pflegekasse |
| | | 4021 | Sozialhilfeträger |
| | | 4022 | Selbstzahler |
| | | 4023 | Übrige |
| | | 403 | Erträge aus Pflegeleistungen: Härtefälle |
| | | 4030 | Pflegekasse |
| | | 4031 | Sozialhilfeträger |
| | | 4032 | Selbstzahler |
| | | 4033 | Übrige |
| | | 404 | Erträge aufgrund häuslicher Pflege bei Verhinderung der Pflegeperson |
| | | 405 | Erträge aufgrund von Regelungen über Pflegehilfsmittel |
| | | 406 | Sonstige Erträge |
| | 41 | Erträge aus teilstationären Pflegeleistungen | |
| | | 410 | Erträge aus Pflegeleistungen: Pflegeklasse I |
| | | 4100 | Pflegekasse |
| | | 4101 | Sozialhilfeträger |
| | | 4102 | Selbstzahler |
| | | 4103 | Übrige |
| | | 411 | Erträge aus Pflegeleistungen: Pflegeklasse II |
| | | 4110 | Pflegekasse |
| | | 4111 | Sozialhilfeträger |
| | | 4112 | Selbstzahler |
| | | 4113 | Übrige |
| | | 412 | Erträge aus Pflegeleistungen: Pflegeklasse III |
| | | 4120 | Pflegekasse |
| | | 4121 | Sozialhilfeträger |
| | | 4122 | Selbstzahler |
| | | 4123 | Übrige |
| | | 413 | Erträge aus Unterkunft und Verpflegung |
| | | 414 | Erträge aus Zusatzleistungen: Pflege |

415 Erträge aus Zusatzleistungen: Unterkunft und Verpflegung
416 Erträge aus Transportleistungen
417 Erträge aufgrund von Regelungen über Pflegehilfsmittel
418 Sonstige Erträge
42 Erträge aus vollstationären Pflegeleistungen
420 Erträge aus Pflegeleistungen: Pflegeklasse I
4200 Pflegekasse
4201 Sozialhilfeträger
4202 Selbstzahler
4203 Übrige
421 Erträge aus Pflegeleistungen: Pflegeklasse II
4210 Pflegekasse
4211 Sozialhilfeträger
4212 Selbstzahler
4213 Übrige
422 Erträge aus Pflegeleistungen: Pflegeklasse III
4220 Pflegekasse
4221 Sozialhilfeträger
4222 Selbstzahler
4223 Übrige
423 Erträge aus Pflegeleistungen: Härtefälle
4230 Pflegekasse
4231 Sozialhilfeträger
4232 Selbstzahler
4233 Übrige
424 Erträge aus Unterkunft und Verpflegung
425 Erträge aus Zusatzleistungen: Pflege
426 Erträge aus Zusatzleistungen: Unterkunft und Verpflegung
427 Erträge aufgrund von Regelungen über Pflegehilfsmittel
428 Sonstige Erträge
43 Erträge aus Leistungen der Kurzzeitpflege
430 Erträge aus Pflegeleistungen: Pflegeklasse I
4300 Pflegekasse
4301 Sozialhilfeträger
4302 Selbstzahler
4303 Übrige
431 Erträge aus Pflegeleistungen: Pflegeklasse II
4310 Pflegekasse
4311 Sozialhilfeträger
4312 Selbstzahler
4313 Übrige
432 Erträge aus Pflegeleistungen: Pflegeklasse III
4320 Pflegekasse
4321 Sozialhilfeträger
4322 Selbstzahler
4323 Übrige
433 Erträge aus Unterkunft und Verpflegung
434 Erträge aus Zusatzleistungen: Pflege
435 Erträge aus Zusatzleistungen: Unterkunft und Verpflegung
436 Erträge aufgrund von Regelungen über Pflegehilfsmittel
437 Sonstige Erträge
44 Zuweisungen und Zuschüsse zu Betriebskosten
440 für ambulante Pflegeleistungen
441 für teilstationäre Pflegeleistungen
442 für vollstationäre Pflegeleistungen
443 für Leistungen der Kurzzeitpflege

45 Erträge aus öffentlicher Förderung für Investitionen
450 in ambulanten Pflegeeinrichtungen
451 in teilstationären Pflegeeinrichtungen
452 in vollstationären Pflegeeinrichtungen
453 in Einrichtungen der Kurzzeitpflege
46 Erträge aus nicht-öffentlicher Förderung für Investitionen
460 in ambulanten Pflegeeinrichtungen
461 in teilstationären Pflegeeinrichtungen
462 in vollstationären Pflegeeinrichtungen
463 in Einrichtungen der Kurzzeitpflege
464 Erträge aus gesonderter Berechnung von Investitionsaufwendungen gegenüber Pflegebedürftigen (§ 82 Abs. 3 und 4 SGB XI)
47 Erträge aus der Auflösung von Sonderposten
470 bei ambulanten Pflegeeinrichtungen
471 bei teilstationären Pflegeeinrichtungen
472 bei vollstationären Pflegeeinrichtungen
473 bei Einrichtungen der Kurzzeitpflege
48 Rückvergütungen, Erstattungen, Sachbezüge, Erträge aus Sonderrechnungen
480 Erstattungen des Personals für freie Station
481 Erstattungen des Personals für Unterkunft
482 Erstattungen des Personals für Verpflegung
483 Sonstige Erstattungen
484 Erträge aus Hilfsbetrieben
485 Erträge aus Nebenbetrieben
486 Erträge aus Betriebskostenzuschüssen für sonstige ambulante Leistungen (außerhalb des SGB XI)
487 Erträge aus der Erstattung von Ausgleichsposten aus Darlehens- und Eigenmittelförderung
488 Sonstige Erträge aus Sonderrechnungen
49 frei

---

5 Andere Erträge
50 Erträge aus Beteiligungen und Finanzanlagen
500 Erträge aus Beteiligungen an verbundenen Unternehmen*
501 Erträge aus anderen Beteiligungen
502 Erträge aus Finanzanlagen in verbundenen Unternehmen*
503 Erträge aus anderen Finanzanlagen
51 Zinsen und ähnliche Erträge
510 Zinsen und ähnliche Beträge aus verbundenen Unternehmen*
511 Zinsen für Einlagen bei Kreditinstituten
512 Zinsen aus Wertpapieren des Umlaufvermögens
513 Zinsen für Forderungen
514 Sonstige Zinsen und ähnliche Erträge
52 Erträge aus dem Abgang von Gegenständen des Anlagevermögens und aus Zuschreibungen zu Gegenständen des Anlagevermögens
53 Erträge aus der Auflösung von Rückstellungen
54 Bestandsveränderungen, aktivierte Eigenleistungen
540 Erhöhung oder Verminderung des Bestandes an fertigen und unfertigen Erzeugnissen oder Leistungen
541 Andere aktivierte Eigenleistungen
55 Sonstige ordentliche Erträge
56 Außerordentliche Erträge
560 Periodenfremde Erträge
561 Spenden und ähnliche Zuwendungen

| | | | |
|---|---|---|---|
| | | 562 | Sonstige außerordentliche Erträge |
| | 57 | frei | |
| | 58 | frei | |
| | 59 | frei | |
| 6 | Aufwendungen | | |
| | 60 | Löhne und Gehälter | |
| | | 600 | Leitung der Pflegeeinrichtung |
| | | 601 | Pflegedienst |
| | | 602 | Hauswirtschaftlicher Dienst |
| | | 603 | Verwaltungsdienst |
| | | 604 | Technischer Dienst |
| | | 605 | Sonstige Dienste |
| | 61 | Gesetzliche Sozialabgaben (Aufteilung wie 600 bis 605) | |
| | 62 | Altersversorgung (Aufteilung wie 600 bis 605) | |
| | 63 | Beihilfen und Unterstützungen (Aufteilung wie 600 bis 605) | |
| | 64 | Sonstige Personalaufwendungen (Aufteilung wie 600 bis 605) | |
| | 65 | Lebensmittel | |
| | 66 | Aufwendungen für Zusatzleistungen | |
| | 67 | Wasser, Energie, Brennstoffe | |
| | 68 | Wirtschaftsbedarf/Verwaltungsbedarf | |
| | | 680 | Materialaufwendungen |
| | | 6800 | Eigenfinanzierung |
| | | 6801 | Finanzierung nach Landesrecht |
| | | 681 | Bezogene Leistungen |
| | | 682 | Büromaterial |
| | | 683 | Telefon |
| | | 684 | Sonstiger Verwaltungsbedarf |
| | | 685 | Aufwendungen für zentrale Dienstleistungen |
| | 69 | frei | |
| 7 | Weitere Aufwendungen | | |
| | 70 | Aufwendungen für Verbrauchsgüter gemäß § 82 Abs. 2 Nr. 1, 2. Halbsatz SGB XI (soweit nicht in anderen Konten verbucht) | |
| | 71 | Steuern, Abgaben, Versicherungen | |
| | | 710 | Steuern |
| | | 711 | Abgaben |
| | | 712 | Versicherungen |
| | 72 | Zinsen und ähnliche Aufwendungen | |
| | | 720 | Zinsen für Betriebsmittelkredite |
| | | 721 | Zinsen für langfristige Darlehen |
| | | 722 | Sonstige Zinsen |
| | | 723 | Sonstige Aufwendungen |
| | 73 | Sachaufwendungen für Hilfs- und Nebenbetriebe | |
| | 74 | Zuführung von Fördermitteln zu Sonderposten oder Verbindlichkeiten | |
| | | 740 | Zuführung von öffentlichen Fördermitteln zu Sonderposten oder Verbindlichkeiten |
| | | 741 | Zuführung von nicht-öffentlichen Zuwendungen zu Sonderposten oder Verbindlichkeiten |
| | 75 | Abschreibungen | |
| | | 750 | Abschreibungen auf immaterielle Vermögensgegenstände |
| | | 751 | Abschreibungen auf Sachanlagen |
| | | 752 | Abschreibungen auf Finanzanlagen und Wertpapiere des Umlaufvermögens |
| | | 753 | Abschreibungen auf Forderungen |
| | | 754 | Abschreibungen auf sonstige Vermögensgegenstände |

| | | | |
|---|---|---|---|
| | 76 | Mieten, Pacht, Leasing | |
| | 77 | Aufwendungen für Instandhaltung und Instandsetzung, sonstige ordentliche Aufwendungen | |
| | | 771 | Aufwendungen für Instandhaltung und Instandsetzung |
| | | 772 | Sonstige ordentliche Aufwendungen |
| | 78 | Außerordentliche Aufwendungen | |
| | | 780 | Aufwendungen aus dem Abgang von Gegenständen des Anlagevermögens |
| | | 781 | Periodenfremde Aufwendungen |
| | | 782 | Spenden und ähnliche Aufwendungen |
| | | 783 | Aufwendungen für Verbandsumlagen |
| | | 784 | Aufwendungen aus der Zuführung zu Ausgleichsposten aus Darlehensförderung |
| | | 785 | Sonstige außerordentliche Aufwendungen |
| | 79 | frei | |
| 8 | Eröffnungs- und Abschlusskonten | | |
| | 80 | frei | |
| | 81 | frei | |
| | 82 | frei | |
| | 83 | frei | |
| | 84 | frei | |
| | 85 | Eröffnungs- und Abschlusskonten | |
| | 86 | Abgrenzung der Erträge, die nicht in die Kostenrechnung eingehen | |
| | 87 | Abgrenzung der Aufwendungen, die nicht in die Kostenrechnung eingehen | |
| | 88 | Kalkulatorische Kosten | |
| | 89 | frei | |

* Diese Posten werden nur bei Kapitalgesellschaften ausgewiesen.

Quelle: Anlage 4 der Pflege-Buchführungsverordnung vom 22. November 1995 (BGBl. I S. 1528), zuletzt durch Artikel 7 Absatz 3 des Gesetzes vom 20. Dezember 2012 (BGBl. I S. 2751) geändert.

### 1.3.6 Lagebericht

Die Aufstellung eines Lageberichts nach § 289 HGB ist für Gesundheitseinrichtungen in Form großer und mittelgroßer Kapitalgesellschaften (auch für die GmbH & Co KG) vorgeschrieben. Nach § 289 HGB sind im Lagebericht der Geschäftsverlauf einschließlich des Geschäftsergebnisses und die Lage so darzustellen, dass ein den tatsächlichen Verhältnissen entsprechendes Bild vermittelt wird. Er hat eine ausgewogene und umfassende, dem Umfang und der Komplexität der Geschäftstätigkeit entsprechende Analyse des Geschäftsverlaufs und der Lage zu enthalten. In die Analyse sind die für die Geschäftstätigkeit bedeutsamsten finanziellen Leistungsindikatoren einzubeziehen und unter Bezugnahme auf die im Jahresabschluss ausgewiesenen Beträge und Angaben zu erläutern. Ferner ist im Lagebericht die voraussichtliche Entwicklung mit ihren wesentlichen Chancen und Risiken zu beurteilen und zu erläutern; zugrunde liegende Annahmen sind anzugeben. Die gesetzlichen Vertreter haben zu versichern, dass nach bestem Wissen im Lagebericht der Geschäftsverlauf einschließlich des Geschäftsergebnisses und die Lage so dargestellt sind, dass ein den tatsächlichen Verhältnissen entsprechendes Bild vermittelt wird, und dass die wesentlichen Chancen und Risiken beschrieben sind.

**Anwendung** findet der Lagebericht im Rahmen des Jahresabschlusses, als ein eigenständiges und die Zahlenkolonnen der Bilanz und GuV ergänzendes Informationsinstrument zur wirtschaftlichen Gesamtbeurteilung.

Die **Vorgehensweise** bei der Aufstellung des Lageberichts wird durch die inhaltlichen Vorgaben des HGB geprägt:
- Wirtschaftsbericht: Geschäftsverlauf, Lage des Gesundheitsbetriebs, zukunftsorientierte Beurteilung der voraussichtlichen Entwicklung mit ihren Chancen und Risiken, Informationen über die Fallzahlen, Beschaffungsgrößen und Leistungserstellung, Ausführungen zur Ertrags- und Marktentwicklung, Analyse der bedeutsamsten finanziellen Leistungsindikatoren (Liquidität, Ergebnisentwicklung und Kapitalausstattung), Entwicklung des Marktanteils, die Beschaffungs- und Absatzpreise sowie die Patienten- und Lieferantenstruktur, die sich direkt auf die Zahlen aus dem Jahresabschluss beziehen.
- Risikobericht: Konkretisierung und Bewertung der im Prognosebericht erfassten Risiken, Risikomanagementzielen und -methoden, Risikobewältigungsmaßnahmen, spezielle Risiken in der Gesundheitsbranche, Abhängigkeiten bei Personal, Investitionen, Finanzierung, strategische Risiken.
- Nachtragsbericht: Vorgänge von besonderer Bedeutung nach dem Abschlussstichtag, gesetzliche Auflagen etc.
- Prognosebericht: voraussichtliche Entwicklung der Gesundheitseinrichtung, gesamtwirtschaftliche Rahmenbedingungen, spezielle Bedingungen im Gesundheitswesen, Personal- und Sozialbereich, Investitions- und Finanzierungsbereich.
- Forschungs- und Entwicklungsbericht: Gesamthöhe der Forschungs- und Entwicklungsaufwendungen, daraus resultierenden Möglichkeiten und Erfolgspotenziale, Anzahl der beschäftigten Personen in diesem Bereich, Angaben über Forschungs- und Entwicklungsinvestitionen, bestehende Forschungs- und Entwicklungseinrichtungen.

Der wesentliche **Vorteil** des Lageberichts liegt darin, dass er in Ergänzung des Jahresabschluss-Zahlenwerks die Gesamtsituation der Einrichtung verbal erläutern und dabei auch auf die Risiken der künftigen Entwicklung eingehen soll.

**Beispiel Lagebericht**

Auszug aus dem Lagebericht 2012 der Klinikum Mittelbaden gGmbH.

**„Risiko- und Chancenmanagement**
Gemäß den gesetzlichen Vorschriften § 91 (2) AktG in Verbindung mit § 43 (1) GmbHG wurde im Berichtsjahr neben der bereits erfolgten Implementierung eines Risiko- und Chancenmanagements bereits im zweiten Jahr ein CIRS (Critical Incident Reporting System) im medizinischen und pflegerischen Bereich in den Akutkliniken des Unternehmens angewendet. Durch ein anonymisiertes Meldeverfahren sollen dabei durch die Mitarbeiter Beinahe-Fehler und -Unfälle gemeldet werden, damit diese über einen Lenkungskreis einem Verbesserungsprozess zugeführt werden können.

Eine kontinuierliche Pflege der Risiken und Chancen des Unternehmens ist durch eine quartalsweise Aktualisierung durch die Risikoverantwortlichen gewährleistet. Nach erfolgter Aktualisierung erhält die Geschäftsführung jeweils einen Risikobericht, der alle zum Zeitpunkt genannten relevanten Risiken und Chancen beinhaltet. Dadurch ist die Geschäftsführung in der Lage, den Aufsichtsrat rechtzeitig und umfassend über unternehmerische Risiken in Kenntnis zu setzen. Die Erstzertifizierung für das KKH Rastatt erfolgte 2012 mit sehr gutem Erfolg. Die Überprüfung unserer Pflegeeinrichtungen durch den Medizinischen Dienst führte durchweg zu sehr guten Bewertungen.

Die wesentlichen Risiken für das Gesamtunternehmen liegen weiterhin in den nicht durch Entgeltsteigerungen refinanzierten tariflichen Personalkosten. Auf die vom Gesetzgeber noch vor der Bundestagswahl 2013 angekündigten finanziellen Hilfspakete zur Sicherung der akutstationären Versorgung in Deutschland wartet die ganze Branche dringend.

Mittel- und langfristig wird die demografische Entwicklung dazu führen, dass sowohl in unseren Akutkliniken als auch in den Pflegeeinrichtungen mit einer steigenden Nachfrage zu rechnen sein wird. Durch die integrierten und sich ergänzenden Leistungsangebote sowie durch den zunehmenden Konzentrationsprozess werden sich Chancen für unser Unternehmen ergeben.

**Ausblick**
Nachdem zwischenzeitlich ein Tarifabschluss für die Ärzte zwischen dem VKA und dem Marburger Bund erzielt werden konnte, werden die tariflichen Mehrbelastungen sowohl für die ärztlichen Mitarbeiter als auch auf Basis des noch laufenden Entgelttarifvertrages für alle anderen Mitarbeiter insgesamt nahezu 3 % betragen. Aufgrund der lediglich um 2 % steigenden Krankenhauserlöse wird sich die Tarif-Erlös-Schere auch im laufenden Geschäftsjahr für unsere Akutkrankenhäuser weiter öffnen. Dagegen konnten wir für unsere Pflegeeinrichtungen im Rahmen der Pflegesatzverhandlungen 2012 bereits eine vollständige Berücksichtigung der tariflich bedingten Mehrkosten in den Pflegesätzen auch für das Jahr 2013 vereinbaren, so dass für diese keine Risiken aus diesem Bereich resultieren.

Zur Erreichung des Planergebnisses 2013 in Höhe von 231.000 € wird es entscheidend darauf ankommen, die dieser Planung zu Grunde gelegten Leistungszahlen zu verwirklichen und die eingeleiteten Maßnahmen zur Ergebnisverbesserung umsetzen zu können.

Sollten die von der Bundesregierung beschlossenen Eckpunkte zur Krankenhausfinanzierung von Bundestag und Bundesrat beschlossen werden, werden die darin vorgesehenen Finanzierungsmaßnahmen mit einem voraussichtlichen Gesamtvolumen von über 1,1 Mrd. € auch für unsere Kliniken zu einer finanziellen Entlastung führen, wobei ein Großteil dieses ‚Hilfspaketes' voraussichtlich erst im Jahr 2014 ergebniswirksam wird.

Die in diesem Jahr eingeleiteten strukturellen Veränderungen durch die Übernahme des Krankenhauses Ebersteinburg, das Hospiz Kafarnaum sowie die im Rahmen einer Geschäftsbesorgung der DRK Klinik Baden-Baden zu erwartenden Veränderungen werden erst in 2014 und den Folgejahren ihren vollständigen finanziellen Niederschlag finden können, weshalb die Geschäftsführung von einem moderaten Umsatzwachstum und einer kontinuierlichen Ergebnisverbesserung ausgeht.

**Nachtragsbericht**
Ereignisse von wesentlicher Bedeutung ergaben sich im Nachtragszeitraum nicht."

Quelle: Klinikum Mittelbaden (Hrsg., 2013): Geschäftsbericht 2012. Baden-Baden. S. 20f.

## 1.4 Controlling

### 1.4.1 Balanced Scorecard

Die Balanced Scorecard (BSC) dient dazu, im Rahmen des Controllings die Erreichung von strategischen Zielen messbar und über die Ableitung von Maßnahmen umsetzbar zu machen. Sie zählt zu den neueren Controllinginstrumenten und wurde 1992 von *R. Kaplan* und *D. Norton* als Konzept zur Messung der Aktivitäten, der Leistungsfähigkeit und der Effektivität einer Organisation im Hinblick auf ihre Vision und Strategien entwickelt. Die BSC versucht im Gegensatz zu Leitbildern und anderen unscharfen Formulierungen die Erreichung von strategischen Zielen messbar und über die Ableitung von Maßnahmen umsetzbar zu machen. Dabei lenkt sie im Gegensatz zu klassischen Kennzahlensystemen den Blick auch auf nicht-finanzielle Indikatoren. Als Berichts-Scorecard bringt sie die strategischen Kennzahlen mit den operativen Zielen in Verbindung, wobei die strategischen Kennzahlen den Charakter von Frühindikatoren erhalten und strategischen Handlungsbedarf signalisieren. Beispielsweise lenkt sie anhand von Patienten-, Entwicklungs- und Prozessperspektiven im Gegensatz zu klassischen Kennzahlensystemen den Blick auch auf nicht-direkt quantitativ ausdrückbare Indikatoren. In Anlehnung an *Kehl* (2005, S. 27ff.) lassen sich als Felder für eine Scorecard im Gesundheitswesen beispielsweise identifizieren:
- Patienten,
- Mitarbeiter,
- Prozesse,
- Ressourcen.

Auf dieser Grundlage und in Zusammenhang mit der Frühwarnung und dem Management von Risiken lassen sich Scorecards zur Überwachung von Frühwarnindikatoren individuell entwickeln.

Möglichkeiten zur **Anwendung** ergeben sich neben dem Einsatz als Controlling-Instrument somit insbesondere auch als einfaches, praktikables Verfahren zur Überwachung von Frühwarnindikatoren.

Die typische **Vorgehensweise** zur Entwicklung einer BSC ist dadurch geprägt, dass in der Regel vier Perspektiven mit je rund ein bis zwei Zielen sowie korrespondierenden Maßnahmen und den dazugehörigen Kennzahlen verwendet werden. Im Bereich des Gesundheitswesens können dies beispielsweise sein:
- Learning focus (Entwicklungsperspektive): Kennzahlen zum Erreichen der Entwicklungsziele der Gesundheitseinrichtung (Umsatzverhältnis neuer Behandlungsleistungen zu alten Leistungen, Fluktuation von Mitarbeitern aus der Organisation etc.).
- Customer focus (Patientenperspektive): Kennzahlen zum Erreichen der Patientenziele (Patientenzufriedenheit, Zeit zwischen Patientenanfrage und Antwort etc.).

**Beispiel Balanced Scorecard**

Tab. 1.14: Scorecardbeispiel zur Überwachung von Frühwarnindikatoren.

**Frühwarn-Scorecard 20…**

| Nr. | SW | TB | Jan | Feb | Mär | Apr | Mai | Jun | Jul | Aug | Sep | Okt | Nov | Dez |
|---|---|---|---|---|---|---|---|---|---|---|---|---|---|---|
| **1.Finanz-Indikatoren** | | | | | | | | | | | | | | |
| 1.1 | — | — | — | — | — | — | — | — | — | — | — | — | — | — |
| 1.2 | — | — | — | — | — | — | — | — | — | — | — | — | — | — |
| 1.3 | — | — | — | — | — | — | — | — | — | — | — | — | — | — |
| **2. Patienten-Indikatoren** | | | | | | | | | | | | | | |
| 2.1 | — | — | — | — | — | — | — | — | — | — | — | — | — | — |
| 2.2 | — | — | — | — | — | — | — | — | — | — | — | — | — | — |
| 2.3 | — | — | — | — | — | — | — | — | — | — | — | — | — | — |
| **3. Mitarbeiter-Indikatoren** | | | | | | | | | | | | | | |
| 3.1 | — | — | — | — | — | — | — | — | — | — | — | — | — | — |
| 3.2 | — | — | — | — | — | — | — | — | — | — | — | — | — | — |
| 3.3 | — | — | — | — | — | — | — | — | — | — | — | — | — | — |
| **4. Gesundheitsmarkt-Indikatoren** | | | | | | | | | | | | | | |
| 4.1 | — | — | — | — | — | — | — | — | — | — | — | — | — | — |
| 4.2 | — | — | — | — | — | — | — | — | — | — | — | — | — | — |
| 4.3 | — | — | — | — | — | — | — | — | — | — | — | — | — | — |
| **5. (Medizin-)Technische-Indikatoren** | | | | | | | | | | | | | | |
| 5.1 | — | — | — | — | — | — | — | — | — | — | — | — | — | — |
| 5.2 | — | — | — | — | — | — | — | — | — | — | — | — | — | — |
| 5.3 | — | — | — | — | — | — | — | — | — | — | — | — | — | — |
| **6. Qualitäts-Indikatoren** | | | | | | | | | | | | | | |
| 6.1 | — | — | — | — | — | — | — | — | — | — | — | — | — | — |
| 6.2 | — | — | — | — | — | — | — | — | — | — | — | — | — | — |
| 6.3 | — | — | — | — | — | — | — | — | — | — | — | — | — | — |
| … | | | | | | | | | | | | | | |
| … | — | — | — | — | — | — | — | — | — | — | — | — | — | — |
| … | — | — | — | — | — | — | — | — | — | — | — | — | — | — |

Nr. = Laufende Indikatorennummer/SW = Schwellenwert/TB = Toleranzbereich

Quelle: Eigene Darstellung.

- Process focus (Prozessperspektive): Kennzahlen zum Erreichen der internen Prozess- und Behandlungsziele (Prozessqualität, Patientendurchlaufzeit etc.).
- Financial focus (Finanzperspektive): Kennzahlen zum Erreichen der finanziellen Ziele (Umsatz pro Behandlungseinrichtung, Behandlungsfallkosten etc.).

Der wesentliche **Vorteil** der BSC liegt in ihrer Praktikabilität, von **Nachteil** ist die hohe Verdichtung der Informationen zu wenigen Zahlenwerten.

### 1.4.2 Benchmark

Eine besondere Form des Betriebsvergleichs ist das Benchmarking. Es bedeutet, dass sich die Gesundheitseinrichtung nur an den besten Konkurrenten (Benchmark) orientiert und versucht deren Leistungsniveau in einen oder mehreren Teilbereichen zu erreichen. Beim Benchmarking wird somit externes Wissen auf interne Problemstellungen übertragen, um davon zu profitieren und gleichzeitig den Aufwand für die eigene Erarbeitung bestmöglicher Lösungen zu reduzieren. Es handelt sich dabei allerdings um keine einmalige Wettbewerbsanalyse mit anschließendem Vergleich, sondern um einen kontinuierlichen Verbesserungsprozess. Ziel ist die Anpassung der Aktivitäten der Gesundheitseinrichtung aufgrund des regelmäßigen Vergleichs.

Während beim Performancebenchmarking eher die Einrichtung als Ganzes mit Leistungskennzahlen verglichen wird, ist das funktionale Benchmarking dadurch gekennzeichnet, dass bestimmte Funktionen als Objekte des Benchmarking zugrunde gelegt werden. Beim Prozessbenchmarking stehen hingegen funktionsübergreifende Abläufe im Vordergrund.

**Anwendungsgebiete** des Benchmarking sind die kontinuierliche Verbesserung der Behandlungs- und Pflegeleistungen, aber auch anderer Prozesse und Kennzahlen durch Vergleich mit denen des stärksten Mitbewerbers.

Die **Vorgehensweise** lässt sich am Beispiel des Benchmarking des *Deutschen Caritasverbandes (DCV)* und des *Verbands katholischer Altenhilfe in Deutschland (VKAD)* erläutern (Deutscher Caritasverband, 2014): Es besteht aus den Bereichen

- betriebswirtschaftliche Datenerhebung (Aufwendungen, Erträge, Personal- und Leistungszahlen),
- Strukturdatenerhebung (Daten zur Strukturqualität wie beispielsweise die Zahl der Einzel- und Doppelzimmer oder der Beginn und das Ende des Tagdienstes in der Pflege) sowie
- qualitative Datenerhebung (überprüfbare und quantifizierbare Fragestellungen aus den Qualitätsbausteinen und der Rahmenkonzeption des VKAD mit den Themenbereichen Wohnen, Pflege und Betreuung, Hauswirtschaft, Seelsorge und persönliche Begleitung, ärztliche und therapeutische Versorgung, Zusammenarbeit mit Angehörigen, Zusammenarbeit mit Ehrenamtlichen/Freiwilligen und Einbindung in das Gemeinwesen, Qualitätsmanagement/-sicherung, Mitarbeiterentwicklung und -qualifikation).

Durch das Melden dieser Kennzahlen wird der Vergleich von Qualitäts- und Leistungsmerkmalen der eigenen Pflegeeinrichtung mit denen von anderen ermöglicht. Verbesserungsmöglichkeiten können dadurch identifiziert und Schritte zur Organisationsentwicklung initiiert werden.

Mit der regelmäßigen Ermittlung von Benchmarks ist der **Vorteil** verbunden, die eigene Marktposition besser bestimmen zu können. Ein wesentlicher **Nachteil** besteht darin, anhand des alleinigen Datenvergleichs noch keine Informationen darüber zu

**Beispiel Benchmark**

DKI Management Report des Deutschen Krankenhaus Instituts

Durch ein Benchmarking mit 15 % der umsatzstärksten Krankenhäuser wird ein entsprechender Betriebsvergleich ermöglicht.

Der auf dem DKI Management Report 2014 basierende Vergleich besteht zunächst aus der Jahresabschlussanalyse (Teil A). Sie analysiert auf Basis bilanzanalytischer Kennzahlen detailliert die wirtschaftliche Situation des jeweiligen Krankenhauses. Der zusätzliche Branchen-Vergleich ermöglicht die Einordnung der Einrichtung auf dem Krankenhausmarkt.

Die detaillierte Betriebsanalyse (Teil B) weist mithilfe einer betrieblichen Kosten- und Leistungsanalyse mögliche Schwachstellen auf. Darüber hinaus werden ausführliche – nach Dienstart und Abteilung differenzierte – Vergleichsdaten zu Personal-, Sachkosten- und Produktivitätskennzahlen zur Verfügung gestellt. Neben den bereits genannten Kennzahlentypen werden in regelmäßig wechselnden Intervallen Sonderauswertungen zu speziellen Schwerpunkt-Themen durchgeführt.

Die medizinische Leistungsanalyse (Teil C) als Zusatzmodul basiert auf dem § 21 KHEntgG-Datensatz und liefert über die Analyse des fachabteilungsbezogenen DRG-Leistungsspektrums, des Ambulanzpotenzials, der Einzugsgebiete und Marktanteile eine systematische Einordnung der jeweiligen Einrichtung im Markt.

Der DKI Management Report im Verbund ermöglicht

- innerhalb der eigenen Gruppe die individuellen Stärken und Schwächen zu erkennen,
- den Vergleich mit ausgewählten Häusern, um die eigenen Spezifikationen abzubilden,
- den Vergleich innerhalb einer ausgewählten Grundgesamtheit, um den gewünschten Grad an Anonymität im Verbund sicherzustellen.

Quelle: Vgl. Deutsches Krankenhaus Institut DKI (Hrsg., 2014): DKI Management Report 2014. Online im Internet: https://www.dki.de/unsere-leistungen/beratung/dki-management-reports/dki-management-report. Düsseldorf. Abfrage: 08.07.2014.

erhalten, wie die „konkurrierenden" Gesundheitseinrichtungen die besseren Ergebnisse erreicht haben. Die Beschaffung dieser wichtigen Kenntnisse gestaltet sich in der Regel schwierig.

### 1.4.3 Betriebswirtschaftliche Auswertung (BWA)

Die Betriebswirtschaftliche Auswertung (BWA) wird zu Controllingzwecken als Steuerungsinstrument eingesetzt und basiert auf den laufenden Daten der Finanzbuchhaltung. Sie gibt einen aktuellen Überblick über die Kosten- und Erlössituation einer Gesundheitseinrichtung und wurde von der DATEV (ursprünglich Datenverarbeitungsorganisation der Steuerbevollmächtigten für die Angehörigen des steuerberatenden Berufes eG) Ende der 60er Jahre als DATEV-Standard-BWA Nr. 1 konzipiert. In dieser standardisierten Form dient die BWA somit seit vielen Jahren nicht nur als Informations- und Kontrollinstrument, sondern wird beispielsweise auch von Banken für Bonitäts- und Kreditwürdigkeitsprüfungen verwendet.

Da die BWA in den meisten Fällen eine Auswertung der Finanzbuchhaltung für betriebswirtschaftliche Erfordernisse darstellt, sind ihre typischen **Anwendungsmög-**

**lichkeiten** Vorjahresvergleiche, Budgetüberwachungen, Plan-Ist-Vergleiche, graphische Auswertungen, Entwicklungsübersichten, kurzfristige Erfolgsrechnungen, die Einnahmen-Ausgaben-Übersichten oder die Bewegungsbilanzen.

Bei der **Vorgehensweise** zur Aufstellung einer BWA ist beispielsweise zu beachten, dass

- Abschreibungen und erwartete größere Aufwandspositionen monatlich abgegrenzt,
- Aufwendungen und Erlöse mit maßgeblicher Ergebnisauswirkung in der Finanzbuchhaltung zeitnah und unterjährig berücksichtigt,

---

**Beispiel Betriebswirtschaftliche Auswertungen (BWA)**

DATEV-BWA für Krankenhäuser

Die individuellen Betriebswirtschaftlichen Auswertungen (BWA) zur Krankenhauslösung sind nach den besonderen Anforderungen für die Kalkulation von Budget und Pflegesätzen der Bundespflegesatzverordnung aufgebaut. Sie enthalten Informationen zur Ergebnisrechnung, zur Kalkulation von Budget und Pflegesätzen sowie zur Kurzfristigen Erfolgsrechnung:

- In der BWA Nr. 1 „Ergebnisrechnung" wird das vorläufige Ergebnis ermittelt. Der Aufbau der BWA orientiert sich an der Gliederung der Gewinn- und Verlustrechnung der Krankenhaus-Buchführungsverordnung KHBV.
- Die BWA Nr. 2 „Informationen zur Kalkulation von Budget und Pflegesätzen" enthält nach den entsprechenden Vorschriften der Bundespflegesatzverordnung (BPflV) Informationen für die Kalkulation von Budget und Pflegesätzen. Als Grundlage dienen die Abschnitte der Leistungs- und Kalkulationsaufstellung. Einerseits dienen diese Informationen über die verschiedenen Kosten-Positionen und Kostenabzüge der internen Kontrolle der Kosten und der Wirtschaftlichkeit, andererseits als Nachweis gegenüber externen Stellen. Den Kostenarten, z. B. Personalaufwand, Sachkosten und Kostenabzüge, sind entsprechende Konten zugeordnet.
- In der BWA Nr. 3 „Informationen zu den Kosten für medizinischen Bedarf" werden die Kosten für den medizinischen Bedarf des laufenden Jahrs (aktuelle Werte) mit den Planwerten aufgenommen und verglichen. Abweichungen werden ermittelt und ausgewiesen.
- In der BWA Nr. 4 „Kurzfristige Erfolgsrechnung – DATEV-Standard-BWA-Form 1" werden in der Kurzfristigen Erfolgsrechnung die Erfolgskonten der Finanzbuchhaltung abgefragt und das vorläufige Ergebnis des Krankenhauses ermittelt. Betrachtet werden die Werte der jeweiligen Buchungsperiode und die kumulierten (aufgelaufenen) Werte des Buchungsjahres.

Die Auswertungen bestehen sowohl aus Monats- als auch Jahreszahlen und lassen Vergleichsrechnungen mit Vorjahres- und Planwerten zu. Ein besonders wirkungsvolles Instrument zur Kostenkontrolle ist neben dem Vorjahresvergleich der Vergleich mit Planwerten. Die Gegenüberstellung von Soll und Ist zeigt Differenzen bei Kosten und Erlösen. Sie bietet Voraussetzungen für eine differenzierte Betrachtung des vorläufigen Ergebnisses.

Zu den weiteren BWA-Auswertungen zählt die Zeitreihe als eine Jahresübersicht, in der die Monatswerte der BWA-Zeilen nebeneinander ausgewiesen werden. Die Entwicklungsübersicht zeigt die aktuellen Monatswerte im Vergleich zu den Vorjahresmonatswerten. Der BWA-Wertenachweis gibt Aufschluss über die wertmäßige Zusammensetzung der einzelnen BWA-Positionen.

Quelle: Vgl. DATEV (Hrsg., 2010): DATEV-Handbuch betriebswirtschaftliche Branchenlösungen Krankenhäuser. Stand: 03/2010. Nürnberg. S. 31ff.

---

- Darlehen unterjährig und nicht erst im viel zu späten Jahresabschluss richtig gebucht und
- Anzahlungen und Einbehalte sowie Rechnungsabgrenzungsposten monatlich und nicht erst zum Geschäftsjahresende berücksichtigt werden.

Letztendlich ist eine individuelle BWA zu erstellen, die die Finanzbuchhaltung für die speziellen gesundheitsbetrieblichen Erfordernisse auswertet. Diese ergeben sich aus den Informationszwecken für die Führung der Gesundheitseinrichtung, den Auskünften aus den zur Verfügung stehenden Standard-BWA, den Informationserfordernissen Dritter (z. B. Aufsichtsgremien, Darlehensgeber etc.) und weiteren zusätzlichen Informationsbedürfnissen.

Als wesentlicher **Vorteil** der BWA kann angesehen werden, dass es sich dabei um eine weit verbreitete Auswertungsform des monatlichen Buchhaltungsabschlusses handelt. Ein häufig übersehender **Nachteil** ist allerdings, dass sie aus betriebswirtschaftlicher Sicht oft unvollständig und von geringer Aussagekraft ist, weil sie in erster Linie rechtlichen Erfordernissen für die ordnungsgemäße Rechnungslegung nach Steuerrecht und Handelsrecht genügt. Somit liefert sie unter Umständen keine Informationen beispielsweise über die aktuelle Liquidität und ihre Entwicklung, ausreichende Prognosedaten oder wirtschaftliche Ergebnisse einzelner Behandlungs- und Pflegeleistungen. Insofern ist es wichtig darauf zu achten, welche Zusatzbuchungen sie enthält, wie sie gelesen und interpretiert werden kann, denn in der monatlichen Finanzbuchhaltung, auf der sie basiert, werden vorwiegend alle umsatz- und lohnsteuerpflichtigen sowie sozialversicherungsrelevanten Vorgänge erfasst, um die gesetzlichen Anforderungen an eine ordnungsgemäße Buchführung sowie an die sach- und termingerechte Steuerzahlung zu erfüllen und weniger um die für eine betriebswirtschaftliche Steuerung maßgeblichen Informationen zu erhalten.

### 1.4.4 Cash-Flow

Bei dem Cash-flow als Erfolgskennzahl handelt es sich um den Umsatzüberschuss oder Finanzüberschuss, der sich als Nettozugang an flüssigen Mitteln aus der Umsatztätigkeit innerhalb eines Zeitraums darstellt. Er gibt somit den Überschuss der regelmäßigen Einnahmen über die regelmäßigen laufenden Ausgaben an, gilt als eine gebräuchliche, sehr aussagefähige Kennzahl zur Beurteilung der Finanzlage und gibt Auskunft über die Ertrags- und Finanzkraft einer Gesundheitseinrichtung. Mit ihm lässt sich feststellen, in welchem Umfang Finanzmittel aus eigener Kraft erwirtschaftet wurden und wie stark das finanzielle Potenzial einer Gesundheitseinrichtung ist, um sich von innen heraus finanzieren zu können.

Typische **Anwendungsgebiete** des Cash-Flows sind vor allen Dingen Informationszwecke für Investoren, Kreditgeber und Aktieninhaber, die Aussagen über die Ertrags- und Finanzkraft des Gesundheitsbetriebs benötigen.

Die **Vorgehensweise** zur indirekten Ermittlung des Cash-Flows lautet:

Bilanzgewinn (oder Verlust)
+ Zuführung zu den Rücklagen
(– Auflösung von Rücklagen)
– Gewinnvortrag aus der Vorperiode
(+ Verlustvortrag aus der Vorperiode)
= Jahresüberschuss
+ Abschreibungen
(– Zuschreibungen)
+ Erhöhung der langfristigen Rückstellungen
(– Verminderung der langfristigen Rückstellungen)
= Cash-Flow

Generell ist zur indirekten Ermittlung des Cash-Flow der Jahresüberschuss um alle nicht zahlungswirksamen Erträge zu vermindern und Aufwendungen zu erhöhen. Zu den nicht zahlungswirksamen Erträgen zählen beispielsweise Auflösungen von Wertberichtigungen oder Rückstellungen, zu den Aufwendungen Abschreibungen oder Erhöhungen des Gewinnvortrages. Bei der direkten Ermittlung des Cash-Flows sind von den zahlungswirksamen Erträgen die Aufwendungen abzuziehen. Zu den zahlungswirksamen Erträgen zählen beispielsweise Einzahlungen aus Patientenforderungen und zu den Aufwendungen Auszahlungen für medizinische Verbrauchsmaterialien.

**Beispiel Cash-Flow**

Tab. 1.15: Einfache Beispiele zur indirekten und direkten Cash-Flow-Ermittlung.

| | Jahr 20... | Jahr 20... |
|---|---|---|
| Indirekte Cash-Flow-Ermittlung (Beträge in Tsd.) | | |
| Jahresüberschuss | 7.500 | 7.400 |
| + Abschreibungen | 3.500 | 3.500 |
| + sonstige zahlungswirksame Aufwendungen | 2.100 | 1.900 |
| – Wertberichtigungen | 3.500 | 3.600 |
| – Rückstellungen | 3.800 | 3.400 |
| – sonstige zahlungswirksame Erträge | 3.700 | 3.200 |
| Cash Flow | 2.100 | 2.600 |
| Direkte Cash-Flow-Ermittlung (Beträge in Tsd.) | | |
| Patienteneinzahlungen | 7.500 | 7.400 |
| + sonstige zahlungswirksame Erträge | 2.800 | 3.100 |
| – Zahlungen an Lieferanten | 2.100 | 1.900 |
| – Zahlungen an Mitarbeiter | 3.500 | 3.400 |
| – sonstige zahlungswirksame Aufwendungen | 2.200 | 2.100 |
| Cash Flow | 2.500 | 3.100 |

Quelle: Eigene Darstellung.

Ein wesentlicher **Vorteil** des Cash-Flow liegt darin, dass er als weit verbreitete Methode sowohl zur Beurteilung der Erfolgs- und der Finanzlage herangezogen werden kann. Als **Nachteil** ist möglicherweise anzusehen, dass er versucht, von Zahlungsmittelbewegungen einer abgelaufenen Periode auf künftige Liquiditätsentwicklungen zu schließen. Dies ist allerdings nur möglich, wenn keine wesentlichen Veränderungen im Finanzierungsverhalten, bei Investitionen und im Patienten- und Gesundheitsmarkt eintreten. Auch gibt er keine Auskunft über die Mittel, die zur freien Disposition zur Verfügung stehen, sondern nur über die, die bereits während des letzten GeschäftsJahrs ganz oder teilweise eingesetzt wurden.

### 1.4.5 Frühwarnsystem

Frühwarnsysteme dienen zur systematisierten Beobachtung und Kontrolle der den Gesundheitsbetrieb bedrohenden Risiken und beziehen zum Zwecke der Schadensvermeidung neben Daten aus internen Verarbeitungssystemen auch zusätzliche Indikatoren mit ein, vor allen Dingen auch externe Informationen. Nach *Emmrich* (2002, S. 169) und *Hummel* (2001, S. 195) lassen sich hierbei folgende Ansätze unterscheiden:
- Warnung: Frühzeitiges Feststellen von Risiken durch interne Kennzahlen und Prognosen.
- Erkennung: Frühzeitiges Feststellen von Risiken und Chancen durch interne und externe Indikatoren.
- Aufklärung: Wahrnehmen und Steuern von Risiken und Chancen durch Erfolgspotenziale.

Während die Frühwarnung eher vergangenheitsorientiert ist und sich in erster Linie auf gut strukturierte, quantitative Daten der Gesundheitseinrichtung stützt, ist die Frühaufklärung strategisch orientiert und bezieht auch qualitative externe, weniger strukturierte Signale mit ein. Von besonderer Bedeutung ist daher die Auswahl der Indikatoren, die zum Erkennen von Bedrohungen herangezogen werden, wie ihre Werte zu interpretieren sind und auf welche Weise sie in Entscheidungen eingehen.

Ein wichtiger **Anwendungsbereich** von Frühwarnsystemen ist der Umgang mit betrieblichen Risiken, der nicht nur zu den Sorgfaltspflichten im Gesundheitswesen gehört, sondern auch ein wichtiges Führungsinstrument darstellt, um Gesundheitseinrichtungen erfolgreich zu steuern.

Zur Festlegung von für den Gesundheitsbetrieb geeigneten Frühwarnindikatoren bietet sich beispielsweise folgende, praktikable **Vorgehensweise** an:
- Beobachtungsbereiche festlegen: Allgemeiner Gesundheitsmarkt, Konkurrenzsituation, Patientenentwicklung, wirtschaftliche Entwicklung etc.
- Indikatoren je Beobachtungsbereich definieren: Fallzahlen, Bettenauslastungsgrad, Niederlassungszahlen, Cash Flow, Liquiditätsgrade, ausstehende Patientenforderungen, Arztdichte, Krankenhausdichte etc.

**Beispiel Frühwarnsystem**

Frühwarnsystem für Epidemien: Softwarearchitektur für Frühwarnsysteme des Fraunhofer-Institut für Optronik, Systemtechnik und Bildauswertung (IOSB)

„Im EU-Projekt EO2HEAVEN machen Wissenschaftler die Zusammenhänge zwischen Umweltfaktoren und unserer Gesundheit sichtbar, um etwa die Ausbreitung von Epidemien zu vermeiden.

In Europa ist sie so gut wie ausgestorben, in Afrika tötet sie jährlich tausende Menschen. Die Cholera wird als bakterielle Krankheit in erster Linie durch Wasser übertragen. In Uganda untersuchen Forscher deshalb den Einfluss diverser Umweltfaktoren auf Cholera-Epidemien. Dafür entwickelte das Fraunhofer-Institut für Optronik, Systemtechnik und Bildauswertung IOSB in Karlsruhe eine Softwarearchitektur für Frühwarnsysteme, die Umwelt- und Gesundheitsdaten abgleicht und grafisch darstellt. ‚Die Zusammenhänge zwischen diesen Faktoren konnten wir damit erstmals in Gefahrenkarten visualisieren und damit ein besseres Verständnis der komplexen Zusammenhänge schaffen', erläutert Projektkoordinator Dr. Kym Watson.

Die Forscher messen zum einen mit Sensoren Umweltparameter wie Niederschlag, Sonneneinstrahlung oder pH-Wert, Temperatur und Nährstoffkonzentration im Wasser. Auch Wetter- und Klimaprognosen fließen in die Analyse ein. Zum anderen erfassen sie in Krankenhäusern und bei Ärzten mit mobilen Anwendungen Gesundheitsdaten zu Cholerafällen: Welche Symptome treten auf? Wo hat sich der Patient zuletzt aufgehalten? Diese Daten werden – anonymisiert – auf einen zentralen Server bei der Gesundheitsbehörde in der Hauptstadt Kampala übertragen. Mit Hilfe der neuen Software werden die Fälle nun auf einer digitalen Landkarte als rote Punkte dargestellt und durch die Wechselbeziehung mit den Umweltdaten wird ihre räumliche und zeitliche Ausbreitung aufgezeigt.

‚Die Beamten in Uganda haben durch die Visualisierung zum ersten Mal die volle Bedeutung der Choleraausbrüche erkannt. Vorher waren die Einzelfälle nur schriftlich in Listen erfasst worden. Die Entscheider sind nun in der Lage, die medizinischen Ressourcen in den jeweiligen Gebieten besser einzusetzen. Auch Krankenhäuser und Ärzte können sich viel besser und schneller wappnen', erzählt Watson von den Erfolgen des Projekts.

**Vielseitiger Einsatz**

Solche Frühwarnsysteme lassen sich auch in anderen Bereichen sinnvoll einsetzen. Die Wissenschaftler untersuchten im Rahmen des EU-Projekts zwei weitere Fallstudien: In Dresden den Einfluss der Luftqualität – gemessen an Temperatur, Feinstaub und Ozon – auf Herz-Kreislauf-Erkrankungen und im südafrikanischen Durban den Zusammenhang von Luftverschmutzung und Asthmaerkrankungen in einem Industriegebiet.

Langfristig sollen auch Privatpersonen davon profitieren. ‚Es wäre zum Beispiel vorstellbar, dass Asthmatiker über eine App ihr persönliches Profil anlegen', erklärt Kym Watson. ‚Dort können sie definieren, ab welchen Schwellenwerten sie etwa allergisch auf Pollenflug oder Luftqualitätswerte reagieren. Werden diese hinterlegten Daten dann mit den aktuell gemessenen Umweltdaten abgeglichen, sieht jeder seine ganz persönliche Gefahrenkarte oder wird von der App gewarnt, wenn die Schwellenwerte überschritten sind.'"

Quelle: Fraunhofer-Institut für Optronik, Systemtechnik und Bildauswertung IOSB (2014): Frühwarnsystem für Epidemien. Presseinformation vom 21.02.2014. Karlsruhe/München.

- Melde- und Toleranzwerte je Indikator festlegen: Schwellenwerte, ab denen zunächst erhöhte Aufmerksamkeit für die Indikatoren einsetzt und bei weiterer Steigerung Aktivitäten erfolgen.
- Reporting organisieren: Zusammenfassung regelmäßig gemessener Indikatorenwerte zu aussagefähigen Berichten.
- Überprüfung durchführen: Halbjährliche oder mindestens jährliche Überprüfung der Indikatoren und Schwellenwerte im Hinblick auf ihre Aktualität und die Zuverlässigkeit des Messverfahrens.

Der wesentliche **Vorteil** eines Frühwarnsystems liegt seiner Warnfunktion und der Festlegung von Grenz- oder Schwellenwerten deren Überschreiten vordefinierte Aktionen auslösen. **Nachteile** können insbesondere dann entstehen, wenn die Auswahl der Frühwarnindikatoren willkürlich erfolgt, wesentliche Risiken nicht beachtet und einzelne Risiken unterschätzt werden oder auch die Konzentration bei der Indikatorenanwendung auf den Symptomen liegt und die eigentlichen Ursachen nicht berücksichtigt.

### 1.4.6 Kennzahlensystem

Als Kennzahlensystem bezeichnet man die systematische Zusammenstellung von quantitativen Einzelkennzahlen, die in einer sachlich sinnvollen Beziehung zueinander stehen, sich ergänzen und insgesamt auf ein übergeordnetes Gesamtziel ausgerichtet sind. Betriebliche Kennzahlen sind vordefinierte Zahlenrelationen, die durch Kombination von Zahlen des Rechnungswesens entstehen, regelmäßig ermittelt werden und aus denen sich Aussagen zu betriebswirtschaftlichen Sachverhalten komprimiert und prägnant ableiten lassen. Charakterisiert werden Kennzahlen durch ihren Informationscharakter, die Quantifizierbarkeit und ihre spezifische Form. Sie haben folgende Funktionen:

- Vorgabefunktion: Ermittlung kritischer Kennzahlenwerte als Zielgrößen für Unternehmensbereiche.
- Operationalisierungsfunktion: Bildung von Kennzahlen zur Operationalisierung von Zielen und Zielerreichung (Leistungen).
- Kontrollfunktion: Laufende Erfassung von Kennzahlen zur Erkennung von Soll-Ist-Abweichungen.
- Anregungsfunktion: Laufende Erfassung von Kennzahlen zur Erkennung von Auffälligkeiten und Veränderungen.
- Steuerungsfunktion: Verwendung von Kennzahlen zur Vereinfachung von Steuerungsprozessen.

Häufige **Anwendungsbereiche** von Kennzahlensystemen sind betriebliche Steuerungsfunktionen, wie beispielsweise im Controlling von Gesundheitseinrichtungen.

**Beispiel Kennzahlensystem**

Tab. 1.16: Ausgewählte Kennzahlen für ein Krankenhaus.

| Bereich | Kennzahl |
|---|---|
| Patienten | Grad der Patientenzufriedenheit<br>Beschwerderate<br>Anzahl der Einweisungen von niedergelassenen Ärzten |
| Mitarbeiter | Überstundenquote<br>Ausfallzeitenquote<br>Altersstruktur der MA<br>Fort- und Weiterbildungskosten |
| Prozesse | Wartezeiten<br>Auswertung der Schnitt-Naht Zeiten pro OP-Tisch<br>Anzahl der etablierten Behandlungsstandards |
| Ergebnisse | Gewinn<br>Liquide Mittel<br>Anteil Material- und Personalkosten an Gesamtkosten<br>Belegung, Verweildauer<br>Dekubitusrate<br>Instandhaltungskosten<br>Komplikationsrate |

Quelle: In Anlehnung an Schug, I. (2003): Entwicklung eines führungsorientierten Kennzahlensystems im Rahmen der EFQM-Zertifizierung eines Krankenhauses. In: Beiträge des Deutschen Forums für Krankenhausmanagement – dfkm (Hrsg.). Wiesbaden. S. 54.

Die **Vorgehensweise** zur Bildung von Kennzahlensystemen geht aus von
- absoluten Kennzahlen: Summen oder Differenzen,
- relativen Kennzahlen: Beziehungs-, Gliederungs- oder Indexzahlen,
- Produktivitätskennzahlen,
- Wirtschaftlichkeitskennzahlen oder Rentabilitätskennzahlen,
- Qualitätskennzahlen.

Die einzelnen Kennzahlen werden in unterschiedlicher Weise systematisch miteinander verknüpft:
- Mathematisch verknüpfte Kennzahlensysteme: Einzelkennzahlen des Kennzahlensystems sind durch mathematische Operationen miteinander verbunden.
- Systematisch verbundene Kennzahlensysteme: Ausgehend von einem Oberziel wird ein System von Kennzahlen gebildet, das lediglich die wesentlichen Entscheidungsebenen mit einbezieht, deren Ergebnisse die Erfolgsauswirkungen auf das Oberziel erkennen lassen.

- Empirisch begründete Kennzahlensysteme: Das Oberziel wird in Unterzielsetzungen heruntergebrochen und es wird sich lediglich auf diejenigen Funktionen beschränkt, die das Erfolgsziel auch tatsächlich beeinflussen.

Die wesentlichen **Vorteile** von Kennzahlensystemen liegen darin, dass sich Steuerungsprozesse damit vereinfachen und Ziele quantitativ operationalisieren lassen. **Nachteile** können vor allen Dingen in ihrer starren Verknüpfung gesehen werden und in dem Verlust von qualitativen Aussagen und Informationen bei der Verdichtung von Daten und Informationen zu einem quantitativen Wert.

### 1.4.7 Kostenbudget

Das Budget gehört zu den wichtigsten Controllinginstrumenten. Es handelt sich dabei um einen Wertgrößenplan, der als Gesamt- oder Teilplan für eine künftige Periode als Soll-Vorgabe erstellt wird. Unabhängig davon, ob eine starre oder flexible Plankostenrechnung durchgeführt wird, dient die Budgetierung durch die Ableitung vorgegebener Kostenbudgets als eigenständige Methode zur Kostensteuerung. Mit ihnen lassen sich beispielsweise Kostenvorgaben für Kostenstellen in Abhängigkeit von den Behandlungs- oder Pflegefallzahlen erstellen. Die Budgetierung erfolgt meist für kurze Perioden bis zu einem Jahr. Die Kriterien der Budgetgestaltung sind so zu wählen, dass die gesteckten Ziele für die einzelnen Geschäftsbereiche im Rahmen des Erreichbaren liegen, um Budgetungleichgewichte und deren negative Auswirkungen sowohl für die Zielerreichung als auch für die Motivation der Verantwortlichen zu vermeiden.

Die Budgetierung ist nicht nur ein vieldiskutiertes Instrument zur Begrenzung der Gesamtausgaben im Gesundheitswesen, sondern auch zur Kostensteuerung in einzelnen Gesundheitseinrichtungen einsetzbar. Insbesondere dann, wenn sich die zu erwartenden Behandlungs- und Pflegeleistungsmengen abschätzen lassen, sind **Anwendungsmöglichkeiten** für Kostenbudgets gegeben und können auf der Grundlage von Plan- oder Vergangenheitsdaten Zielwerte im Bereich der Kosten vorgegeben werden.

Im Rahmen der **Vorgehensweise** zur Bildung von Kostenbudgets sind auf der Grundlage der Kostenartenplanung möglichst auch die Kosten der internen Leistungsverrechnung und die kalkulatorischen Kosten einzubeziehen und anhand von Vergangenheitswerten oder Prognosedaten kostenstellenbezogen Soll-Kosten zu entwickeln. Dabei ist zu beachten, dass

- keine unbedingte Budgetausschöpfung stattfindet und nicht verbrauchte Mittel trotz fehlender Notwendigkeit noch vollständig ausgegeben werden,
- Kostenziele im Rahmen des Erreichbaren liegen,
- kostensteigernde Veränderungen der Rahmenbedingungen (z. B. rechtliche Vorgaben, organisatorische Maßnahmen) ausreichend berücksichtigt werden,
- es zu Budgeteinhaltungszwecken zu keiner Einschränkung bei Behandlungs- und Pflegeleistungen kommt,

**Beispiel Kostenbudget**

Ressourcensteuerung des Klinikums Nürnberg

„Aufgrund der sich immer stärker verändernden Rahmenbedingungen im Gesundheitswesen, insbesondere nach Einführung der Vergütung auf Basis von DRG, gewinnt die richtige Ressourcenallokation im Krankenhaus an Bedeutung. Im Abgleich mit den Zielen des Gesamthauses steuert die Abteilung Dezentrales Controlling und Ressourcensteuerung den internen Zielvereinbarungsprozess zwischen Klinikleitung und den Leistungserbringern. Dies umfasst sowohl die Kostenbudgets für Personal- und Sachkosten als auch die Leistungs- und Erlösziele.

Im Sinne eines Controlling-Regelkreises aus Zielsetzung, Planung, Realisierung und Spiegelung der Zielerreichung werden die Budgetverantwortlichen laufend durch Soll-Ist-Vergleiche und Abweichungsanalysen zur Erreichung der vereinbarten Budgetziele unterstützt. Zudem wird durch dieses ‚engmaschige' Controlling ein zeitnahes Gegensteuern ermöglicht. Aufgrund der Bereichszuständigkeit der Controller/innen gibt es je Klinik und Institut eine/n feste/n Ansprechpartner/in für Fragen zu Sach- und Personalkosten, Investitionen und Leistungs- sowie Erlöszielen.

Die Funktion des Dezentralen Controllings bildet verstärkt Verständnis, Information und Transparenz der jeweiligen strategischen Steuerungshintergründe zwischen den Kliniken und Instituten auf der einen Seite und Vorstand, Medizinischem Controlling, Personalmanagement, Kosten- und Leistungsrechnung sowie der Apotheke (Pharmaökonomisches-Controlling) auf der anderen Seite.

Folgende Aufgabenschwerpunkte sind im Einzelnen herauszuheben:

- Interne Budgetierung (Grundsatzfragen, Weiterentwicklung) der
  - Leistungen
  - Erlöse
  - Kosten
- Konzeption des Berichtswesens der Kliniken
- Kommentierung des Berichtswesens für den Vorstand
- Betriebswirtschaftliche Beratung der dezentralen Einheiten und Unterstützung der Budgetverantwortlichen bei der ökonomischen Steuerung
- Personalbedarfsberechnung
- Stellenbewertung (nach TVöD/TV-Ärzte)
- Klinikübergreifende Projekte"

Quelle: Klinikum Nürnberg (2014a): Dezentrales Controlling und Ressourcensteuerung – Leistungsbeschreibung. Online im Internet: http://www.klinikum-nuernberg.de/DE/ueber_uns/Fachabteilungen_KN/zd/dezcontrolling/leistungen/Leistungsbeschreibung_DC.html. Nürnberg. Abfrage: 24.07.2014.

- vorhandene Kostenwerte nicht ohne genauere Überprüfung und Aktualisierung übernommen werden,
- es zu keiner pauschalen Kürzung bestehender Kostenansätze kommt,
- keine heimlichen „Reserven" durch bewusst zu hoch angesetzte Kostenprognosen aufgebaut werden,
- die Budgetwerte fundiert begründet sind und nicht nur ausgehandelt werden.

Um ihre Wirkung bestmöglich entfalten zu können, ist die Budgetierung zweckmäßigerweise mit flankierenden Maßnahmen zur Kostensenkung einzusetzen. Sie ermöglichen eine verbesserte Beurteilung und Einschätzung der Angemessenheit von Kostenansätzen.

Da mit der Kostenbudgetierung aufgrund der Vorgabe von Sollwerten auch immer Erwartungen an das Verhalten der Mitarbeiter geknüpft werden, bietet sie den **Vorteil** der Verhaltenssteuerung und Handlungsorientierung, um bestimmte Kostenziele zu erreichen. Als **Nachteil** kann die Gefahr angesehen werden, pauschale Vorgaben aufgrund der Ausgaben in der Vergangenheit vorzunehmen, sodass zugewiesene Gelder möglichst vollständig ausgegeben werden, um im kommenden Jahr wieder entsprechende Mittel zu erhalten.

### 1.4.8 Rentabilität

Zur Ermittlung der Rentabilität werden verschiedene Werte zueinander ins Verhältnis gesetzt, sodass sich eine Relation zwischen einer Erfolgsgröße und dem eingesetzten Kapital ergibt. Dies ermöglicht beispielsweise Alternativen mit einem unterschiedlich hohen Investitionsbedarf zu vergleichen oder in der Bilanzanalyse eine Erfolgsgröße auf eine diesen Erfolg mitbestimmende Einflussgröße zu beziehen. Man kann dadurch feststellen, mit welcher Alternative man bezogen auf den Investitionseinsatz den höchsten Gewinn erzielen kann oder auch wie sich der Gewinn im Verhältnis zum eingesetzten Kapital verhält. Die Rentabilität wird häufig untergliedert in Eigen- bzw. Gesamtkapital- und Umsatzrentabilität. Auch wird sie gelegentlich mit den Begriffen Rendite oder Return on Investment (RoI) gleichgesetzt.

Rentabilitätsbetrachtungen finden häufig von Kapitalgebern **Anwendung**, die sie sich aus ihrer Geldanlage und deren Rentabilität eine höhere Rendite im Vergleich zu alternativen Investitions- oder Anlageformen versprechen.

Die **Vorgehensweise** bei der Rentabilitätsermittlung ist üblicherweise dadurch geprägt, dass Rentabilitätskennzahlen gebildet werden:

- Die Eigenkapitalrentabilität beschreibt, ob sich der Einsatz des Eigenkapitals gelohnt hat, wobei gefordert wird, dass das eingesetzte Eigenkapital eine gewisse Mindestverzinsung erfährt, die sich aus dem marktüblichen Zinssatz, einer Risiko- und einer Kapitalerhaltungsprämie zusammensetzt.
- Die Gesamtkapitalrentabilität ist Ausdruck für die Leistungsfähigkeit des in der Gesundheitseinrichtung arbeitenden Kapitals. Gewinn und Fremdkapitalkosten werden zu einer Größe zusammengefasst und auf das durchschnittlich gebundene Kapital bezogen. Das Prozentergebnis zeigt den Erfolg des gesamten Kapitaleinsatzes. Ferner zeigt die Gesamtkapitalrendite den Grenzzinssatz an, der für zusätzliches Fremdkapital erwartet werden kann.
- Die Umsatzrentabilität beschreibt, mit welchem Umsatz welcher Gewinn erzielt wird, wobei sie eine Rendite widerspiegeln sollte, die multipliziert mit dem Kapitalumschlag eine vernünftige Gesamtkapitalrentabilität entstehen lässt.

Zum Vergleich der Wirtschaftlichkeit von verschiedenen Investitionen lässt sich die Rentabilität der verschiedenen Investitionsalternativen ermitteln, indem der durch-

**Beispiel Rentabilität**

Tab. 1.17: Beispiele für Rentabilitätskennzahlen.

| Kennzahl | Berechnung |
|---|---|
| Eigenkapitalrentabilität | (Jahresüberschuss/Eigenkapital) ×100 |
| Gesamtkapitalrentabilität | $\left[\frac{\text{(Jahresüberschuss + Fremdkapitalzinsen)}}{\text{Gesamtkapital}}\right] \times 100$ |
| Umsatzrentabilität | (Jahresüberschuss/Umsatzerlöse) ×100 |
| Rentabilität Erweiterungsinvestition | (Gewinn/Kapitaleinsatz) ×100 |
| Rentabilität Rationalisierungsinvestition | (Minderkosten/Kapitaleinsatz) ×100 |

Quelle: Eigene Darstellung.

schnittliche Gewinn einer Investition mit dem durchschnittlich gebunden Kapital in ein Verhältnis gesetzt wird: Gewinn dividiert durch das eingesetzte Kapital.

Ein wesentlicher **Vorteil** der Rentabilitätsermittlung liegt in der Anwendung einfacher Rechenformeln. Dies stellt allerdings gleichzeitig einen **Nachteil** dar, denn in der Praxis kann die Bestimmung des Kapitaleinsatzes als durchschnittlich gebundenes Kapital oft nur pauschal erfolgen, anhand von Anschaffungszahlungen oder Rest- bzw. Buchwerten. Ebenso ist die Berücksichtigung des Jahresüberschusses/Gewinns im Hinblick auf die Einberechnung von Zinsen und Abschreibungen nicht unkritisch.

### 1.4.9 Return on Investment

Der Return on Investment (RoI) beschreibt die Rentabilität des gesamten Kapitaleinsatzes und stellt dar, wie das eingesetzte Kapital durch die Unternehmensleistung verzinst wird. Er drückt somit aus, welcher Wert aus dem investierten Kapital zurückfließt. Im Rahmen der Analyse von Kennzahlen errechnet sich der RoI üblicherweise aus dem Verhältnis des gesamten investierten Kapitals und des Umsatzes zum Gewinn. Er gilt als eine der am häufigsten verwendeten Kennzahlen zur Analyse der Rentabilität des Kapitaleinsatzes bzw. zur Beurteilung der Ertragslage einer Gesundheitseinrichtung. Der RoI gibt dabei das Verhältnis des gesamten investierten Kapitals und des Umsatzes zum Gewinn an, womit er sowohl als Grundlage für die betriebliche Planung als auch als Entscheidungsgrundlage bei Investitionsentscheidungen dienen kann.

**Anwendung** findet der RoI beispielsweise in der Beurteilung der Ertragsfähigkeit einer Gesundheitseinrichtung und deren Kreditwürdigkeit. Da er häufig als Maßstab für die Leistungsfähigkeit und die Rentabilität verwendet wird und unabhängig von der Größe des analysierten Bereiches ist, ermöglicht er einen Vergleich zwischen unterschiedlich großen Organisationseinheiten im Gesundheitswesen.

Die grundsätzliche **Vorgehensweise** bei der Ermittlung des RoI ist dadurch gekennzeichnet, dass er sich üblicherweise aus dem Verhältnis des gesamten investier-

**Beispiel Return on Investment**

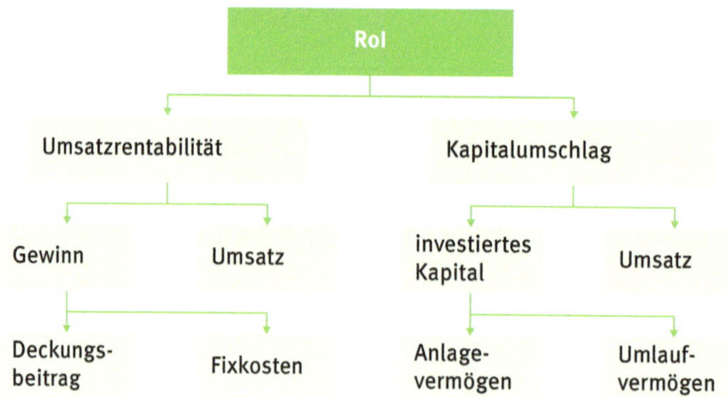


Abb. 1.1: Eingangsgrößen des RoI in Anlehnung an das *DuPont-Kennzahlenschema*.

Quelle: In Anlehnung an Bausch, A. u. a. (2000): Innovationen im Controlling am Beispiel der Entwicklung monetärer Kennzahlensysteme: In: Zeitschrift Controlling. 12. Jahrg., Nr. 3/2000. München. S. 122.

ten Kapitals und des Umsatzes zum Gewinn berechnen lässt. Zur Berechnung des investierten Kapitals gehen ein:
- Bruttoanlagewerte (Anschaffungskosten), meist intern für den RoI einzelner Bereiche und Abteilungen,
- Nettoanlagewerte (Anschaffungskosten minus Abschreibungen), vorwiegend bei der Ermittlung der Rendite der gesamten Gesundheitseinrichtung.

Dadurch kann beispielsweise berücksichtigt werden, dass Organisationseinheiten mit bereits abgeschriebenen medizinischen Gerätschaften gegenüber anderen Einheiten mit Neugeräten aufgrund des geringeren Kapitaleinsatzes nicht einen ungerechtfertigt hohen RoI aufweisen. Auf der Basis dieser Grundannahmen werden schließlich die zwei Kennziffern Umsatzrentabilität (Gewinn/Umsatz) und Kapitalumschlag (Umsatz/investiertes Kapital) miteinander multipliziert:

$$\text{RoI} = (\text{Gewinn}/\text{Umsatz}) \times (\text{Umsatz}/\text{investiertes Kapital})$$

Als **Vorteil** des RoI kann angesehen werden, dass er als weit verbreitetes Instrument beispielsweise zur Rentabilitätsbeurteilung von Investitionen gilt. Dass das Risiko der Investition nicht berücksichtigt wird, kann ebenso als **Nachteil** gelten, wie die Schwierigkeit, zwischen Kosten und Nutzen ein eindeutiges, kausales Verhältnis herzustellen: Die Verlässlichkeit des ROI als Kennziffer für Rentabilität nimmt in dem Maße ab, je größer der Einfluss indirekter oder allgemeiner Kosten ist. Auch hat der RoI statischen Charakter, da er den Einfluss zeitlicher Entwicklungen auf die Rechengrößen nur unzureichend berücksichtigt. Da er zudem beispielsweise die Liquiditätsentwicklung ignoriert, sollte er nur in Kombination mit anderen Entscheidungshilfen eingesetzt werden.

### 1.4.10 Risikomanagementsystem

Ein Risikomanagementsystem hat die Aufgabe, den Fortbestand der Gesundheitseinrichtung, Patienten oder Mitarbeiter bedrohende Risiken zu kontrollieren, zu steuern und zu begrenzen. Dazu ist eine Erfassung und Bewertung der Risiken durchzuführen, bevor nach Möglichkeiten zur Risikobegrenzung gesucht werden kann. Besondere Bedeutung kommt der Risikoüberwachung in einem Risikomanagementsystem zu, denn häufig geraten Gesundheitseinrichtungen in Schieflage, weil Risiken nicht rechtzeitig erkannt und Bedrohungen nicht als solche wahrgenommen werden.

§ 91 Abs. 2 *Aktiengesetz (AktG)* weist beispielsweise auf vorgegebene **Anwendung** eines Risikomanagementsystems hin, indem der Vorstand geeignete Maßnahmen zu treffen und insbesondere ein Überwachungssystem einzurichten hat, damit den Fortbestand der Gesellschaft gefährdende Entwicklungen früh erkannt werden.

Bei der **Vorgehensweise** im Umgang mit Risiken ist es zunächst einmal wichtig herauszufinden, welche Risiken überhaupt vorliegen und als solche zu identifizieren sind. Dazu ist es hilfreich, eine Einteilung nach Risikoarten (z. B. personelle, technische, rechtliche Risiken etc.). Jedes erfasste Risiko ist anschließend zu bewerten, um das Ausmaß der Bedrohung festzustellen, welches sich für die Gesundheitseinrichtung daraus ergibt. Zumal sich dadurch Bagatellrisiken von wirklich wichtigen Bedrohungen unterscheiden lassen. Gängige Bewertungskriterien des Risikomanagements sind beispielsweise

- die Schadenshöhe und
- die Eintrittswahrscheinlichkeit.

Im Rahmen der Risikobegrenzung lassen sich mögliche Bedrohungen durch Risiken nicht völlig vermeiden. Grundsätzlich bestehen jedoch hinsichtlich einzelner Risiken die Möglichkeiten zur

- Verringerung,
- Abwälzung,
- Teilung,
- Streuung,
- Ausgleich.

Im Rahmen der Risikoüberwachung ist festzustellen, ob beispielsweise

- neue Risiken hinzukommen,
- erfasste Risiken sich ändern (z. B. hinsichtlich Schadenshöhe und Eintrittswahrscheinlichkeit oder
- Risiken wegfallen.

**Beispiel Risikomanagementsystem**

Tab. 1.18: Beispielmöglichkeiten zur Risikobegrenzung für Gesundheitseinrichtungen.

| | Veränderung des Risikos | Veränderung des Risikoträgers | Veränderung von Schadensfolgen |
|---|---|---|---|
| Risikovermeidung | X | | X |
| Risikoverringerung | X | | X |
| Risikoabwälzung | | X | |
| Risikoteilung | | X | |
| Risikostreuung | | X | |
| Risikoausgleich | | X | X |

Quelle: Eigene Darstellung.

Um eine möglichst vollständige Risikoerfassung zu erreichen, ist der Einsatz von organisatorischen Hilfsmitteln zweckmäßig. So lässt sich beispielsweise anhand von Aufgabenkatalogen, die für das Qualitätsmanagement oder die Personalbedarfsrechnung bestimmt sind, abfragen, ob die einzelne in einer Gesundheitseinrichtung wahrzunehmende Aufgabe mit Risiken verbunden ist und, wenn ja, mit welchen.

Der wesentliche **Vorteil** eines Risikomanagementsystems liegt darin, sich abzeichnende Probleme möglichst frühzeitig zu erkennen und sich offensiv damit auseinandersetzen zu können. Als **Nachteil** mag gelten, dass trotz Einsatz eines Risikomanagementsystems stets „Restrisiken“ verbleiben, auch wenn deren Eintrittswahrscheinlichkeiten und mögliche Schadenshöhen gegen 0 gehen.

- Risikovermeidung: Ist letztendlich nur mit dem Wegfall der damit verbundenen Aufgabe möglich.
- Risikoverringerung: Ist beispielsweise durch die Verringerung möglicher Eintrittswahrscheinlichkeiten aufgrund zusätzlicher Kontrollen, Prüfschritte etc. zu erreichen.
- Risikoabwälzung: Verlagerung des Risikos, so dass die Gesundheitseinrichtung davon nicht mehr unmittelbar betroffen ist.
- Risikoteilung: Bestehende Risiken werden auf zwei oder mehrere Risikoträger aufgeteilt, so dass sich das Risiko für den Einzelnen verringert.
- Risikostreuung: Sonderform der Risikoteilung, bei der die Aufteilung auf möglichst viele Risikoträger erfolgt.
- Risikoausgleich: Versuch, durch für den Schadensfall abgeschlossene Versicherungen (z. B. Berufshaftpflicht, Praxisversicherung, ärztliche Unfallversicherung, ärztlicher Rechtsschutz etc.) einen möglichst vollständigen Ausgleich herzustellen.

### 1.4.11 Turnaround

Mit Turnaround wird häufig die Herbeiführung eines Umschwungs mit dem Ziel positiver Ergebniszahlen im Rahmen eines betrieblichen Krisenmanagements bezeichnet. In wirtschaftliche Krisensituationen, in die eine Einrichtung geraten kann, muss frühzeitig negativen Entwicklungen gegengesteuert und wirksame Maßnahmen eingeleitet werden, um die drohende Abwärtsspirale zu stoppen. Je früher eingegriffen wird, desto größer ist die Wahrscheinlichkeit, dass in dieser Situation ein erfolgreicher Turnaround gelingt. Auch das Insolvenzrecht bietet Möglichkeiten, eine kriselnde Gesundheitseinrichtung beispielsweise durch Einigung mit den Gläubigern und das Überzeugen neuer Investoren zurück in die schwarzen Zahlen zu führen. Das Erkennen und Eingestehen von Krisensituationen erfordert entschlossenes Handeln von Führungskräften, das über die bloße Schadensbegrenzung hinausgeht und die Überwindung der Krise sowie eine strategische Neuausrichtung der Gesundheitseinrichtung zum Ziel hat.

In Situationen, in denen das Ertragsverhältnis negativ ist, die Kredite immer weniger bedient werden können und die Zinslast steigt, muss ein Turnaround **Anwendung** finden, damit Liquiditätsengpässe überwunden werden, Kosten sinken und Umsätze wieder steigern.

Die **Vorgehensweise** bei einem Turnaround ist geprägt durch die zunächst wichtigste Aufgabe: Die Liquiditätssicherung, um eine drohende Insolvenz zu verhindern. Dazu sind alle Geldreserven auszuschöpfen und die Interessen aller Eigentümer und Gläubiger der Gesundheitseinrichtung zu koordinieren, um im gesamten Umfeld der Einrichtung verlorengegangenes Vertrauen wiederherzustellen. Ferner sind die Kernfunktionen, sowie die Beziehungen zu Patienten und Lieferanten aufrechtzuerhalten und eine Restrukturierungsplanung einzuleiten. Um die Einrichtung zu stabilisieren, sind organisatorische Anpassungen bis hin zur Überprüfung der Personalausstattung in der Regel unumgänglich. Erfolgversprechend sind in einer derartigen Situation oft die Konzentration auf die eigentlichen Kernkompetenzen der Einrichtung und die damit verbundene Neuausrichtung des Leistungsangebots. Risikostreuung und dauerhafte Liquiditätsverbesserung sind notwendig, damit die Stabilisierung nachhaltig wirkt. Mittelfristig stehen schließlich die Realisierung zukünftiger Erfolgspotenziale und eine verbesserte Produktivität im Vordergrund.

Zusammenfassend ist der Erfolg des Krisenmanagements insbesondere abhängig von

- verzugslosem, professionellen Handeln,
- transparenten, vertrauensfördernden Rettungsmaßnahmen,
- überzeugenden Restrukturierungskonzepten,
- deren konsequente Umsetzung und
- realistischen Wachstumsperspektiven.

Als **Vorteile** eines erfolgreichen Turnarounds können angesehen werden, dass mit den notwendigen Sanierungsplänen üblicherweise Offenheit und Transparenz einherge-

**Beispiel Turnaround**

„Negativtrend gestoppt – Paracelsus-Klinik ist übern Berg.“ ...

„Vor 40 Jahren wurde das Krankenhaus an der Wilstedter Straße in Henstedt-Ulzburg eröffnet. Zunächst war es die Nordlandklinik, die 1977 von der Osnabrücker Paracelsus-Gruppe übernommen wurde. Der runde Geburtstag wird im Juni mit einem Tag der offenen Tür gefeiert, aber schon jetzt zieht Verwaltungsdirektor Matthias Stulpe-Diederichs Bilanz – und die fällt positiv aus. Denn nach einer längeren Leidensstrecke wird der Patient langsam wieder gesund. ‚Wir haben den Turnaround geschafft‘, sagt der Geschäftsführer der Klinik, der nach den mageren Jahren 2009 bis 2011 mit einem betriebswirtschaftlichem Tiefpunkt endlich wieder Licht am Horizont sieht: 2013 sei die rote Null erreicht worden, in diesem Jahr werde die schwarze Null geschafft. Nach anderthalb Jahrzehnten Negativtrend ist das noch keine glasklare Erfolgsmeldung, aber der Aufwärtstrend ist deutlich. Das ist ganz im Sinne der Konzernleitung, die das Henstedt-Ulzburger Haus nach den Irrungen und Wirrungen der vergangenen Jahre besonders im Fokus hat: Die Klinik muss sich selbst tragen, lautet die Vorgabe aus Osnabrück. Stulpe-Diederichs gibt sich selbstbewusst. ‚Das werden wir erfüllen.‘

Vor zwei Jahren sah alles noch ganz anders aus. Zu Beginn des Jahres 2012 hatte die Geschäftsführung mit der Ankündigung überrascht, die offenbar unrentabel gewordene Klinik in Henstedt-Ulzburg zu verkaufen. Knapp neun Monate nach Abschluss des 28 Millionen Euro teuren Umbaus, zu dem das Land Schleswig-Holstein 17 Millionen Euro beigesteuert hatte, war das Haus praktisch auf dem Markt. Interessenten gab es offenbar genug. Bis zu zehn Gebote, so hieß es damals, seien abgegeben worden. Mit zwei Interessenten sei ernsthaft verhandelt worden, doch keiner der Bieter erhielt den Zuschlag: Die Konzernleitung entschloss sich, die Klinik weiter zu betreiben – trotz eines jährlichen Defizits von 7,5 Millionen Euro. Verwaltungsdirektor Matthias Stulpe-Diedrichs übernahm ein schick hergerichtetes Krankenhaus, bei dem vieles stimmte, nur die Zahlen nicht.

Hauptgrund für das finanzielle Debakel war der mit großem Aufwand betriebene Umbau der Klinik. Denn während der Bauphase musste der Klinikbetrieb auf Sparflamme betrieben werden. Bis 2010 waren die stationären Leistungen um 40 Prozent zurückgegangen. Inzwischen hat die Paracelsus-Klinik einen neuen Stellenwert im nördlichen Hamburger Umland. Als Geburtsklinik ist sie beliebter denn je. Aber auch sonst ist es gelungen, den Vorsprung anderer Kliniken mindestens einzuholen, zum Teil zu überholen. Das medizinische Spektrum wurde modifiziert, anerkannte Fachleute an die Klinik gebunden – vor allem die chirurgischen Bereiche tragen zum aktuellen Erfolgstrend und zu einem erweiterten Einzugsbereich bei. Für Geburten und orthopädische Behandlungen oder Eingriffe kommen die Patienten oft von weither angereist. Darunter sind gelegentlich auch prominente Patienten, die es schätzen, dass ihre Privatsphäre in der Klinik absolut geschützt ist.

Matthias Stulpe-Diedrichs ist stolz auf das Erreichte: ‚Ich bin hier angetreten, um Arbeitsplätze zu erhalten; das ist gelungen. Außerdem wurden die finanziellen Verluste in den vergangenen drei Jahren um ein Drittel abgebaut.‘ 10.000 stationäre und 25.000 ambulante Patienten werden pro Jahr in der Paracelsus-Klinik behandelt. Um das Niveau weiter zu steigern, will sich die Klinik in den nächsten Jahren in bestimmten Bereichen noch mehr profilieren und spezialisieren. So gibt es nach Ansicht des Verwaltungsdirektors vor allem auf dem Gebiet der Inneren Medizin einige Bereiche, die noch nicht den angestrebten Möglichkeiten entsprechen. Dazu zählt er unter anderem die Beatmungsmedizin, die wegen der vielen Pflegeheime in der Umgebung wichtig erscheint. Für Schlaganfall- oder Herzinfarkt-Patienten wird die Paracelsus-Klinik jedoch auch weiterhin nicht die erste Adresse sein. ‚In dieser Hinsicht ist die Region nicht unterversorgt; was wir hier machen, wollen wir auch richtig machen – und es muss auch ökonomisch tragfähig sein.‘ Wer mit Verdacht auf Schlaganfall oder Herzinfarkt in die Klinik komme, werde in jedem Falle untersucht und anschließend je nach Schwere des Falles weitergeleitet.

Auch im Bereich des Pflegepersonals kann der Verwaltungschef Positives vermelden: ‚Wir konnten 2013 unseren eigenen Nachwuchs an Bord holen und sieben frisch ausgelernte Gesundheits- und

Krankenpflegerinnen und Krankenpfleger übernehmen.' Erstmals seit vielen Jahren seien somit Auszubildende aus dem eigenen Haus eingestellt worden. Auch in diesem Jahr sollen nach seinen Angaben wieder Auszubildende aus dem Bereich der Krankenpflege nach abgelegter Prüfung übernommen werden.

Als einen Eckpfeiler des Erfolgs wertet Matthias Stulpe-Diederichs auch die neu ausgerichtete Öffentlichkeitsarbeit, die vor allem durch eine große Anzahl von Gesundheitsforen auffällt. Regelmäßig referieren Klinikärzte über gesundheitliche Themen – und erreichen damit ein großes Publikum. Durchschnittlich melden sich 60 bis 80 Interessierte an. Da der Konferenzraum im Erdgeschoss des Gebäudes für einen derartigen Andrang eigentlich nicht ausgelegt ist, weicht Organisator Andreas Reins gelegentlich in größere Veranstaltungsräume in Norderstedt, Kaltenkirchen oder Quickborn aus."

Quelle: Knittermeier, F.: Negativtrend gestoppt – Paracelsus-Klinik ist übern Berg. In: Hamburger Abendblatt. Online im Internet: http://www.abendblatt.de/region/norderstedt/article125085722/Negativtrend-gestoppt-Paracelsus-Klinik-ist-uebern-Berg.html. Hamburg. Abfrage: 28.07.2014.

---

hen, die eine wesentliche Grundlage dafür sind, Vertrauen in die Gesundheitseinrichtung zu erhalten und zu stärken. Zugleich bietet er die Möglichkeit, die Einrichtung in der Krise neu auszurichten und sich auf die Kernkompetenzen zu konzentrieren. Häufige, von den Mitarbeitern als **Nachteile** empfundene Phänomene eines Turnaroundmanagements sind mit ihm einhergehende Einschnitte, die sich negativ auf Arbeitsplätze, Arbeitsbedingungen und Entlohnung auswirken können.

### 1.4.12 Zuwachsrate

Zuwachsraten geben Auskunft über die Entwicklung von Umsatz-, Gewinn- oder Kostengrößen in Vergleichszeiträumen. Mathematisch geben sie die auf den Wert der vorhergehenden Periode bezogene relative Veränderung bei einer Zeitreihe von Beobachtungswerten einer Variablen wieder, wobei sie als Quotienten definiert sind, aus dem absoluten Zuwachs zwischen den Zeiten und den jeweiligen Ausgangswerten. Da konstante Zuwächse eher selten sind, ergeben sich im Zeitablauf in der Regel unterschiedliche Zuwachsraten, deren Schwankungen Ursachenanalysen und Handlungsaktivitäten auslösen können.

Typische **Anwendungsfelder** sind die Umsatz-, Gewinn- oder Kostenzuwachsraten. So drückt die Umsatzzuwachsrate die Entwicklung des Umsatzes durch den Vergleich des Umsatzes einer bestimmten Periode mit einer Vergleichsperiode aus. Entsprechendes gilt für die Gewinnzuwachsrate, die Kostenzuwachsrate oder andere auf die gleiche Weise ermittelbare Zuwachsraten.

Zur Beginn der **Vorgehensweise** zur Ermittlung einer Zuwachsrate $z$ je Zeiteinheit $i$ steht deren Definition als relative Änderung eines Zeitreihenwertes $w_i$ im Vergleich zu seinem Vorgängerwert $w_{i-1}$:

$$z_i = (w_i - w_{i-1})/w_{i-1}$$

**Beispiel Zuwachsrate**

Tab. 1.19: Beispielberechnung Zuwachsrate Personalkosten Krankenhäuser.

| Jahr | Personalkosten in Tsd. Euro |
|---|---|
| 1996 | 33.437.833 |
| 2000 | 35.168.197 |
| 2005 | 40.957.758 |
| 2010 | 47.463.378 |
| 2011 | 49.485.917 |
| 2012 | 51.869.879 |
| Zuwachsrate: | (51.869.879 – 33.437.833)/33.437.833 ≈ 0,551 = 55,1 % |

Quelle: Vgl. Statistisches Bundesamt (Hrsg., 2014): Gesundheitsberichterstattung des Bundes: Kosten der Krankenhäuser in 1.000 Euro. Gliederungsmerkmale: Jahre, Deutschland, Kostenarten (Sachkosten, Personalkosten), Einrichtungsmerkmale (Bettenzahl/Art der Zulassung/Anzahl der Fachabteilungen/Träger). Online im Internet:
http://www.gbe-bund.de/oowa921-install/servlet/oowa/aw92/WS0100/_XWD_FORMPROC?TARGET=&PAGE=_XWD_2&OPINDEX=1&HANDLER=XS_ROTATE_ADVANCED&DATACUBE=_XWD_30&D.000=ACROSS&D.001=PAGE&D.953=DOWN&D.922=DOWN. Bonn. Stand: 29.07.2014

Der Zuwachsfaktor $f$ je Zeiteinheit $i$ ist derjenige Faktor, mit dem man den früheren Zeitreihenwert multiplizieren muss, um den späteren Zeitreihenwert zu erhalten:

$$w_{i-1} \times f_i = w_i$$

Häufig werden Zuwachsraten in Prozent angegeben, was bedeutet, dass $z_i$ mit 100 zu multiplizieren ist. Die Angabe von Zuwachsraten oder Zuwachsfaktoren ist erst dann sinnvoll, wenn zugleich der Zeitrahmen bestimmt wird, auf den sie sich beziehen. Ohne die Dauer und der Kenntnis, wie viel Zeit zwischen den Ausgangs- und Endwerten vergangen ist, fehlt die Information und damit die Aussagefähigkeit, auf welchen Zeitraum sich eine Entwicklung bezieht. Ohne diese Zeitangaben ist die Ermittlung von monatlichen oder jährlichen Zuwachsraten nicht möglich.

Der wesentliche **Vorteil** der Ermittlung von Zuwachsraten liegt in der quantitativen Ausdrucksmöglichkeit und Vergleichsmöglichkeit von Veränderungen. Ein **Nachteil** ist möglicherweise darin zu sehen, dass bei der Ermittlung von Zuwachsraten über längere Zeiträume hinweg einzelne Veränderungssprünge und Tendenzen nicht ausreichend zur Geltung kommen.

# 2 Beispiele aus dem Bereich „Kostenmanagement“

## 2.1 Kostenrechnung

### 2.1.1 Betriebsabrechnungsbogen

Der Betriebsabrechnungsbogen (BAB) ist ein Hilfsmittel, um Kosten, die sich nicht in Form von Einzelkosten einem bestimmten Kostenträger einzeln und direkt zurechnen lassen, als Gemeinkosten mit Hilfe von prozentualen Zuschlagsätzen zuzuordnen:
- Fertigungsgemeinkosten als Prozentsatz der Fertigungslöhne ,
- Materialgemeinkosten als Prozentsatz des Fertigungsmaterialverbrauchs ,
- Verwaltungsgemeinkosten als Prozentsatz der Herstellkosten,
- Vertriebsgemeinkosten als Prozentsatz der Herstellkosten.

Die Herstellkosten setzen sich beispielsweise aus den Fertigungsmaterialkosten zuzüglich der Materialgemeinkosten, Fertigungslöhne und Fertigungsgemeinkosten zusammen.

Der BAB stellt somit einen Verteilungsschlüssel dar, der eine interne Leistungsverrechnung zwischen den Kostenstellen und die Verteilung der Kosten ermöglicht, die nicht verursachungsgerecht einer Kostenstelle eindeutig zugeordnet werden können.

Ein wichtiges **Anwendungsgebiet** des BAB ist die betriebliche Kosten- und Leistungsrechnung einer Gesundheitseinrichtung.

Die **Vorgehensweise** bei der Entwicklung eines BAB beginnt mit der Definition abgrenzbarer Kostenstellen, die für die Verursachung und den tatsächlichen Verbrauch der Kosten verantwortlich sind. In der Regel wird ein mehrstufiger BAB aufgestellt, der außer den Hauptkostenstellen weitere Kostenstellen in Form von allgemeinen Kostenstellen und Hilfskostenstellen enthält. Aufgrund seiner Tabellenform ermöglicht er eine Zuordnung der verschiedenen Kostenarten auf die einzelnen Kostenstellen. Durch die Mehrstufigkeit und damit zunehmend präzisere Verteilung, kann die Genauigkeit erhöht werden. Die Gemeinkostenverteilung auf einzelne Kostenstellen vollzieht sich dann folgendermaßen:
- Eintragung der vorher abgegrenzten Gemeinkostenarten,
- Verteilung der Gemeinkosten nach dem zuvor festgelegten Verteilungsschlüssel auf die einzelnen Kostenstellen,
- Aufsummierung der Kosten jeder Kostenstelle,
- Ermittlung der Zuschlagssätze für jede einzelne Kostenstelle.

Die Verteilungsschlüssel orientieren sich anhand geeigneter Bezugsgrößen für die jeweiligen Gemeinkosten (z. B. Verbrauch von Heizungskosten anhand von Kubikmeter Raumbedarf, Aufteilung für Mieten anhand der Quadratmeterfläche). Wenn alle Ge-

**Beispiel Betriebsabrechnungsbogen (BAB)**

Vereinfachtes Beispielschema in Anlehnung an den Kostenstellenrahmen der PBV.

Tab. 2.1: Verteilung der Gemeinkosten auf die Kostenstellen.

| Ziff. | Kostenstelle | Gemein-kostenart | Gemein-kostenwert | Verteilungs-schlüssel | Summe | Zuschlags-satz |
|---|---|---|---|---|---|---|
| 90 | Allgemeine Kosten-stellen | | | | | |
| 900 | Gebäude ein-schließlich Grund-stücke | | | | | |
| 901 | Außenanlagen | | | | | |
| 902 | Leitung und Ver-waltung der Pflege-einrichtung | | | | | |
| ... | ... | | | | | |
| ... | ... | | | | | |

Quelle: Kostenstellen in Anlehnung an Anlage 5 der Pflege-Buchführungsverordnung vom 22. November 1995 (BGBl. I S. 1528), zuletzt durch Artikel 7 Absatz 3 des Gesetzes vom 20. Dezember 2012 (BGBl. I S. 2751) geändert.

Tab. 2.2: Auflösung der Hilfskostenstellen durch stufenweise Verteilung der Gesamtkosten auf die Hauptkostenstellen (Stufenleiterverfahren).

| | Hilfskostenstellen | | | Hauptkostenstellen | |
|---|---|---|---|---|---|
| | 9xa | 9xb | 9xc | 9a | 9b |
| Kosten | 420.000 | 120.000 | 180.000 | 1.500.000 | 870.000 |
| Umlage Hilfskostenstelle 9xa | –420.000 | 40.000 | 40.000 | 170.000 | 170.000 |
| Zwischensumme | | 160.000 | 220.000 | 1.670.000 | 1.040.000 |
| Umlage Hilfskostenstelle 9xb | | –160.000 | 20.000 | 50.000 | 90.000 |
| Zwischensumme | | | 240.000 | 1.720.000 | 1.130.000 |
| Umlage Hilfskostenstelle 9xc | | | –240.000 | 130.000 | 110.000 |
| Gesamtkosten der Hauptkostenstellen | | | | 1.850.000 | 1.240.000 |

Quelle: Eigene Darstellung.

meinkosten auf die Kostenstellen verteilt sind, erfolgt die Umlage der allgemeinen und der Hilfskostenstellen auf die Hauptkostenstellen.

Als **Vorteil** kann angesehen werden, dass der BAB ein sehr pragmatisches Instrument darstellt, um die Gemeinkostenverteilung zu vereinfachen. Einen **Nachteil** kann es bedeuten, wenn veraltete Umlageziffern verwendet werden, die beispielsweise zwischenzeitliche organisatorische Veränderungen nicht berücksichtigen, dadurch die aktuellen Kostenstellensituationen nicht richtig widerspiegeln und somit zu falschen Ergebnissen bzw. Schlussfolgerungen führen.

### 2.1.2 Fixkostenmanagement

Das Fixkostenmanagement und damit die Beeinflussung der Fixkosten ist eine Möglichkeit der Kostensteuerung. Fixkosten führen in der Regel zu reduzierter Flexibilität, da dadurch beispielsweise erforderliche Reaktionen auf veränderte Marktbedingungen erheblich eingeschränkt werden. Da der Fixkostenblock üblicherweise kurzfristig nicht zu reduzieren ist, sollte er so gering wie möglich gehalten werden. Gerade in Gesundheitseinrichtungen sind die Fixkosten ein wichtiges und sensibles Thema, da beispielsweise auf vorgeschrieben Wartungsarbeiten in der Medizintechnik, qualifiziertes Personal oder notwendige Weiterbildungsmaßnahmen nicht ohne weiteres verzichtet werden kann, Auch greifen übliche Maßnahmen wie Outsourcing, Subunternehmer, Zeitverträge und Leiharbeiter nur bedingt, da die Kostenblöcke in diesen Fällen häufig nur verschoben werden und die Behandlungs- und Pflegequalität in der Regel darunter leidet.

Wichtiges **Anwendungsfeld** des Fixkostenmanagements ist insbesondere der beispielsweise auf Wartungs-, Versicherungs-, Beratungs-, Miet-, Mitgliedschafts-, Energieversorgungs- oder Liefer- und Leistungsverträgen basierende Fixkostenblock einer Gesundheitseinrichtung.

Die übliche **Vorgehensweise** des Fixkostenmanagements sieht zu Beginn vor, dass die Fixkosten zunächst als solche im Rahmen der Kostenartenrechung zu identifizieren, transparent zu machen und hinsichtlich ihrer Reduzierbarkeit zu prüfen sind. Dazu müssen sie von den variable Kosten und den Mischkosten getrennt werden, und es ist genau zu überprüfen, welche Kosten tatsächlich fix, wirklich notwendig und besonders sensibel sind. Auch fallen sie häufig nicht permanent, sondern beispielsweise in Form von Versicherungsprämien als jährliche Einmalzahlungen an, sodass für diese Zahlungszeitpunkte die Liquidität genauer geplant werden kann.

Ihnen liegen häufig langfristige Verträge zugrunde, weshalb deren Bindungsdauer und die damit verbunden Kündigungsfristen wesentlich sind. Im Einzelnen ist zu prüfen,

- ob die vertraglich vereinbarten Leistungen nach wie vor notwendig sind,
- sie überhaupt im vereinbarten Umfang erbracht werden und
- sie nicht bei einem anderen Anbieter günstiger zu erhalten sind.

**Beispiel Fixkostenmanagement**

Bereits in den 1980er Jahren wurden im Deutschen Ärzteblatt die hohe Fixkostenlast der Krankenhäuser und Möglichkeiten eines erfolgreichen Fixkostenmanagements diskutiert:

„Aufgrund der geänderten Finanzierungsmechanik und der Fixkostenlast von 80 bis 90 Prozent (der laufenden Betriebskosten) ergeben sich für die Krankenhausbetriebsführung folgende fixkostenpolitische Alternativen:

- die Fixkostenentstehung im Gefolge von Vorhalteentscheidungen langfristig zu steuern;
- fixe Kosten (etwa durch Rationalisierungsmaßnahmen) dauerhaft und zur Entlastung der Betriebskosten zu senken;
- die Kostenstrukturen mittelfristig so zu verändern, dass Zug um Zug fixe in variable Kosten umgewandelt oder ganz abgebaut werden können und
- das Kostenanpassungsverhalten durch gezielte Eingriffe, durch Verbundwirtschaft, Industrialisierung bestimmter betrieblicher Leistungserstellungsprozesse, externe und interne Funktionsverlagerungen sowie auf der Basis des laufenden Kosten-Controlling flexibler zu gestalten.“...

„Auch im medizinischen Bereich gibt es nach Meinung der Gutachter Fixkostenstrategien, die zugleich die Leistungsfähigkeit des Krankenhauses stärken könnten:

1. Soweit Krankenhausärzte eine Ambulanzermächtigung haben, ‚kann der Ambulanzbereich gemeinsam mit den verantwortlichen Ärzten (intensiv) ausgebaut werden‘.
2. Krankenhäuser sollten niedergelassenen Ärzten Praxisräume im Krankenhaus (und auf dem Krankenhausgelände) zur Verfügung stellen, um sie so an das Haus zu binden und die Leistungspalette zu erweitern. Dies geht insbesondere bei der Nutzung von Großgeräten, die niedergelassene Ärzte auf dem Krankenhausgelände vorhalten können (Beispiel Hamburg und Berlin).
3. Belegbereiche reduzieren laut Gutachten des Instituts für Funktionsanalyse die Fixkosten des Krankenhauses, verbessern die Auslastung der Ressourcen und stärken die Leistungsfähigkeit. Prädestiniert sind hierfür kleinere Fachdisziplinen mit wenigen Betten (Augenheilkunde, HNO).
4. Auch das moderne kooperative Belegarztsystem – so heißt es weiter – sei geeignet, Kosten zu senken, wenn die Belegärzte ausschließlich im Untersuchungs- und Behandlungsbereich der Klinik tätig sind (ohne Betten im Krankenhaus zu belegen).
5. Praxiskliniken (also ein Kombinat von selbständigen Facharztpraxen unter einem Dach mit einem anhängigen Bettenteil) als ein ‚weitergehendes Modell der ambulantstationären Verzahnung‘ können das Leistungsangebot von Krankenhäusern erweitern und die Bettennutzung stabilisieren.
6. Ein bisher noch nicht erprobtes Mittel, um die Fixkostenlast der Krankenhäuser zu senken, kämen besondere Investitionsverträge zu Rationalisierungszwecken (nach § 18 b KHG) in Frage. Für die Krankenkassen bedeutet zwar der Zuschlag auf den allgemeinen Pflegesatz zunächst eine Mehrausgabe, mittelfristig können dadurch aber Ersparnisse erzielt werden, weil Rationalisierungsrückstände (etwa bei den Küchenbetrieben, im Reinigungsservice oder im Reparaturservice) beschleunigt aufgeholt werden können (das Gutachten des Hamburger Instituts spricht von einem durch Rationalisierungen erzielbaren ‚Tempogewinn‘). Im Rahmen einer gezielten krankenhausinternen Fixkostenpolitik komme diesen Investitionen eine Schlüsselrolle zu, weil trotz des Zuschlags auf dem Pflegesatz die Mehrkosten durch Kosteneinsparungen selbst finanziert werden können.“

Quelle: Clade, H. (1987): Kostenstrategie für das Krankenhaus: Wie kann die Fixkostenlast abgebaut werden? In: Deutsches Ärzteblatt. 84. Jahrgang. Ausgabe 8/1987. S. A 412ff.

Insbesondere bei Wartungsverträgen, die die Instandhaltung als vorbeugende Wartung bzw. die Instandsetzung nach einem aufgetretenen Fehler umfassen, sind die zu erbringenden Leistungen häufig nicht genau genug beschrieben, so dass beispielsweise Kosten für nicht in Anspruch genommene, nicht erbrachte oder eigentlich vertraglich vereinbarte Leistungen entstehen. Um beispielsweise Wartungsverträge zum Ende ihrer Laufzeit kündigen zu können, ist auf die Vertragslaufzeit und die Kündigungsmöglichkeit zu achten. Kündigungsfrist, Kündigungszeitpunkt und Restbindungsdauer sind zu überwachen.

Ein wesentlicher **Vorteil** des Fixkostenmanagements liegt darin, dass beispielsweise Wartungsverträge nicht einfach automatisch verlängert werden, da mit der Nichtkündigung das stillschweigende Einverständnis zur Verlängerung des Vertrags gegeben wird. Ein **Nachteil** besteht möglicherweise darin, dass die Personalkosten und mit ihnen alle wiederkehrenden Leistungen für das Personal als wesentlicher Fixkostenblock ebenfalls zur Disposition gestellt werden müssen, was erfahrungsgemäß erhebliche innerbetriebliche Diskussionen auslöst.

### 2.1.3 Gemeinkostenschlüssel

Gemeinkostenschlüssel werden für die Aufteilung der Gemeinkosten auf Kostenobjekte benötigt, bei denen eine direkte, verursachungsgerechte Zuordnung nicht möglich ist. Da Gemeinkosten nur indirekt den einzelnen Kostenstellen und -trägern zugerechnet werden können und sie für mehrere Behandlungs- und Pflegeeinheiten anfallen, werden Verteilungsschlüssel als Hilfsmittel eingesetzt, um die Verteilung behelfsmäßig, aber dennoch möglichst sinnvoll vornehmen zu können. Typische Gemeinkosten im Gesundheitswesen sind beispielsweise Gemeinkosten für die Gebäudeinfrastruktur, Verwaltungsgemeinkosten, Gemeinkosten für die Erstellung von Behandlungs- und Pflegeleistungen, Wartungs- und Instandhaltungsgemeinkosten medizintechnischer Geräte, Gemeinkosten für Öffentlichkeitsarbeit und Marketing und vieles andere mehr. Je mehr Kosten mit Hilfe von Gemeinkostenschlüssel verteilt werden und nicht einzeln, verursachungsgerecht zugeordnet werden, desto weniger aussagefähig ist allerdings die Kostenrechnung.

Gemeinkostenschlüssel finden vorwiegend in der Kostenrechnung **Anwendung.** Dort werden in der Kostenstellenrechnung die Gemeinkosten mit Hilfe der Kostenschlüssel zunächst auf Kostenstellen verteilt und anschließend per Gemeinkostenzuschläge auf die einzelnen Kostenträger weiterverrechnet.

Im Rahmen der **Vorgehensweise** zur Bildung von Gemeinkostenschlüssel muss zunächst die Art der Verrechnung geklärt werden:
- Periodenverrechnung: Verteilung nur mehreren Jahren gemeinsam zurechenbarer Kosten auf einzelne Teilperioden.
- Kostenstellenverrechnung: Verteilung der Kosten von Hilfskostenstellen im Rahmen der innerbetrieblichen Leistungsverrechnung auf die Hauptkostenstellen.

- Kostenträgerverrechnung: Verteilung der Kosten auf die erzeugten Behandlungs- und Pflegeleistungen bzw. deren einzelne Mengeneinheiten.

Ferner ist zu bestimmen, ob beispielsweise Mengen oder Werte als Bezugsgrößen für die Verteilung verwendet werden sollen:
- Mengenschlüssel: Mengengrößen, physikalisch-technische Größen oder zeitliche Größen.
- Werteschlüssel: Kosten-, Umsatz-, Bestands-, Erfolgs-, Einstands- oder Absatzwerte.

Die Kosten sollten zudem langfristig proportional zu dem gewählten Verteilungsschlüssel sein.

Der wesentliche **Vorteil** der Gemeinkostenverschlüsselung liegt darin, durch die Verteilung auch der nicht direkt zuordnungsfähigen Kosten einer Vollkostenrechnung möglichst nahe kommen zu können. Ihr **Nachteil** liegt vor allen Dingen darin, dass jegliche Verschlüsselung die Kostenrealität nur unzureichend wiedergibt. Die Auswahl eines Gemeinkostenschlüssels unterliegt subjektiv beeinflussbaren Kriterien und beeinträchtigt die Aussagefähigkeit und den Informationsgehalt einer Kostenrechnung.

**Beispiel Gemeinkostenschlüssel**

Tab. 2.3: Beispiele für Gemeinkostenschlüssel im Gesundheitswesen in Anlehnung an *Weber* (2014).

| Art des Verteilungsschlüssels | Bezugsgrößenart | Mögliche Bezugsgrößen |
|---|---|---|
| Mengenschlüssel | Mengengrößen | Zahl der installierten medizintechnischen Anlagen, Mitarbeiteranzahl, Kontenanzahl, Zahl der erbrachten Behandlungs- und Pflegeleistungseinheiten |
| | Zeitgrößen | Zeitliche Belegung von OP-Räumen, Nutzungszeiten von medizintechnischen Geräten, Einsatzzeiten von medizinischem Personal |
| | Physikalisch-technische Größen | Raumflächen- und Rauminhalte, Energieverbrauchseinheiten, Gewichtseinheiten, installierte Energieleistungseinheiten |
| Werteschlüssel | Bestandswerte | Lagerbestandswerte an medizinischen Verbrauchsmaterialien, Wert der medizintechnischen Geräteausstattung |
| | Einstandswerte | Warenzugang an medizinischen Verbrauchsmaterialien, Lagerzugangskosten |
| | Kostenwerte | Lohn- und Gehaltskosten |
| | Absatzwerte | Abrechnungsvolumen der Kassen- und Privatliquidation |

Quelle: Vgl. Weber, J. (2014): Gemeinkostenschlüsselung. In: Springer Gabler Verlag (Hrsg.): Gablers Wirtschaftslexikon. Online im Internet: http://wirtschaftslexikon.gabler.de/Archiv/175/gemeinkostenschluesselung-v4.html. Wiesbaden. Abfrage: 01.08.2014.

Sie gibt immer wieder Anlass zur Diskussion darüber, ob der ausgewählte Schlüssel angemessen und hinreichend verursachungsgerecht ist.

### 2.1.4 Kostenstellenplan

Der Kostenstellenplan stellt eine Auflistung der Kostenstellen einer Gesundheitseinrichtung dar, die üblicherweise gleichzeitig verbindliche Bezeichnungen und Nummerierungen für die Aufgaben der Finanzbuchhaltung und der Kosten- und Leistungsrechnung vorgibt. In der Regel spiegelt das verwendete numerische System auch gleichzeitig die Aufbauorganisation und die funktionellen Gliederungen der Gesundheitseinrichtung wider. Um dies zu erreichen enthält ein Kostenstellenplan beispielsweise eine Aufteilung in

- Hauptkostenstellen,
- Nebenkostenstellen,
- Hilfskostenstellen und
- allgemeine Kostenstellen.

Ein wichtiges **Anwendungsgebiet** des Kostenstellenplans ist die Kostenstellenrechnung, die als Bindeglied zwischen der Kostenarten- und der Kostenträgerrechnung Angaben darüber macht, wo die einzelnen Kosten für die Erstellung der Behandlungs- und Pflegeleistungen entstanden sind und welcher Stelle sie in der Gesundheitseinrichtung nach dem Verursachungsprinzip direkt oder über einen Verteilungsschlüssel indirekt zugeordnet werden können.

Die übliche **Vorgehensweise** bei der Aufstellung eines Kostenstellenplans sieht zunächst die Bildung von Kostenstellen beispielsweise nach

- aufbauorganisatorischen,
- verrechnungstechnischen,
- funktionalen oder
- räumlichen

Kriterien vor. Die Tiefe der Zergliederung sollte jedoch nicht zu weit gehen und hängt auch von der Größe der jeweiligen Gesundheitseinrichtung ab. In der Regel gibt es für den Kostenstellenplan keine gesetzlichen Vorschriften darüber, wie dieser auszugestalten ist, da im Gegensatz zum externen Rechnungswesen die Kostenstellenplanung als Teil des internen Rechnungswesens an keine entsprechenden Vorgaben gebunden ist. Der Kostenstellenplan ist ein Hilfsinstrument zur Darstellung und Steuerung der betrieblichen Leistungen, das sich an betriebswirtschaftlichen Aspekten orientiert und in seiner Ausgestaltung unternehmerischen Freiheiten unterliegt. Allerdings gibt es für Krankenhäuser und Pflegeeinrichtungen, für die die Regelungen der *Krankenhaus-Buchführungsverordnung (KHBV)* bzw. der *Pflege-Buchführungsverordnung (PBV)* gelten, auch die Vorgaben einheitlicher Kostenstellenrahmen (siehe Beispiel).

**Beispiel Kostenstellenplan**

Tab. 2.4: Kostenstellenrahmen der KHBV.

| Ziff. | Kostenstelle |
|---|---|
| 90 | Gemeinsame Kostenstellen |
| 900 | Gebäude einschließlich Grundstück und Außenanlagen |
| 901 | Leitung und Verwaltung des Krankenhauses |
| 902 | Werkstätten |
| 903 | Nebenbetriebe |
| 904 | Personaleinrichtungen (für den Betrieb des Krankenhauses unerlässlich) |
| 905 | Aus-, Fort- und Weiterbildung |
| 906 | Sozialdienst, Patientenbetreuung |
| 907 | frei |
| 908 | frei |
| 909 | frei |
| 91 | Versorgungseinrichtungen |
| 910 | Speisenversorgung |
| 911 | Wäscheversorgung |
| 912 | Zentraler Reinigungsdienst |
| 913 | Versorgung mit Energie, Wasser, Brennstoffen |
| 914 | Innerbetriebliche Transporte |
| 915 | frei |
| 916 | frei |
| 917 | Apotheke/Arzneimittelausgabestelle (ohne Herstellung) |
| 918 | Zentrale Sterilisation |
| 919 | frei |
| 92 | Medizinische Institutionen |
| 920 | Röntgendiagnostik und -therapie |
| 921 | Nukleardiagnostik und -therapie |
| 922 | Laboratorien |
| 923 | Funktionsdiagnostik |
| 924 | Sonstige diagnostische Einrichtungen |
| 925 | Anästhesie, OP-Einrichtungen und Kreißzimmer |
| 926 | Physikalische Therapie |
| 927 | Sonstige therapeutische Einrichtungen |
| 928 | Pathologie |
| 929 | Ambulanzen |
| 93–95 | Pflegefachbereiche – Normalpflege |
| 930 | Allgemeine Kostenstelle |
| 931 | Allgemeine Innere Medizin |
| 932 | Geriatrie |
| 933 | Kardiologie |
| 934 | Allgemeine Nephrologie |
| 935 | Hämodialyse/künstliche Niere (alternativ 962) |
| 936 | Gastroenterologie |
| 937 | Pädiatrie |
| 938 | Kinderkardiologie |
| 939 | Infektion |
| 940 | Lungen- und Bronchialheilkunde |
| 941 | Allgemeine Chirurgie |

| | |
|---|---|
| 942 | Unfallchirurgie |
| 943 | Kinderchirurgie |
| 944 | Endoprothetik |
| 945 | Gefäßchirurgie |
| 946 | Handchirurgie |
| 947 | Plastische Chirurgie |
| 948 | Thoraxchirurgie |
| 949 | Herzchirurgie |
| 950 | Urologie |
| 951 | Orthopädie |
| 952 | Neurochirurgie |
| 953 | Gynäkologie |
| 954 | HNO und Augen |
| 955 | Neurologie |
| 956 | Psychiatrie |
| 957 | Radiologie |
| 958 | Dermatologie und Venerologie |
| 959 | Zahn- und Kieferheilkunde, Mund- und Kieferchirurgie |
| 96 | Pflegefachbereiche – abweichende Pflegeintensität |
| 960 | Allgemeine Kostenstelle |
| 961 | Intensivüberwachung |
| 962 | Intensivbehandlung |
| 963 | frei |
| 964 | Intensivmedizin |
| 965 | Minimalpflege |
| 966 | Nachsorge |
| 967 | Halbstationäre Leistungen – Tageskliniken |
| 968 | Halbstationäre Leistungen – Nachtkliniken |
| 969 | Chronisch- und Langzeitkranke |
| 97 | Sonstige Einrichtungen |
| 970 | Personaleinrichtungen (für den Betrieb des Krankenhauses nicht unerlässlich) |
| 971 | Ausbildung |
| 972 | Forschung und Lehre |
| 973–979 | frei |
| 98 | Ausgliederungen |
| 980 | Ambulanzen |
| 981 | Hilfs- und Nebenbetriebe |
| 982–989 | frei |
| 99 | frei |

Quelle: In Anlehnung an Anlage 5 der Verordnung über die Rechnungs- und Buchführungspflichten von Krankenhäusern (Krankenhaus-Buchführungsverordnung – KHBV) in der Fassung der Bekanntmachung vom 24. März 1987 (BGBl. I S. 1045), zuletzt durch Artikel 7 Absatz 1 des Gesetzes vom 20. Dezember 2012 (BGBl. I S. 2751) geändert.

Der wesentliche **Vorteil** eines detaillierten Kostenstellenplans ist darin zu sehen, dass durch die Bildung vieler, die gesundheitsbetriebliche Situation möglichst realitätsgenau abbildender Kostenstellen eine hohe Transparenz erreicht und die Kostenverursachung sehr präzise dargestellt werden kann. Ihr **Nachteil** liegt in dem dafür notwendigen Arbeitsaufwand bei der Kostenstellenplanung und der Kostenzuordnung, die den Informationsgewinn sehr schnell übersteigen, was eher für eine Reduzierung der Kostenstellen im Kostenstellenplan spricht.

### 2.1.5 Kostenträgerübersicht

Eine Kostenträgerübersicht stellt die Zusammenfassung gesundheitsbetrieblicher Behandlungs- und Pflegeleistungen dar, für deren Erstellung die entstandenen Kosten angefallen sind. Im Gesundheitswesen sind dies beispielsweise die für die Behandlung eines Patienten abzurechnenden Leistungen nach GOÄ, GOZ, DRG oder auch klinische Behandlungspfade, denen die Kosten zugewiesen werden können, die bei der Erstellung der mit ihnen in Verbindung stehenden Leistungen entstehen.

Die Kostenträgerübersicht findet vorwiegend als Ergebnis der Kostenträgerrechnung **Anwendung**, die die Frage beantwortet, wofür die Kosten angefallen sind und die die Selbstkosten für die einzelnen Kostenträger ermittelt. Sie hat zur Aufgabe, Kostenkontrollen durchzuführen und Angebotspreise zu ermitteln.

Die **Vorgehensweise** zur Erstellung einer Kostenträgerübersicht steht in enger Verbindung mit der Kostenträgerrechnung, die versucht die Kosten den einzelnen Behandlungs- und Pflegeleistungen einer Gesundheitseinrichtung zuzuordnen. Mit ihrer Hilfe soll die Frage beantwortet werden, welche Kosten eine bestimmte Leistungserstellung verursacht. Ihre wichtigsten Verfahren sind:

- Zuschlagsrechnung: Bei ihr werden die Einzelkosten den Behandlungs- und Pflegeleistungen direkt zugerechnet und die Gemeinkosten durch Zuschlagssätze möglichst verursachungsgerecht zugerechnet.
- Divisionsrechnung: Sie sieht eine Verteilung der Gesamtkosten nach Durchschnittswerten auf die einzelnen Behandlungs- und Pflegeleistungen vor.
- Äquivalenzrechnung: Bei ihr werden Gruppen gleicher Behandlungs- und Pflegeleistungen gebildet, die zu Reverenzleistungen passende Äquivalenzziffern erhalten, mit deren Hilfe die Kosten verhältnisgerecht zugerechnet werden.

Die Kostenträgerrechnung dient somit auch als Kalkulationsgrundlage von Leistungen, bzw. kann Auskunft darüber geben, ab wann die mit ihrer Erstellung verbundenen Kosten gedeckt sind. Die genaueren Kalkulationsergebnisse liefert die Zuschlagsrechnung, die allerdings voraussetzt, dass die Leistungen möglichst gut abgrenzbar sind und die Kosten hinreichend genau zugerechnet werden können. Die der Kostenträgerrechnung zugrunde liegenden und für die Behandlung eines Patienten abzurechnenden Leistungen lassen sich beispielsweise den Auflistungen und Fallpauschalen nach GOÄ, GOZ,

**Beispiel Kostenträgerübersicht**

Tab. 2.5: Beispiel einer Kostenträgerübersicht anhand zahnärztlicher Leistungen.

| Nr. | Leistungsbezeichnung |
|---|---|
| A. Allgemeine zahnärztliche Leistungen | |
| 0010 | Eingehende Untersuchung zur Feststellung von Zahn-, Mund- und Kiefererkrankungen einschließlich Erhebung des Parodontalbefunds sowie Aufzeichnung des Befunds |
| 0030 | Aufstellung eines schriftlichen Heil- und Kostenplans nach Befundaufnahme und gegebenenfalls Auswertung von Modellen |
| 0040 | Aufstellung eines schriftlichen Heil- und Kostenplans bei kieferorthopädischer Behandlung oder bei funktionsanalytischen und funktionstherapeutischen Maßnahmen nach Befundaufnahme und Ausarbeitung einer Behandlungsplanung |
| 0050 | Abformung oder Teilabformung eines Kiefers für ein Situationsmodell einschließlich Auswertung zur Diagnose oder Planung |
| 0060 | Abformung beider Kiefer für Situationsmodelle und einfache Bissfixierung einschließlich Auswertung zur Diagnose oder Planung |
| 0065 | Optisch-elektronische Abformung einschließlich vorbereitender Maßnahmen, einfache digitale Bissregistrierung und Archivierung, je Kieferhälfte oder Frontzahnbereich |
| 0070 | Vitalitätsprüfung eines Zahns oder mehrerer Zähne einschließlich Vergleichstest |
| 0080 | Intraorale Oberflächenanästhesie, je Kieferhälfte oder Frontzahnbereich |
| 0090 | Intraorale Infiltrationsanästhesie |
| 0100 | Intraorale Leitungsanästhesie |
| B. Prophylaktische Leistungen | |
| 1000 | Erstellung eines Mundhygienestatus und eingehende Unterweisung zur Vorbeugung gegen Karies und parodontale Erkrankungen, Dauer mindestens 25 Minuten |
| 1010 | Kontrolle des Übungserfolges einschließlich weiterer Unterweisung, Dauer mindestens 15 Minuten |
| 1020 | Lokale Fluoridierung zur Verbesserung der Zahnhartsubstanz, zur Kariesvorbeugung und -behandlung, mit Lack oder Gel |
| 1030 | Lokale Anwendung von Medikamenten zur Kariesvorbeugung oder initialen Kariesbehandlung mit einer individuell gefertigten Schiene als Medikamententräger |
| 1040 | Professionelle Zahnreinigung |
| C. Konservierende Leistungen | |
| 2000 | Versiegelung von kariesfreien Zahnfissuren mit aushärtenden Kunststoffen, auch Glattflächenversiegelung |
| 2010 | Behandlung überempfindlicher Zahnflächen |
| 2020 | Temporärer speicheldichter Verschluss einer Kavität |
| 2030 | Besondere Maßnahmen beim Präparieren oder Füllen von Kavitäten (z. B. Separieren, Beseitigen störenden Zahnfleisches, Stillung einer übermäßigen Papillenblutung), |
| 2040 | Anlegen von Spanngummi |
| 2050 | Präparieren einer Kavität und Restauration mit plastischem Füllungsmaterial einschließlich Unterfüllung, Anlegen einer Matrize oder Benutzen anderer Hilfsmittel zur Formung der Füllung, einflächig |

2060 Präparieren einer Kavität und Restauration mit Kompositmaterialien, in Adhäsivtechnik (Konditionieren), einflächig, gegebenenfalls einschließlich Mehrschichttechnik, einschließlich Polieren, gegebenenfalls einschließlich Verwendung von Inserts
2070 Präparieren einer Kavität und Restauration mit plastischem Füllungsmaterial einschließlich Unterfüllung, Anlegen einer Matrize oder Benutzen anderer Hilfsmittel zur Formung der Füllung, zweiflächig
2080 Präparieren einer Kavität und Restauration mit Kompositmaterialien, in Adhäsivtechnik (Konditionieren), zweiflächig, gegebenenfalls einschließlich Mehrschichttechnik, einschließlich Polieren, gegebenenfalls einschließlich Verwendung von Inserts
2090 Präparieren einer Kavität und Restauration mit plastischem Füllungsmaterial einschließlich Unterfüllung, Anlegen einer Matrize oder Benutzen anderer Hilfsmittel zur Formung der Füllung, dreiflächig
2100 Präparieren einer Kavität und Restauration mit Kompositmaterialien, in Adhäsivtechnik (Konditionieren), dreiflächig, gegebenenfalls einschließlich Mehrschichttechnik, einschließlich Polieren, gegebenenfalls einschließlich Verwendung von Inserts
2110 Präparieren einer Kavität und Restauration mit plastischem Füllungsmaterial einschließlich Unterfüllung, Anlegen einer Matrize oder Benutzen anderer Hilfsmittel zur Formung der Füllung, mehr als dreiflächig
2120 Präparieren einer Kavität und Restauration mit Kompositmaterialien, in Adhäsivtechnik (Konditionieren), mehr als dreiflächig, gegebenenfalls einschließlich Mehrschichttechnik, einschließlich Polieren, gegebenenfalls einschließlich Verwendung von Inserts
2130 Kontrolle, Finieren/Polieren einer Restauration in separater Sitzung, auch Nachpolieren einer vorhandenen Restauration
2150 Einlagefüllung, einflächig
2160 Einlagefüllung, zweiflächig
2170 Einlagefüllung, mehr als zweiflächig
2180 Vorbereitung eines zerstörten Zahns mit plastischem Aufbaumaterial zur Aufnahme einer Krone
2190 Vorbereitung eines zerstörten Zahns durch gegossenen Aufbau mit Stiftverankerung zur Aufnahme einer Krone
2195 Vorbereitung eines zerstörten Zahns durch einen Schraubenaufbau oder Glasfaserstift o. ä. zur Aufnahme einer Krone
2197 Adhäsive Befestigung (plastischer Aufbau, Stift, Inlay, Krone, Teilkrone, Veneer etc.)
2200 Versorgung eines Zahns oder Implantats durch eine Vollkrone (Tangentialpräparation)
2210 Versorgung eines Zahns durch eine Vollkrone (Hohlkehl- oder Stufenpräparation)
2220 Versorgung eines Zahns durch eine Teilkrone mit Retentionsrillen oder -kästen oder mit Pinledges einschließlich Rekonstruktion der gesamten Kaufläche, auch Versorgung eines Zahns durch ein Veneer
2250 Eingliederung einer konfektionierten Krone in der pädiatrischen Zahnheilkunde
2260 Provisorium im direkten Verfahren ohne Abformung
2270 Provisorium im direkten Verfahren mit Abformung
2290 Entfernung einer Einlagefüllung, einer Krone, eines Brückenankers, Abtrennen eines Brückengliedes oder Steges oder Ähnliches
2300 Entfernung eines Wurzelstiftes
2310 Wiedereingliederung einer Einlagefüllung, einer Teilkrone, eines Veneers oder einer Krone oder Wiederherstellung einer Verblendschale an herausnehmbarem Zahnersatz
2320 Wiederherstellung einer Krone, einer Teilkrone, eines Veneers, eines Brückenankers, einer Verblendschale oder einer Verblendung an festsitzendem Zahnersatz, gegebenenfalls einschließlich Wiedereingliederung und Abformung
2330 Maßnahmen zur Erhaltung der vitalen Pulpa bei Caries profunda (Exkavieren, indirekte Überkappung)
2340 Maßnahmen zur Erhaltung der freiliegenden vitalen Pulpa (Exkavieren, direkte Überkappung)

| | |
|---|---|
| 2350 | Amputation und Versorgung der vitalen Pulpa einschließlich Exkavieren |
| 2360 | Exstirpation der vitalen Pulpa einschließlich Exkavieren |
| 2380 | Amputation und endgültige Versorgung der avitalen Milchzahnpulpa |
| 2390 | Trepanation eines Zahns, als selbstständige Leistung |
| 2400 | Elektrometrische Längenbestimmung eines Wurzelkanals |
| 2410 | Aufbereitung eines Wurzelkanals auch retrograd |
| 2420 | Zusätzliche Anwendung elektrophysikalisch-chemischer Methoden, je Kanal |
| 2430 | Medikamentöse Einlage in Verbindung mit Maßnahmen nach den Nummern 2360, 2380 und 2410 |
| 2440 | Füllung eines Wurzelkanals |

D. Chirurgische Leistungen

| | |
|---|---|
| 3000 | Entfernung eines einwurzeligen Zahns oder eines enossalen Implantats |
| 3010 | Entfernung eines mehrwurzeligen Zahns |
| 3020 | Entfernung eines tief frakturierten oder tief zerstörten Zahns |
| 3030 | Entfernung eines Zahns oder eines enossalen Implantats durch Osteotomie |
| 3040 | Entfernung eines retinierten, impaktierten oder verlagerten Zahns durch Osteotomie |
| 3045 | Entfernen eines extrem verlagerten und/oder extrem retinierten Zahns durch umfangreiche Osteotomie bei gefährdeten anatomischen Nachbarstrukturen |
| 3050 | Stillung einer übermäßigen Blutung im Mund- und/oder Kieferbereich, als selbstständige Leistung |
| 3060 | Stillung einer Blutung durch Abbinden oder Umstechen des Gefäßes oder durch Knochenbolzung |
| 3070 | Exzision von Schleimhaut oder Granulationsgewebe, als selbstständige Leistung |
| 3080 | Exzision einer Schleimhautwucherung größeren Umfangs (z. B. lappiges Fibrom, Epulis) |
| 3090 | Plastischer Verschluss einer eröffneten Kieferhöhle |
| 3100 | Plastische Deckung im Rahmen einer Wundversorgung einschließlich einer Periostschlitzung |
| 3110 | Resektion einer Wurzelspitze an einem Frontzahn |
| 3120 | Resektion einer Wurzelspitze an einem Seitenzahn |
| 3130 | Hemisektion und Teilextraktion eines mehrwurzeligen Zahns |
| 3140 | Reimplantation eines Zahns einschließlich einfacher Fixation |
| 3160 | Transplantation eines Zahns einschließlich operativer Schaffung des Knochenbettes |
| 3190 | Operation einer Zyste durch Zystektomie in Verbindung mit einer Osteotomie oder Wurzelspitzenresektion |
| 3200 | Operation einer Zyste durch Zystektomie, als selbstständige Leistung |
| 3210 | Beseitigung störender Schleimhautbänder |
| 3230 | Knochenresektion am Alveolarfortsatz zur Formung des Prothesenlagers, als selbstständige Leistung |
| 3240 | Vestibulumplastik oder Mundbodenplastik kleineren Umfangs auch Gingivaextensionsplastik |
| 3250 | Tuberplastik, einseitig |
| 3260 | Freilegen eines retinierten oder verlagerten Zahns zur orthopädischen Einstellung |
| 3270 | Germektomie |
| 3280 | Lösen, Verlegen und Fixieren des Lippenbändchens und Durchtrennen des Septums bei echtem Diastema |
| 3300 | Kontrolle nach chirurgischem Eingriff, als selbstständige Leistung |
| 3310 | Nachbehandlung nach chirurgischem Eingriff (z. B. Tamponieren), als selbstständige Leistung |

E. Leistungen bei Erkrankungen der Mundschleimhaut und des Parodontiums

| | |
|---|---|
| 4000 | Erstellen und Dokumentieren eines Parodontalstatus |
| 4005 | Erhebung mindestens eines Gingivalindex und/oder eines Parodontalindex (z. B. des Parodontalen Screening-Index PSI) |
| 4020 | Lokalbehandlung von Mundschleimhauterkrankungen, gegebenenfalls einschließlich Taschenspülungen |
| 4025 | Subgingivale medikamentöse antibakterielle Lokalapplikation |
| 4030 | Beseitigung von scharfen Zahnkanten, störenden Prothesenrändern und Fremdreizen am Parodontium |
| 4040 | Beseitigung grober Vorkontakte der Okklusion und Artikulation durch Einschleifen des natürlichen Gebisses oder bereits vorhandenen Zahnersatzes |
| 4050 | Entfernung harter und weicher Zahnbeläge, gegebenenfalls einschließlich Polieren an einem einwurzeligen Zahn oder Implantat, auch Brückenglied |
| 4055 | Entfernung harter und weicher Zahnbeläge, gegebenenfalls einschließlich Polieren an einem mehrwurzeligen Zahn |
| 4060 | Kontrolle nach Entfernung harter und weicher Zahnbeläge oder professioneller Zahnreinigung nach der Nummer 1040 mit Nachreinigung einschließlich Polieren |
| 4070 | Parodontalchirurgische Therapie (insbesondere Entfernung subgingivaler Konkremente und Wurzelglättung) an einem einwurzeligen Zahn oder Implantat, geschlossenes Vorgehen |
| 4075 | Parodontalchirurgische Therapie (insbesondere Entfernung subgingivaler Konkremente und Wurzelglättung) an einem mehrwurzeligen Zahn, geschlossenes Vorgehen |
| 4080 | Gingivektomie, Gingivoplastik |
| 4090 | Lappenoperation, offene Kürettage einschließlich Osteoplastik an einem Frontzahn |
| 4100 | Lappenoperation, offene Kürettage einschließlich Osteoplastik an einem Seitenzahn |
| 4110 | Auffüllen von parodontalen Knochendefekten mit Aufbaumaterial (Knochen- und/oder Knochenersatzmaterial), auch Einbringen von Proteinen, zur regenerativen Behandlung parodontaler Defekte, gegebenenfalls einschließlich Materialentnahme im Aufbaugebiet |
| 4120 | Verlegen eines gestielten Schleimhautlappens |
| 4130 | Gewinnung und Transplantation von Schleimhaut, gegebenenfalls einschließlich Versorgung der Entnahmestelle |
| 4133 | Gewinnung und Transplantation von Bindegewebe einschließlich Versorgung der Entnahmestelle |
| 4136 | Osteoplastik auch Kronenverlängerung, Tunnelierung oder Ähnliches |
| 4138 | Verwendung einer Membran zur Behandlung eines Knochendefektes einschließlich Fixierung |
| 4150 | Kontrolle/Nachbehandlung nach parodontalchirurgischen Maßnahmen |

F. Prothetische Leistungen

| | |
|---|---|
| 5000 | Versorgung eines Lückengebisses durch eine Brücke oder Prothese: je Pfeilerzahn oder Implantat als Brücken- oder Prothesenanker mit einer Vollkrone (Tangentialpräparation) |
| 5010 | Versorgung eines Lückengebisses durch eine Brücke oder Prothese: je Pfeilerzahn als Brücken- oder Prothesenanker mit einer Vollkrone (Hohlkehl- und Stufenpräparation) oder Einlagefüllung |
| 5020 | Versorgung eines Lückengebisses durch eine Brücke oder Prothese: je Pfeilerzahn als Brücken- oder Prothesenanker mit einer Teilkrone mit Retentionsrillen oder -kasten oder mit Pinledges einschließlich Rekonstruktion der Kaufläche |
| 5030 | Versorgung eines Lückengebisses durch eine Brücke oder Prothese: je Pfeilerzahn oder Implantat als Brücken- oder Prothesenanker mit einer Wurzelkappe mit Stift, gegebenenfalls zur Aufnahme einer Verbindungsvorrichtung oder anderer Verbindungselemente |
| 5040 | Versorgung eines Lückengebisses durch eine Brücke oder Prothese: je Pfeilerzahn oder Implantat als Brücken- oder Prothesenanker mit einer Teleskopkrone, auch Konuskrone |

5070 Versorgung eines Lückengebisses durch eine Brücke oder Prothese: Verbindung von Kronen oder Einlagefüllungen durch Brückenglieder, Prothesenspannen oder Stege

5080 Versorgung eines Lückengebisses durch eine zusammengesetzte Brücke oder Prothese

5090 Wiederherstellung der Funktion eines Verbindungselements nach der Nummer 5080

5100 Erneuern des Sekundärteils einer Teleskopkrone einschließlich Abformung

5110 Wiedereingliederung einer endgültigen Brücke nach Wiederherstellung der Funktion

5120 Provisorische Brücke im direkten Verfahren mit Abformung

5150 Versorgung eines Lückengebisses mit Hilfe einer durch Adhäsivtechnik befestigten Brücke, für die erste zu überbrückende Spanne

5170 Anatomische Abformung des Kiefers mit individuellem Löffel bei ungünstigen Zahnbogen- und Kieferformen und/oder tief ansetzenden Bändern oder spezielle Abformung zur Remontage

5180 Funktionelle Abformung des Oberkiefers mit individuellem Löffel

5190 Funktionelle Abformung des Unterkiefers mit individuellem Löffel

5200 Versorgung eines teilbezahnten Kiefers durch eine Teilprothese mit einfachen, gebogenen Haftelementen einschließlich Einschleifen der Auflagen

5210 Versorgung eines teilbezahnten Kiefers durch eine Modellgussprothese mit gegossenen Halte- und Stützelementen einschließlich Einschleifen der Auflagen

5220 Versorgung eines zahnlosen Kiefers durch eine totale Prothese oder Deckprothese bei Verwendung einer Kunststoff- oder Metallbasis, im Oberkiefer

5230 Versorgung eines zahnlosen Kiefers durch eine totale Prothese oder Deckprothese bei Verwendung einer Kunststoff- oder Metallbasis, im Unterkiefer

5250 Maßnahmen zur Wiederherstellung der Funktion oder zur Erweiterung einer abnehmbaren Prothese (ohne Abformung)

5260 Maßnahmen zur Wiederherstellung der Funktion oder zur Erweiterung einer abnehmbaren Prothese (mit Abformung) einschließlich Halte- und Stützvorrichtungen

5270 Teilunterfütterung einer Prothese

5280 Vollständige Unterfütterung einer Prothese

5290 Vollständige Unterfütterung einer Prothese einschließlich funktioneller Randgestaltung, im Oberkiefer

5300 Vollständige Unterfütterung einer Prothese einschließlich funktioneller Randgestaltung, im Unterkiefer

5310 Vollständige Unterfütterung bei einer Defektprothese einschließlich funktioneller Randgestaltung

5320 Eingliederung eines Obturators zum Verschluss von Defekten des Gaumens

5330 Eingliederung einer Resektionsprothese zum Verschluss und zum Ausgleich von Defekten der Kiefer

5340 Eingliederung einer Prothese oder Epithese zum Verschluss extraoraler Weichteildefekte oder zum Ersatz fehlender Gesichtsteile einschließlich Stütz-, Halte- oder Hilfsvorrichtungen

G. Kieferorthopädische Leistungen

6000 Profil- oder Enfacefotografie einschließlich kieferorthopädischer Auswertung

6010 Anwendung von Methoden zur Analyse von Kiefermodellen (dreidimensionale, graphische oder metrische Analysen, Diagramme)

6020 Anwendung von Methoden zur Untersuchung des Gesichtsschädels (zeichnerische Auswertung von Röntgenaufnahmen des Schädels, Wachstumsanalysen)

6030 Maßnahmen zur Umformung eines Kiefers einschließlich Retention, geringer Umfang

6040 Maßnahmen zur Umformung eines Kiefers einschließlich Retention, mittlerer Umfang

6050 Maßnahmen zur Umformung eines Kiefers einschließlich Retention, hoher Umfang

6060 Maßnahmen zur Einstellung der Kiefer in den Regelbiss während der Wachstumsphase einschließlich Retention, geringer Umfang

| | |
|---|---|
| 6070 | Maßnahmen zur Einstellung der Kiefer in den Regelbiss während der Wachstumsphase einschließlich Retention, mittlerer Umfang |
| 6080 | Maßnahmen zur Einstellung der Kiefer in den Regelbiss während der Wachstumsphase einschließlich Retention, hoher Umfang |
| 6090 | Maßnahmen zur Einstellung der Okklusion durch alveolären Ausgleich bei abgeschlossener Wachstumsphase einschließlich Retention |
| 6100 | Eingliederung eines Klebebrackets zur Aufnahme orthodontischer Hilfsmittel |
| 6110 | Entfernung eines Klebebrackets einschließlich Polieren und gegebenenfalls Versiegelung des Zahns |
| 6120 | Eingliederung eines Bandes zur Aufnahme orthodontischer Hilfsmittel |
| 6130 | Entfernung eines Bandes einschließlich Polieren und gegebenenfalls Versiegelung des Zahns |
| 6140 | Eingliederung eines Teilbogens |
| 6150 | Eingliederung eines ungeteilten Bogens, alle Zahngruppen umfassend |
| 6160 | Eingliederung einer intra-/extraoralen Verankerung (z. B. Headgear) |
| 6170 | Eingliederung einer Kopf-Kinn-Kappe |
| 6180 | Maßnahmen zur Wiederherstellung der Funktionsfähigkeit und/oder Erweiterung von herausnehmbaren Behandlungsgeräten einschließlich Abformung und Wiedereinfügen |
| 6190 | Beratendes und belehrendes Gespräch mit Anweisungen zur Beseitigung von schädlichen Gewohnheiten und Dysfunktionen |
| 6200 | Eingliedern von Hilfsmitteln zur Beseitigung von Funktionsstörungen (z. B. Mundvorhofplatte) einschließlich Anweisung zum Gebrauch und Kontrollen |
| 6210 | Kontrolle des Behandlungsverlaufs oder Weiterführung der Retention einschließlich kleiner Änderungen der Behandlungs- oder Retentionsgeräte, Therapiekontrolle der gesteuerten Extraktion |
| 6220 | Vorbereitende Maßnahmen zur Herstellung von kieferorthopädischen Behandlungsmitteln (z. B. Abformung, Bissnahme |
| 6230 | Eingliederung von kieferorthopädischen Behandlungsmitteln |
| 6240 | Maßnahmen zur Verhütung von Folgen vorzeitigen Zahnverlustes (Offenhalten einer Lücke) |
| 6250 | Beseitigung des Diastemas, als selbstständige Leistung |
| 6260 | Maßnahmen zur Einordnung eines verlagerten Zahns in den Zahnbogen, als selbstständige Leistung |

H. Eingliederung von Aufbissbehelfen und Schienen

| | |
|---|---|
| 7000 | Eingliederung eines Aufbissbehelfs ohne adjustierte Oberfläche |
| 7010 | Eingliederung eines Aufbissbehelfs mit adjustierter Oberfläche |
| 7020 | Umarbeitung einer vorhandenen Prothese zum Aufbissbehelf |
| 7030 | Wiederherstellung der Funktion eines Aufbissbehelfs, z. B. durch Unterfütterung |
| 7040 | Kontrolle eines Aufbissbehelfs |
| 7050 | Kontrolle eines Aufbissbehelfs mit adjustierter Oberfläche: subtraktive Maßnahmen |
| 7060 | Kontrolle eines Aufbissbehelfs mit adjustierter Oberfläche: additive Maßnahmen |
| 7070 | Semipermanente Schiene unter Anwendung der Ätztechnik |
| 7080 | Versorgung eines Kiefers mit einem festsitzenden laborgefertigten Provisorium (einschließlich Vorpräparation) im indirekten Verfahren |
| 7090 | Versorgung eines Kiefers mit einem laborgefertigten Provisorium im indirekten Verfahren |
| 7100 | Maßnahmen zur Wiederherstellung der Funktion eines Langzeitprovisoriums, |

J. Funktionsanalytische und funktionstherapeutische Leistungen

| | |
|---|---|
| 8000 | Klinische Funktionsanalyse einschließlich Dokumentation |
| 8010 | Registrieren der gelenkbezüglichen Zentrallage des Unterkiefers, auch Stützstiftregistrierung |

8020 Arbiträre Scharnierachsenbestimmung (eingeschlossen sind die arbiträre Scharnierachsenbestimmung, das Anlegen eines Übertragungsbogens, das Koordinieren eines Übertragungsbogens mit einem Artikulator)

8030 Kinematische Scharnierachsenbestimmung (eingeschlossen sind die kinematische Scharnierachsenbestimmung, das definitive Markieren der Referenzpunkte, das Anlegen eines Übertragungsbogens, das Koordinieren eines Übertragungsbogens mit einem Artikulator)

8035 Kinematische Scharnierachsenbestimmung mittels elektronischer Aufzeichnung (eingeschlossen sind die kinematische Scharnierachsenbestimmung, das definitive Markieren der Referenzpunkte, gegebenenfalls das Anlegen eines Übertragungsbogens, gegebenenfalls das Koordinieren eines Übertragungsbogens mit einem Artikulator)

8050 Registrieren von Unterkieferbewegungen zur Einstellung halbindividueller Artikulatoren und Einstellung nach den gemessenen Werten

8060 Registrieren von Unterkieferbewegungen zur Einstellung voll adjustierbarer Artikulatoren und Einstellung nach den gemessenen Werten

8065 Registrieren von Unterkieferbewegungen mittels elektronischer Aufzeichnung zur Einstellung voll adjustierbarer Artikulatoren und Einstellung nach den gemessenen Werten

8080 Diagnostische Maßnahmen an Modellen im Artikulator einschließlich subtraktiver oder additiver Korrekturen, Befundauswertung und Behandlungsplanung

8090 Diagnostischer Aufbau von Funktionsflächen am natürlichen Gebiss, am festsitzenden und/oder herausnehmbaren Zahnersatz

8100 Systematische subtraktive Maßnahmen am natürlichen Gebiss, am festsitzenden und/oder herausnehmbaren Zahnersatz

K. Implantologische Leistungen

9000 Implantatbezogene Analyse und Vermessung des Alveolarfortsatzes, des Kieferkörpers und der angrenzenden knöchernen Strukturen sowie der Schleimhaut, einschließlich metrischer Auswertung von radiologischen Befundunterlagen, Modellen und Fotos zur Feststellung der Implantatposition, gegebenenfalls mit Hilfe einer individuellen Schablone zur Diagnostik, einschließlich Implantatauswahl

9003 Verwenden einer Orientierungsschablone/Positionierungsschablone zur Implantation

9005 Verwenden einer auf dreidimensionale Daten gestützten Navigationsschablone/chirurgischen Führungsschablone zur Implantation, gegebenenfalls einschließlich Fixierung

9010 Implantatinsertion, je Implantat; Präparieren einer Knochenkavität für ein enossales Implantat, Einsetzen einer Implantatschablone zur Überprüfung der Knochenkavität (z. B. Tiefenlehre), gegebenenfalls einschließlich Knochenkondensation, Knochenglättung im Bereich des Implantats, Einbringen eines enossalen Implantats einschließlich Verschlussschraube und gegebenenfalls Einbringen von Aufbauelementen bei offener Einheilung sowie Wundverschluss

9020 Insertion eines Implantats zum temporären Verbleib, auch orthodontisches Implantat

9040 Freilegen eines Implantats, und Einfügen eines oder mehrerer Aufbauelemente (z. B. eines Gingivaformers) bei einem zweiphasigen Implantatsystem

9050 Entfernen und Wiedereinsetzen sowie Auswechseln eines oder mehrerer Aufbauelemente bei einem zweiphasigen Implantatsystem während der rekonstruktiven Phase

9060 Auswechseln von Aufbauelementen (Sekundärteilen) im Reparaturfall

9090 Knochengewinnung (z. B. Knochenkollektor oder Knochenschaber), Knochenaufbereitung und -implantation, auch zur Weichteilunterfütterung

9100 Aufbau des Alveolarfortsatzes durch Augmentation ohne zusätzliche Stabilisierungsmaßnahmen, je Kieferhälfte oder Frontzahnbereich

9110 Geschlossene Sinusbodenelevation vom Kieferkamm aus (interner Sinuslift)

9120 Sinusbodenelevation durch externe Knochenfensterung (externer Sinuslift)

| | |
|---|---|
| 9130 | Spaltung und Spreizung von Knochensegmenten (Bone Splitting), gegebenenfalls mit Auffüllung der Spalträume mittels Knochen oder Knochenersatzmaterial, gegebenenfalls einschließlich zusätzlicher Osteosynthesemaßnahmen, gegebenenfalls einschließlich Einbringung resorbierbarer oder nicht resorbierbarer Barrieren und deren Fixierung je Kieferhälfte oder Frontzahnbereich, oder vertikale Distraktion des Alveolarfortsatzes einschließlich Fixierung, je Kieferhälfte oder Frontzahnbereich |
| 9140 | Intraorale Entnahme von Knochen außerhalb des Aufbaugebietes gegebenenfalls einschließlich Aufbereitung des Knochenmaterials und/oder der Aufnahmeregion, einschließlich der notwendigen Versorgung der Entnahmestelle |
| 9150 | Fixation oder Stabilisierung des Augmentates durch Osteosynthesemaßnahmen (z. B. Schrauben- oder Plattenosteosynthese oder Titannetze |
| 9160 | Entfernung unter der Schleimhaut liegender Materialien (z. B. Barrieren – einschließlich Fixierung –, Osteosynthesematerial |
| 9170 | Entfernung im Knochen liegender Materialien durch Osteotomie (z. B. Osteosynthesematerial, Knochenschrauben) oder Entfernung eines subperiostalen Gerüstimplantats |

Quelle: In Anlehnung an Anlage 1 der Gebührenordnung für Zahnärzte (GOZ) vom 22. Oktober 1987 (BGBl. I S. 2316), zuletzt durch Artikel 1 der Verordnung vom 5. Dezember 2011 (BGBl. I S. 2661) geändert.

DRG oder auch klinischen Behandlungspfaden entnehmen, sollten aber, um eine möglichst große Vollständigkeit zu erzielen, um zusätzliche innerbetriebliche Leistungen ergänzt werden.

Die Erstellung einer Kostenträgerübersicht auf der Grundlage von GOÄ, GOZ, DRG oder klinischen Behandlungspfaden bietet den **Vorteil** von standardisierten Leistungen, die auch über eine einzelne Gesundheitseinrichtung hinaus vergleichbar sind. Wie bei allen Standards liegt der **Nachteil** hierbei allerdings in der Gefahr der Vernachlässigung individueller Kostentreiber, die in einer standardisierten Kostenträgerübersicht möglicherweise nur unzureichend berücksichtigt werden.

### 2.1.6 Prozesskostenrechnung

Die Prozesskostenrechnung (PKR) stellt eine Kalkulationsmethode dar, die die Schwierigkeit der Zuordnung der fixen Gemeinkosten nach freiwählbaren Zuschlagssätzen überwinden soll, indem eine Zuordnung nach der tatsächlichen Inanspruchnahme stattfindet. Die tatsächlich angefallenen Aktivitäten lassen sich in den traditionellen Kostenrechnungssystemen mit ihren funktional orientierten Kostenstellen allerdings nicht hinreichend abbilden. Deshalb werden in der Prozesskostenrechnung die betrieblichen Abläufe als ein System von Prozessen gesehen, die als wiederkehrende Abläufe genau definiert werden müssen und Gemeinkosten verursachen, die ihnen nach dem Verursacherprinzip zuzuordnen sind. Die PKR analysiert somit kostenstellenübergreifende Leistungsprozesse und nimmt sich insbesondere des Problems der Verrechnung der Kosten indirekter Bereiche an.

**Beispiele Prozesskostenrechnung**

Tab. 2.6: Teilprozess Lagerverwaltung von medizinischem Verbrauchsmaterial.

| Kostenrechnungselement | Beschreibung | Zahlenbeispiel |
|---|---|---|
| Kostentreiber | Anzahl an Lagerobjekten | 20.000 Stück pro Jahr |
| Prozesskosten | Kosten für die Lagerverwaltung | 60.000 Euro pro Jahr |
| Prozesskostensatz | Prozesskosten/Lagerobjekte | 60.000/20.000 |
| Kosten je Kostentreiber | | 3,00 Euro |

Quelle: Eigene Darstellung.

Tab. 2.7: Teilprozess Patientenverwaltung.

| Kostenrechnungselement | Beschreibung | Zahlenbeispiel |
|---|---|---|
| Kostentreiber | Patientenzahl | 10.000 pro Jahr |
| Prozesskosten | Kosten für die Patientenverwaltung | 150.000 Euro pro Jahr |
| Prozesskostensatz | Prozesskosten/Patientenzahl | 150.000/10.000 |
| Kosten je Kostentreiber | | 15,00 Euro |

Quelle: Eigene Darstellung.

Die Prozesskostenrechnung findet im Gesundheitswesen überwiegend in der Kalkulation von Behandlungsleistungen **Anwendung**, um beispielsweise eine möglichst kostendeckende Kalkulation für die Privatliquidation durchzuführen. Häufig dient sie allerdings nicht der Kostenkontrolle im Sinne der Plankostenrechnung, sondern der Kostenanalyse zur Unterstützung strategischer Leistungs- und Kapazitätsentscheidungen.

Die **Vorgehensweise** der PKR sieht zunächst die Festlegung der Aktivitäten einzelner Kostenstellen als Teilprozesse und der wesentlichen Aufgaben als Hauptprozesse vor. Ebenso sind Kostentreiber als Messgrößen für die Kostenverursachung zu identifizieren. Sie bestimmen die Inanspruchnahme der jeweiligen Leistungen, als Zahl der zu bearbeitenden Behandlungsaufträge. Nach der Abgrenzung der zu untersuchenden Bereiche sind im Rahmen einer Tätigkeitenanalyse Aktivitäten mit gleichen Arbeitserzeugnissen und gemeinsamen Prozessgrößen zu Teilprozessen zusammenzufassen, im Sinne der Bearbeitung eines Vorgangs in einer Kostenstelle. Sie schließen mit einem Arbeitsergebnis ab und verzehren Produktionsfaktoren. Man unterscheidet dabei in der Regel folgende Teilprozesse:
- Leistungsmengeninduziert: Ihr Output verhält sich mengenvariabel zum Leistungsoutput der Kostenstelle.
- Leistungsmengenneutral: Sie sind mengenfix und vom Leistungsoutput unabhängig.

Für jeden Teilprozess einer Kostenstelle werden verfügbare Kapazitäten ermittelt, die Kostentreiber den Kostenstellen eindeutig zugeordnet und die Kosten auf die Teilprozesse umgelegt. Diese werden dann zu Hauptprozessen zusammengefasst. Den Prozesskostensatz für den Hauptprozess erhält man durch die Division von Teilprozesskosten und Kostentreibern.

Der wesentliche **Vorteil** der PKR liegt in der verbesserten Durchdringung der Gemeinkostenbereiche und damit in einer genaueren Produktkalkulation. Allerdings ist sie als Verfahren der laufenden Kostenrechnung mitunter zu aufwendig und wird daher häufig nur fallweise angewendet, was einen **Nachteil** darstellt. Da die indirekten Kosten nicht mehr als pauschale Zuschläge zu den Produktionseinzelkosten, sondern entsprechend der sie auslösenden Leistungsprozesse zugerechnet werden, besteht zudem die Gefahr, dass dies im Vergleich zur klassischen Kalkulation zu abweichenden Kostenwerten und Entscheidungen führen kann.

## 2.2 Erfolgsrechnung

### 2.2.1 Break-Even-Analyse

Die Break-Even-Analyse untersucht den Zusammenhang zwischen Umsatz, Kosten und Gewinn und nutzt ihn für die Erfolgsrechnung, indem sie die Menge medizinischer Leistungen bestimmt, bei deren Realisierung der gesamte Umsatz die Gesamtkosten gerade deckt und dessen Unterschreitung Verluste zur Folge hat. Demgegenüber legt sie jene Leistungsmenge fest, ab der eine Gesundheitseinrichtung in die Gewinnzone gelangt. Der Break-Even-Point beschreibt somit als Gewinnschwelle die Gleichheit der fixen und variablen Kosten mit dem Umsatz der erbrachten Leistungsmenge und erlaubt unter anderem Aussagen über

- die Mindestleistungsmenge für einen wirtschaftlichen Erfolg,
- die Gewinnauswirkungen von Leistungsänderungen,
- die Höhe der Leistungsmenge, bei der die Kosten durch die Erlöse gedeckt sind.

Ein typisches **Anwendungsfeld** der Break-Even-Analyse ist die Erfolgsplanung, wobei sie im Grundmodell allerdings von lediglich einer zu erbringenden Leistungsart ausgeht, die den Umsatz und damit die optimale Leistungsmenge bestimmt. Bei mehreren Leistungsarten gibt es keine eindeutige Umsatzgröße und Leistungsmenge, die den Break-Even-Point bestimmen, sondern eine Vielzahl von Leistungsmengenkombinationen. Sie eignet sich hingegen insbesondere im Rahmen der Wirtschaftlichkeitsanalyse bei neuen Leistungsangeboten für eine erste Abschätzung deren Erfolgsträchtigkeit. Dazu wird die erwartete Leistungsmenge mit der zu berechnenden Gewinnschwelle verglichen.

Die **Vorgehensweise** bei der Break-Even-Analyse wird durch die mathematische Gleichsetzung zweier Funktionen bestimmt, denn im Break-Even-Point ist die Umsatz-

**Beispiel Break-Even-Analyse**

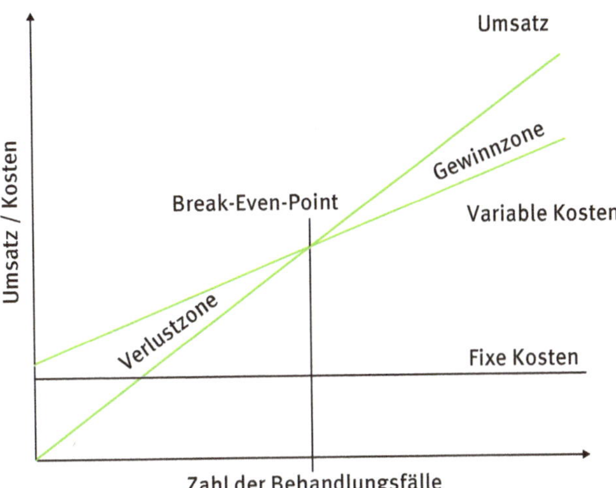


Abb. 2.1: Grafikbeispiel zum Break-Even-Point.

Quelle: Eigene Darstellung.

funktion mit der Kostenfunktion identisch. Geht man von der allgemeingültigen Gleichung aus, dass sich der Gewinn aus der Differenz zwischen Umsatz (Produkt aus Leistungsmenge und Preis) und Kosten (Summe aus fixen und variablen Kosten) ermittelt, so erhält man die Gewinnschwelle indem der Gewinn gleich Null gesetzt und die Gleichung nach der Leistungsmenge aufgelöst wird. Auf diese Weise erhält man die Leistungsmenge, bei der gerade die Fixkosten durch die Summe der Erlöse (kumulierte Deckungsbeiträge) gedeckt werden und damit der Gewinn gleich Null ist.

Bei in der Regel verschiedenen medizinischen Leistungsarten ist es nicht möglich, eine gemeinsame Absatzmenge zu bestimmen, so dass ein durchschnittlicher Break-Even-Umsatz bei konstantem mengenmäßigem Mischungsverhältnis der Leistungsarten oder unter Festlegung der Reihenfolge der Leistungsarten berechnet werden muss.

Der wesentliche **Vorteil** der Break-Even-Analyse liegt in ihrer Eignung zur näherungsweisen Abschätzung der Erfolgsträchtigkeit von Leistungen oder Produkten. Sie wird daher in der Praxis häufig angewendet, wobei sie aber auch einige erhebliche Mängel aufweist. Von **Nachteil** ist beispielsweise ihre rein statische Betrachtung. Sie unterstellt ferner proportionale Gesamtkostenverläufe und gleich bleibende fixe Kosten bei unveränderlichen Kapazitäten. Während die Unterstellung konstanter Erlöse je medizinischer Leistungsart in der gesetzlichen Krankenversorgung noch annehmbar scheint, ist die vielfach unterschiedliche zeitliche Verteilung von Erlösen und Kosten im Gesundheitswesen ebenso kritisch anzumerken, wie die eindeutige Zurechnung der Gemeinkosten zu den einzelnen Leistungen oder auch die Zuordnung der Kostenarten zu den variablen und fixen Anteilen.

### 2.2.2 Zielkostenrechnung (Target Costing)

Die Zielkostenrechnung versucht die Frage zu beantworten, was eine Leistung oder ein Produkt kosten darf, um vordefinierte Funktionsmerkmale zu erfüllen. Bezogen auf das Gesundheitswesen versucht dieser auch als Target Costing bezeichnete Ansatz über eine auf den Patientenmarkt ausgerichtete, kostenorientierte Steuerung leistungsbezogener Aktivitäten die Wettbewerbsfähigkeit der einzelnen Gesundheitseinrichtung zu steigern. Ausgangsbasis für die Preisgestaltung von medizinischen Leistungen sind somit nicht die damit verbundenen Kosten, sondern die erzielbaren Erlöse anhand vordefinierter Funktionsmerkmale. Die (retrograde) Kalkulation ermittelt den Preis nicht von den nötigen Kosten ausgehend, sondern anhand eines vom Markt vorgegebenen Zielwertes.

**Anwendung** kann die Zielkostenrechnung bei den medizinischen Leistungen finden, bei denen eine freie Preisgestaltung möglich ist und die beispielsweise nicht an die Vorgaben der ärztlichen und zahnärztlichen Gebührenordnungen gebunden sind.

**Vorgehensweise**: Das Target Costing muss bereits in den frühen Phasen der Entwicklung medizinischer Leistungsangebote einsetzen, da die Zielkosten eine Orientierungsfunktion für den gesamten Leistungserstellungsprozess haben:

- Marktanalyse: Es sind zunächst die subjektiven Patientenbedürfnisse zu analysieren, um festzustellen, wie viel die Leistung kosten darf und welche Bedeutung einzelne Leistungseigenschaften für die Patienten und den Heilungsprozess haben. Dies erfordert eine Ausrichtung auf den Patientenmarkt, die medizinischen Leistungsfunktionen und die Patientenwünsche. Grundlagen sind neben dem Zahlungswillen der Patienten auch die preisliche Gestaltung vergleichbarer Konkurrenzangebote.
- Zielkostenermittlung: Anhand dieser Vorgaben sind die Kosten, die die Leistungserstellung erzeugen darf, um den vorgegebenen Preis zu erreichen, als Zielkosten zu ermitteln. Dabei sind die verfügbaren Ressourcen ebenso zu berücksichtigen, wie ein angestrebter Gewinnanteil.
- Zielkostenspaltung: Bei der Zielkostenermittlung sind alle zugeordneten Funktionen sowie einzelne Leistungsteile zu bestimmen. Für alle Komponenten sind Zielkostenanteile zu ermitteln.
- Kostensteuerung: Das Target Costing erfordert eine permanente kostenorientierte Steuerung während des gesamten Lebenszyklusses der medizinischen Leistung von Beginn der Leistungsentwicklung und -einführung.
- Kostenbewusstsein: Das Erreichen und Einhalten der angestrebten Zielkostenwerte macht eine nachhaltige Verbesserung der Kostensituation erforderlich sowie ein kostenorientiertes Verhalten der Mitarbeiter.

Im Rahmen der Leistungsgestaltung bietet die Zielkostenrechnung den **Vorteil**, dass medizinische Leistungen aufgrund nicht gewünschter oder zu teurer Funktionalitäten mit zu hohen Preisen und zugrundeliegenden Kosten angeboten werden. Ihr **Nachteil**

**Beispiel Zielkostenrechnung**

Target Costing bei Herzkathederdiagnostik

„Das Sonderentgelt für die Herzkatheteruntersuchung beträgt 955,03, der Abteilungspflegesatz 214,03 und der Basispflegesatz 81,01 Euro zur Zeit. ... Liegt eine durchschnittliche Verweildauer von 3,00 Tagen pro Behandlungsfall vor, so ergibt sich eine erste Hochrechnung für den Ertrag pro Behandlungsfall, wobei die Zielkosten insgesamt aus wirtschaftlichen Gründen kleiner der Erträge sein dürften. Wie die Splittung des Abteilungspflegesatzes in Hinblick auf die Verteilung der Kosten zwischen Pflegepersonal und Ärzte ist, wird im Folgenden versucht annähernd zu berechnen:

Bei der Station 10 mit 25 anwesenden Patienten bei 12 Neuaufnahmen und durchschnittlich 15 täglichen Herzkatheteruntersuchungen und der tatsächlichen Ausfallquote von 15 % sind 10 ‚A1S1'- und 15 ‚A2S2'-Gruppierungen pro Tag nach der PPR vorhanden. In der Summe liegen dann 3730 Pflegeminuten pro Tag zugrunde, die Nettoarbeitszeit beträgt 370 Minuten. Damit ist der Stellenbedarf pro Tag an Pflegekräften bei 10 Stellen pro Tag. Bei 250 reinen Arbeitstagen und einem angenommenen Durchschnittsgehalt einer Pflegekraft von 43500 Euro pro Jahr ergibt sich auf 25 Patienten und 10 Mitarbeitern ein Kostenanteil von 1740 Euro pro Tag. Bei 3 Ärzten pro Tag auf der Station bei einem durchschnittlichen fiktiven Gehalt von 80000 Euro pro Jahr bei 250 Arbeitstagen ergäbe sich ein Kostenanteil von 960 Euro pro Tag. Demnach ist die Gewichtung mit 64,44 % Pflege- und 35,56 % Ärztekosten zu 100 % des Abteilungspflegesatzes verteilt. Der Zielkostenanteil Pflege ist demnach 22,56 % und die der Ärzte bei 12,44 %. Die Zielkostentabelle mit ‚angenäherten' Zahlen:

Zielkostenanteile in Bezug zur Gesamt-Leistung:
- Voruntersuchungen: 08,00 %
- Herzkatheter: 44,00 %
- Hotellerie: 13,00 %
- Ärztlicher Dienst: 12,44 %
- Pflege: 22,56 %

Zur Ermittlung der Teilgewichte (TG) für jede Leistungskomponente wird der Betrag der Leistungskomponente zur Erfüllung der jeweiligen Leistungsfunktion mit dem zugehörigen Teilgewicht der Leistungsfunktion multipliziert und über alle Leistungsfunktionen summiert:
- TG Voruntersuch.: 0,435 × 24,70 + 0,295 × 24,70 + 0,27 × 19,50 = 23,30
- TG Herzkatheter: 0,435 × 32,20 + 0,295 × 23,00 + 0,27 × 22,80 = 26,95
- TG Pflege: 0,435 × 08,80 + 0,295 × 12,20 + 0,27 × 20,30 = 12,90
- TG Ärzte: 0,435 × 30,50 + 0,295 × 03,80 + 0,27 × 26,20 = 21,46
- TG Hotellerie: 0,435 × 03,80 + 0,295 × 36,30 + 0,27 × 11,20 = 15,39

Jetzt wird dann der Zielkostenindex (ZI) errechnet. Für den Zielkostenindex der Leistungskomponente gilt ZI = TG/Zielkostenanteil (ZA). Damit ergeben sich für die einzelnen Leistungskomponenten der Gesamtleistung ‚Elektive Herzkatheterdiagnostik' folgende Zielkosten-Indizes:
- ZI Voruntersuchung: 23,30/8,00 = 2,9125
- ZI Herzkatheter: 26,95/44,00 = 0,6125
- ZI Pflege: 12,90/22,56 = 0,5718
- ZI Ärzte: 21,46/12,44 = 1,7251
- ZI Hotellerie: 15,39/13,00 = 1,1838."

Quelle: Bücker, T. (2002): Pflegecontrolling für Stationsleitungen – Anwendung des Target Costing auf einer kardiologischen Abteilung. In: Klinikum der Universität München (Hrsg.): Campus für Alten- und Krankenpflege: Online im Internet: http://www.klinikum.uni-muenchen.de/Campus-fuer-Alten-und-Krankenpflege/download/inhalt/Controlling/Pflegecontrolling.pdf. München. S. 16ff.

liegt in der Problematik der richtigen Ermittlung des erlaubten Marktpreises, der Bewertung gewünschter Funktionen und Leistungskomponenten für die Patienten sowie der möglichst vollständigen Einbeziehung anfallender Gemeinkosten.

### 2.2.3 Zuschlagskalkulation

Die Zuschlagskalkulation ist eine Kalkulationsform der Kostenträgerrechnung. Bei ihr werden die Einzelkosten direkt zugeordnet und die anteiligen indirekt verrechenbaren Gemeinkosten über einen Verrechnungsschlüssel bzw. mit einem Prozentzuschlag oder (siehe auch Betriebsabrechnungsbogen, Kostenträgerübersicht). Da hauptsächlich nur die Einzelkosten den Kostenträgern direkt zurechenbar sind, müssen die nicht eindeutig zuordbaren Gemeinkosten mit Hilfe von Zuschlagssätzen auf die Kostenträger umgelegt werden. Die Differenzierung der Zuschlagssätze für die Gemeinkosten wird durchgeführt, um eine möglichst genaue und verursachungsgerechte Gemeinkostenzurechnung zu erzielen.

Im Gegensatz zur Divisionskalkulation, bei der man von den Gesamtkosten ausgeht und diese mit Hilfe einer Division verteilt, ist bei der Zuschlagskalkulation die einzelne Behandlungsmaßnahme die Ausgangsbasis.

Die Zuschlagskalkulation findet insbesondere dann **Anwendung**, wenn eine gleichmäßige Verrechnung der Gesamtkosten mittels Divisions- oder Äquivalenzziffernkalkulation nicht möglich ist.

Die **Vorgehensweise** bei der Zuschlagskalkulation ist von der angewendeten Kalkulationsform abhängig, je nachdem, ob die gesamten Gemeinkosten mit Hilfe eines einzigen Schlüssels auf die Kostenträger verteilt oder nach Kostenbereichen getrennt mit Hilfe mehrerer Schlüssel den einzelnen Kostenträgern zugerechnet werden:

- Einstufig: Der gesamte zu verrechnende Gemeinkostenblock wird summarisch durch einen Zuschlag auf bestimmte oder sämtliche Einzelkosten verrechnet, wozu nur ein Zuschlagssatz verwendet wird, der mit nur einer Zuschlagsgrundlage (bspw. medizinisches Verbrauchsmaterial, Gehälter) multipliziert wird.
- Mehrstufig: Hierbei wird die Gesundheitseinrichtung in Bereiche oder Kostenstellen aufgeteilt, die Gemeinkosten werden in mehrere Teilbeträge aufgespalten und die einzelnen Teilbeträge auf diese verteilt und auf der Basis von Wert- oder Mengenschlüsseln und Zuschlagsätzen gemäß dem Kostenverursachungsprinzip auf die Kostenträger verrechnet.
- Selektiv: Die Gemeinkosten werden in lohn- und materialabhängige Kosten aufgeteilt, und nach Bereichen oder Stellen auf der Basis von Schlüsseln auf die Kostenträger verrechnet, wobei mit Gehältern oder Material jeweils die Bezugsgröße gesucht wird, die die Kostenverursachung am besten wiedergibt.

Für kleinere, übersichtlich strukturierte Einrichtungen ist die einstufige Zuschlagskalkulation aufgrund ihrer Einfachheit von **Vorteil**. Demzufolge lässt sich als **Nachteil** bei

**Beispiel Zuschlagskalkulation**

Tab. 2.8: Selbstkostenermittlung einer Behandlungsmaßnahme.

| Kalkulation | Gemeinkosten-zuschlagssätze | Einzel-beträge | Summen |
|---|---|---|---|
| Behandlungsmaterial (Materialeinzelkosten) | | 16,00 | |
| + Materialgemeinkosten | 15 % | 2,40 | |
| = Materialkosten | | | 18,40 |
| + Gehälter med. Personal (Leistungseinzelkosten) | | 50,00 | |
| + Leistungsgemeinkosten | 40 % | 20,00 | |
| = Leistungskosten | | | 70,00 |
| = Herstellkosten (Materialkosten + Leistungskosten) | | | 78,40 |
| + Verwaltungsgemeinkosten | 5 % | 3,92 | |
| + Vertriebsgemeinkosten | 5 % | 3,92 | |
| = Selbstkosten | | | 86,24 |

Quelle: Eigene Darstellung.

der einstufigen Zuschlagskalkulation einwenden, dass eine derartige verursachungsgerechte Zuordnung der Gemeinkosten insbesondere bei größeren Gesundheitseinrichtungen unrealistisch erscheint. Eine mehrstufige Kalkulation ist in den meisten Fällen unumgänglich und hat daher in der kostenrechnerischen Praxis weite Verbreitung gefunden. Diese ist jedoch mit einem entsprechenden Aufwand verbunden. So erfordert jede Gehaltserhöhung eine Anpassung der Zuschlagssätze und Umrechnung der Kalkulationen.

# 3 Beispiele aus dem Bereich „Leistungsmanagement“

## 3.1 Behandlung

### 3.1.1 Behandlungsplan

Der Behandlungs- oder Heilplan ist das Ergebnis der Behandlungsplanung. Ihre Aufgabe ist es, den Bedarf an Behandlungsmaßnahmen mit den vorhandenen Ressourcen abzugleichen und die Planung so zu gestalten, dass beispielsweise die Verweildauer, die Anzahl diagnostischer Maßnahmen, die Wiederaufnahmerate, die Anzahl von Konsilien, bildgebenden Verfahren, Laboruntersuchungen oder auch Komplikationsraten möglichst gering gehalten werden. Während die Planung von Behandlungsmaßnahmen versucht, Behandlungszeit und -ablauf so zu organisieren, dass eine möglichst optimale Abfolge und Koordination der wichtigsten Behandlungsmaßnahmen erreicht wird, ist es insbesondere Aufgabe der Kapazitätsplanung und -terminierung einen möglichst ökonomischen Umgang mit den personellen und medizintechnischen Ressourcen zu erreichen. Gleichzeitig ist damit auch das Ziel einer höheren Patientenzufriedenheit durch verkürzte Warte- und Transportzeiten für den Patienten verbunden.

Ein wichtiges **Anwendungsfeld** ist beispielsweise der Einsatz als Heil- und Kostenplan (HKP), der dokumentiert, welche Ausgangssituation vorliegt (Befund), wie die Behandlung aussehen soll und welche Kosten voraussichtlich entstehen. Als Grundlage für die Entscheidung der Krankenkasse, wie hoch der Zuschuss für den Patienten oder Patientin ausfällt, muss er in der Regel vor Beginn der Behandlung bei der Krankenkasse vorgelegt werden.

Die **Vorgehensweise** bei der Erstellung eines Behandlungsplanes wird zunächst durch die Notwendigkeit bestimmt, mit dem Patienten individuelle Behandlungsziele zu erarbeiten. Ziel ist es dabei, über einen motivierenden Dialog Einsicht in die medizinischen Zusammenhänge und die Behandlungsdringlichkeit zu entwickeln. Dazu können neben der medizinischen Behandlung zur Wiederherstellung des allgemeinen körperlichen Wohlbefindens auch Schulungen zu gesundheitsförderndem Verhalten, der Verbesserung der Wahrnehmung des eigenen Körpers und der Entwicklung eines gesundheitsbewussten Lebensstils dienen. Der interdisziplinären Kooperation und Vernetzung von Behandlungsaufgaben ist ebenfalls ein hoher Wert beizumessen, da die Therapie und die effektive personenbezogene Behandlungsgestaltung maßgeblich durch eine professionelle Zusammenarbeit bestimmt werden. Ein wesentliches aus dem Behandlungsplan hervorgehendes Ziel, ist schließlich die berufliche Wiedereingliederung und die Erhaltung der Erwerbsfähigkeit des Patienten.

Die **Vorteile** bei Behandlungsplanung und Erstellung eines Behandlungsplans überwiegen eindeutig: Es lassen sich durch gezielte Vorbereitungsmaßnahmen eine Straffung des Behandlungsablaufs erreichen, Klarheit über den Zeitbedarf für die ein-

**Beispiel Behandlungsplan**

Tab. 3.1: Inhalte des Heil- und Kostenplans für Zahnersatz in Anlehnung an *Kassenzahnärztliche Vereinigung Berlin*.

| Teil | Abschnitt | Inhalt |
|---|---|---|
| 1 | Enthält die für die Abrechnung mit der Krankenkasse notwendigen Angaben. | |
| | I. Befund/ Behandlungsplan | Zeigt ein Zahnschema, in das der zahnmedizinische Befund, die Regelversorgung und die tatsächlich geplante Versorgung eingetragen werden. Sind zusätzliche oder andere Leistungen als die Regelversorgung geplant, wird darüber hinaus die Zeile TP (Therapieplanung) ausgefüllt. |
| | II. Befunde für Festzuschüsse | Stellt die Grundlage für die spätere Berechnung der Festzuschüsse durch die Krankenkasse dar. Hier muss der/die Zahnarzt/-in alle Befund-Nummern nennen, die gemäß den Festzuschuss-Richtlinien für die geplante Behandlung ausschlaggebend sind. |
| | III. Kostenplanung | Überblick über die voraussichtlichen Behandlungskosten. Sie setzen sich aus dem zahnärztlichen Honorar sowie den Material- und Laborkosten zusammen. Je nach geplanter Behandlung berechnet der/die Zahnarzt/-in sein Honorar nach unterschiedlichen Gebührenverzeichnissen: Für „Kassenleistungen“ wird nach dem sog. „Bewertungsmaßstab für zahnärztliche Leistungen“ (BEMA) abgerechnet, für die Abrechnung von Privatleistungen ist die „Gebührenordnung für Zahnärzte“ (GOZ) maßgeblich. Sind Privatleistungen vorgesehen, erhält der/die Patient/-in zusätzlich den Teil 2 des Heil- und Kostenplans mit einer ausführlichen Kostenaufstellung. |
| | IV. Zuschussfestsetzung | Hier trägt die Krankenkasse alle Festzuschussbeträge ein und vermerkt, ob und in welcher Höhe dem Patienten ein Bonusanspruch zusteht. Nach Bewilligung der Festzuschüsse erhält die Zahnarztpraxis oder der/die Patient/-in den Heil- und Kostenplan zurück und die Behandlung kann beginnen. |
| | V. Rechnungsbeträge | Hier trägt der/die Zahnarzt/-in nach Abschluss der Behandlung die tatsächlich angefallenen Kosten, den Gesamtzuschuss der Krankenkasse und den verbleibenden Versichertenanteil ein. Zudem gibt er das Datum an, wann der Zahnersatz eingegliedert wurde sowie den Herstellungsort bzw. das Herstellungsland des Zahnersatzes. Anschließend bestätigt er mit Datum und Unterschrift, dass der Zahnersatz in der vorgesehenen Weise eingegliedert wurde. Diese Angaben dienen der Abrechnung der Festzuschüsse mit der Krankenkasse. Der/Die Patient/-in erhält vom Zahnarzt zusätzlich eine Rechnung über seinen Eigenanteil. |
| 2 | Er ist für die Patienten bestimmt und dient dazu, ihm größtmögliche Klarheit und Transparenz über die Kosten zu verschaffen. Die Zahnarztpraxis füllt Teil 2 nur dann aus, wenn der/die Patient/-in eine von der Regelversorgung abweichende Behandlung (gleich- oder andersartigen Zahnersatz) wünscht, die nach der privaten Gebührenordnung für Zahnärzte abgerechnet werden. | |

Quelle: In Anlehnung an Kassenzahnärztliche Vereinigung Berlin (2014): Heil- und Kostenplan für Zahnersatz. Online im Internet: http://www.kzv-berlin.de/patienten/kosteninformationen/heil-und-kostenplan.html. Berlin. Abfrage: 26.09.2014.

zelnen Behandlungsschritte verschaffen, die Koordination aller Fachgebiete, die mit der Behandlung des Patienten betraut sind, optimal gestalten, und durch Behandlungspfade, klinische Leitlinien oder evidenzbasierter Medizin organisationsinterne Behandlungsrichtlinien für eine angemessene Versorgung in definierten Situationen und spezifischen klinischen Umständen entwickeln.

### 3.1.2 Behandlungsterminierung

Die Behandlungsterminierung ist das Ergebnis eines Termin-, Zeit-, und Ressourcenmanagements und damit Bestandteil der Behandlungsplanung. Die Terminverwaltung hat zur Aufgabe, die Behandlungstermine effizient zu organisieren. Dazu sind eine genaue Analyse unterschiedlicher und gleichartiger Behandlungsmaßnahmen und die Festlegung von Kriterien für Notfälle erforderlich. Neben typischen Behandlungsarten lassen sich häufig auch Kurztermine identifizieren, die nur wenige Minuten dauern. Fixe Terminkorridore lassen sich beispielsweise für standardisierte Checkups, Vorsorge- oder Ultraschalluntersuchungen einrichten. Ferner ist die Einplanung von Zeitpuffer für die Versorgung von dringenden Fällen und Notfällen erforderlich.

Typische **Anwendungsfelder** der Behandlungsterminierung sind die Terminverwaltung in Arzt- und Zahnarztpraxen, Medizinischen Versorgungszentren (MVZ) und Ambulanzen.

Die **Vorgehensweise** bei der Behandlungsterminierung ist so zu gestalten, dass dringende Behandlungen zuerst eingeplant werden, da in der Reihenfolge später geplante Behandlungsmaßnahmen nur noch vorhandene Kapazitätslücken nutzen können. Auf der Grundlage beobachteter Zeitwerte für gleiche Behandlungsarten bzw. Behandlungspfade ist eine Terminierung vorzunehmen, die unter anderem folgende Ziele verfolgen sollte:

- Vermeidung von Leerlaufzeiten,
- gleichmäßige Arbeitsauslastung,
- Verringerung von Wartezeiten,
- Einbeziehung von Notfallzonen,
- ausreichende Pufferzeiten,
- Vermeidung von Zeitdruck.

Dazu ist es beispielsweise notwendig, rechtzeitig die Beratung mit dem Patienten abzuschließen und eine Entscheidung über die Behandlungsmaßnahme herbeizuführen, Kostenvorausschätzungen für selbst zahlende Patienten vorher anzufertigen und dem Patienten zu eröffnen, die notwendigen Voruntersuchungen abzuschließen und die benötigten Röntgenbilder, Laboruntersuchungsergebnisse etc. bereitzuhalten.

Die Terminfestlegung sollte auch unter Berücksichtigung von benötigten Vorlaufzeiten bei eventuellen Änderungen, von Abrechnungszeiten für die Kassenliquidation sowie von Urlaubszeiten, Tageszeiten, Wochenenden oder Feiertagen im Hinblick

**Beispiel Behandlungsterminierung**

Tab. 3.2: Beispielhafte Voraussetzungen für eine funktionsfähige Behandlungsterminierung.

| Bereich | Aspekt | Beschreibung |
|---|---|---|
| Patienteninformation | Merkblätter | Erstellen von Patientenmerkblättern zur Erläuterung der Behandlungsorganisation |
| | Terminzettel | Aushändigen von Terminzetteln als Erinnerungshilfe |
| | Rechtzeitige Absagen | Rechtzeitige Absage bei Nichteinhaltung von Behandlungsterminen |
| | Konsequenzen | Konsequenzen bei Nichteinhaltung eines Behandlungstermins |
| | Leerlaufzeiten | Einräumen von kurzfristigen Terminen bei Leerlaufzeiten |
| | Behandlungszeiten | Mitteilung längerer Behandlungszeiten bspw. bei chirurgischen Eingriffen, bestimmten therapeutischen Maßnahmen etc. |
| | Verzögerungen | Information über den Grund des Wartens bei Verzögerungen |
| | Terminerinnerung | Zusätzliche Terminerinnerung bei größeren Behandlungsvorhaben |
| Innerbetriebliche Voraussetzungen | Terminvergaben | Terminvergaben aus einer Hand |
| | Pufferzeiten | Einrichtung von Pufferzeiten und Notfallzonen |
| | Stoßzeiten | Berücksichtigung eines verstärkten Andrangs vor Wochenenden, Feiertagen, Urlaubszeiten |
| | Behandlungsdauer | Möglichst realistische Einschätzung der Behandlungsdauer |
| | Vorbereitung | Rechtzeitige Vorbereitung und Prüfung der notwendigen Unterlagen für Behandlungstermine (Kostenvorausschätzungen für Selbstzahler, Heil- und Kostenpläne, Röntgenbilder etc.) |

Quelle: Eigene Darstellung.

auf mögliche Nachkontrollen erfolgen. Hilfreich können dabei auch Zeitmarken sein, die einzelne Zeitabschnitte einer Behandlung definieren (z. B. Einschleusen, Freigabe durch den Anästhesisten, Freigabe Instrumenteneinsatz, Schnittzeit, Nahtzeit, Check-Out). Wichtig ist bei auftretenden Verzögerungen die Information aller Beteiligten unter Angabe des Grundes. Im Ergebnis werden Patienten, bis auf Ausnahmesituationen (Notfälle etc.) nur zu den vereinbarten Zeitpunkten behandelt.

Der wesentliche **Vorteil** einer Behandlungsterminierung liegt darin, dass die Gesundheitseinrichtung zu dem geplanten Zeitpunkt auf den Patienten eingestellt und auf ihn vorbereitet ist. Sie ermöglicht gleichzeitig eine gleichmäßige Arbeitsauslastung der Behandlungseinrichtung, und trägt dazu bei, Stresssituationen zu vermeiden, die

Behandlungen ohne Zeitdruck und mit dadurch verbesserter Qualität vorzubereiten und durchzuführen. Ihre **Nachteile** liegen möglicherweise in einer mit ihr verbundenen Terminabhängigkeit und geringeren zeitlichen Flexibilität.

### 3.1.3 Kapazitätsplanung

Bei der Kapazitätsplanung handelt es sich um ein Verfahren, mit dem sich die notwendigen Ressourcen je Leistungseinheit ermittelt lassen, um größtmögliche Leistungsfähigkeiten auszuschöpfen. Mit einer Gegenüberstellung des Kapazitätsbedarfs und des tatsächlichen Kapazitätsangebots der einzelnen Arbeitsbereiche – üblicherweise anhand von Terminplänen –, wird die Belastung der einzelnen Arbeitssysteme im Zeitablauf aufgezeigt. Die kumulierte zeitliche Belastung durch alle für die jeweilige Periode eingeplanten Behandlungsvorgänge gibt mögliche Situationen der Über- oder Unterlastung wieder. Dies trägt dazu bei, zukünftige Bedarfe genauer zu kalkulieren und insbesondere die zur Verfügung stehenden Arbeitskräfte effizienter einzuteilen.

Typische **Anwendungsfelder** der Kapazitätsplanung sind die Einplanung von personellen und räumlichen Ressourcen in Gesundheitseinrichtungen, aber auch die Nutzung und Auslastung medizintechnischer Gerätekapazitäten.

Die **Vorgehensweise** bei der Kapazitätsplanung sieht zu Beginn die Ermittlung des Kapazitätsbedarfs beispielsweise anhand von Behandlungspfaden bzw. aus der vorliegenden Behandlungsplanung vor. Aus den zu einem bestimmten Termin konkret geplanten Behandlungsmaßnahmen lässt sich die Kapazitätsbelastung ableiten. Anhand der Verfügbarkeit von medizinischem Personal, benötigter medizintechnischer Geräteausstattung, OP-Räumlichkeiten etc. lässt sich das Kapazitätsangebot überprüfen. Dabei ist nicht von der technisch maximal möglichen, sondern im Klinik- und Praxisalltag nutzbaren Kapazität auszugehen, indem Abschläge für unvorhergesehene Ausfälle von medizintechnischen Geräten, Wartungsarbeiten oder Personalausfälle berücksichtigt werden. Durch die terminbezogene Gegenüberstellung von Kapazitätsbelastung und -angebot (Verdichtung der Kapazitätsangebote und Kapazitätsbedarfe auf einer Stufe) kann ein Kapazitätsabgleich vorgenommen werden. Durch geeignete Maßnahmen lässt sich eine möglichst gleichmäßig hohe Kapazitätsauslastung erreichen und für möglichst viele Behandlungsmaßnahmen die erforderlichen Termine einhalten. Dazu zählen z. B. Erhöhung von Schichtstärken, Einteilung zusätzlicher Schichten, Änderungen der Behandlungsmenge, Verschieben von Behandlungsterminen, Anordnung von Überstunden, Einsatz von Leihpersonal, Verschiebung von medizintechnischen Wartungsarbeiten, Anordnung von Kurzarbeit, Reduzierung der Schichtzahl oder Vorziehen von medizintechnischen Wartungsarbeiten.

Maßnahmen, die zu einem Ausgleich von Kapazitätsbedarf und -angebot führen sollen, müssen beispielsweise Reservekapazitäten für Eilbehandlungen, Arbeitsbeginn, Arbeitsende, Pausendauer, Rüstzeiten, Verteilzeiten, und anderes mehr berücksichtigen.

**Beispiel Kapazitätsplanung**

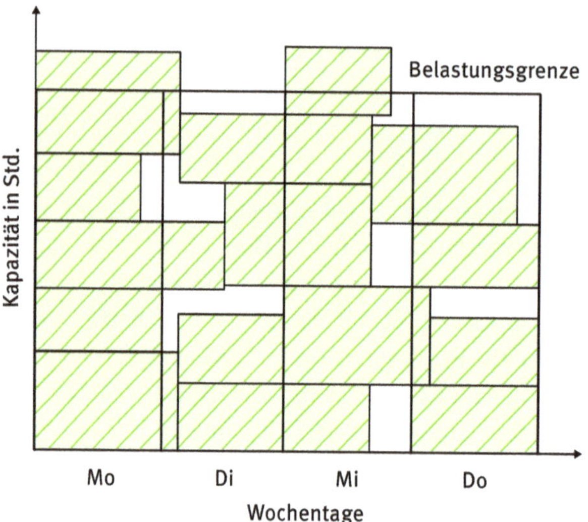


Abb. 3.1: Beispiel für ein Kapazitätsprofil.

Quelle: Eigene Darstellung.

Der wesentliche **Vorteil** einer Kapazitätsplanung liegt in der mit ihr angestrebten verbesserten Ressourcenauslastung. Ein **Nachteil** könnte darin zu sehen sein, dass selbst bei optimaler Planung das Kapazitätsangebot übersteigende Behandlungen vorkommen können. Dies kann zu Unzufriedenheit bei Patienten und Personal führen. Stehen zu einem geplanten Termin nicht ausreichend freie Kapazitäten zur Verfügung, so ist eine Terminverschiebung in der Regel die bessere Alternative. Aufgrund des damit verbundenen Aufwands werden Kapazitätsbedarfsprofile in der Regel auch nicht für jede einzelne Ressource, sondern nur für größere Einheiten erstellt bzw. für medizintechnische Geräte oder Arbeitsplätze, die häufig einen Engpass bilden.

### 3.1.4 Klinischer Algorithmus

Als Klinischer Algorithmus wird nach *Sitter* (2010, S. 5) „eine schrittweise Prozedur mit endlich vielen Anweisungen und bedingter Logik (wenn – dann) zur Lösung eines klinischen Problems“ bezeichnet. Sie werden in der Regel in Form graphischer Darstellungen angefertigt und bilden mit Hilfe einer Kombination aus Grafik und Logik eine logische Struktur ab. Als spezielle Leitlinienform übernehmen sie zusätzlich Dokumentationsfunktionen.

Ihre **Anwendungsmöglichkeiten** erstrecken sich neben der ablauforganisatorischen Prozessdokumentation beispielsweise auf die Eignung zur nachträglichen Fallbeurteilung, als Lern und Orientierungshilfe für neue Mitarbeiter oder Patienten bis hin zur diagnostischen und therapeutischen Behandlungsplanung.

Die **Vorgehensweise** geht nach *Sitter* (2010, S. 7) von einer einheitlichen Terminologie aus:
- Klinischer Zustand,
- Entscheidung,
- Tätigkeit,
- Logische Abfolge,
- Nummerierung.

Das Design klinischer Algorithmen umfasst zwei unterschiedliche Ansätze (*Sitter*, 2010, S. 13f.):

Top down Ansatz:
- Definition des Problems (potentielle Nutzer, Patienten und Ressourcen)
- Differentialdiagnose
- Anordnung der Knoten
- Spezifikation der Therapie
- Spezifikation der Endpunkte
- Anmerkungen

Bottom up Ansatz:
- Auswahl eines Patienten
- Epikrise
- Überführung in Zeit-Handlungstabelle
- Design des klinischen Pfades dieses Patienten in algorithmischer Form
- Vervollständigung des Algorithmus mit allen relevanten hypothetischen Pfaden
- Ergebnis: Fallbasierter Algorithmus

Der wesentliche **Vorteil** von Klinischen Algorithmen wird in ihrem Beitrag zur Qualitätssicherung und zur Verbesserung ärztlichen Handelns gesehen, denn die Vielzahl von neuen medizinischen Erkenntnissen aus der Wissenschaft und Technik und ihre Verteilung auf viele verschiedene Stellen, lässt aus Sicht des praktizierenden Arztes eine zentrale Sammlung von wichtigsten Informationen empfehlenswert erscheinen. **Nachteile** werden vor allen Dingen darin gesehen, dass die Variationsbreite bei Diagnose und Therapie oft sehr groß ist und der zuvor vorhandene Ermessensspielraum bei der Behandlung von Patienten durch die algorithmischen Vorgaben eingeschränkt werden könnte. Die Therapie- und Methodenwahlfreiheit der Mediziner wäre nicht mehr im vollen Umfang gegeben.

**Beispiel Klinischer Algorithmus**

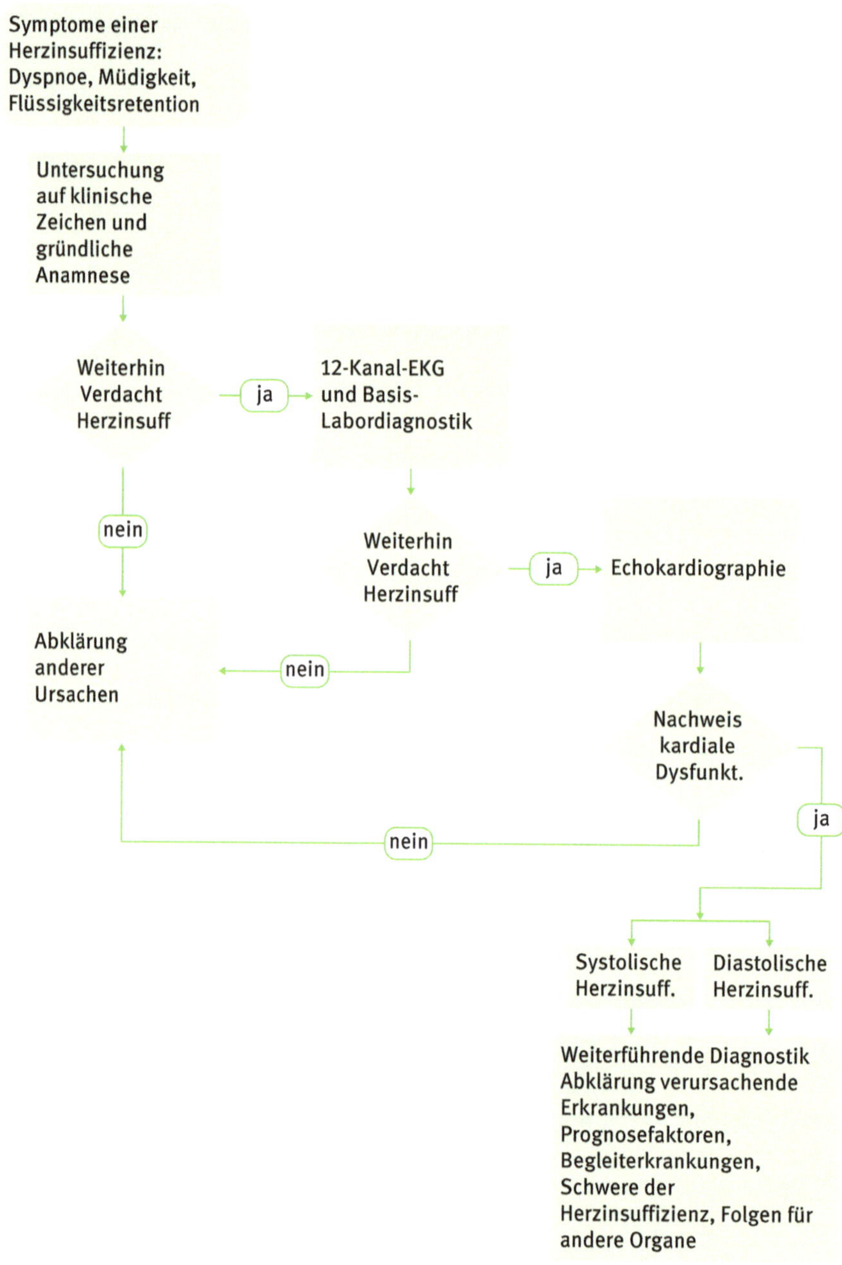

Symptome einer Herzinsuffizienz: Dyspnoe, Müdigkeit, Flüssigkeitsretention

Untersuchung auf klinische Zeichen und gründliche Anamnese

Weiterhin Verdacht Herzinsuff

ja

12-Kanal-EKG und Basis-Labordiagnostik

nein

Weiterhin Verdacht Herzinsuff

ja

Echokardiographie

Abklärung anderer Ursachen

nein

Nachweis kardiale Dysfunkt.

ja

nein

Systolische Herzinsuff.

Diastolische Herzinsuff.

Weiterführende Diagnostik Abklärung verursachende Erkrankungen, Prognosefaktoren, Begleiterkrankungen, Schwere der Herzinsuffizienz, Folgen für andere Organe

Abb. 3.2: Diagnostik bei Verdacht auf chronische Herzinsuffizienz.

Quelle: In Anlehnung an Arbeitsgemeinschaft der Wissenschaftlichen Medizinischen Fachgesellschaften – AWMF u. a. (2009): Diagnostik bei Verdacht auf chronische Herzinsuffizienz. In: Leitlinie NVL chronische Herzinsuffizienz. Stand: August 2013. Düsseldorf. S. 13.

## 3.2 Hygiene

### 3.2.1 Abfallentsorgungsplan

Ist eine Abfallvermeidung nicht möglich, so ist unter Berücksichtigung hygienischer, technischer und wirtschaftlicher Gesichtspunkte eine stoffliche oder energetische Verwertung vorzunehmen. Sind die Abfälle auch nicht verwertbar, so ist eine sichere und ordnungsgemäße Abfallentsorgung im Gesundheitswesen sicherzustellen. Mit einem Abfallentsorgungsplan sind Krankheitsübertragungen und Umweltbelastungen zu vermeiden, damit Gesundheit, Umwelt und öffentliche Sicherheit und Ordnung nicht beeinträchtigt werden. Dazu sind insbesondere infektionspräventive Anforderungen zu stellen, um ein mögliches Infektionsrisiko beispielsweise durch mit Blut, Sekret, Exkret oder mit biologischen und chemischen Agenzien kontaminierten Abfallfraktionen aus Papier, Glas, Metall oder anderen Materialien so gering wie möglich zu halten.

**Anwendung** finden Abfallentsorgungspläne insbesondere zur Förderung der Kreislaufwirtschaft und zur Schonung der natürlichen Ressourcen im Gesundheitswesen, zur Verringerung von Abfallmengen und ihrer schädlichen Auswirkungen auf Umwelt und Gesundheit. Dabei geht es weniger um die rasche Verringerung von Abfallströmen, als vielmehr um das Potenzial, möglichst nachhaltige Entwicklungen zu initiieren.

Die **Vorgehensweise** bei der Erstellung eines Abfallentsorgungsplans hat zur Grundlage, dass die fachgerechte Entsorgung medizinischer Abfälle das Sammeln, Verpacken, Bereitstellen, Lagern, Transportieren, Behandeln, Verwerten oder Beseitigen von Abfällen einer Gesundheitseinrichtung innerhalb und außerhalb der Einrichtung sowie die Beseitigung von verbrauchten medikamentösen, medizinischen, pharmazeutischen Heilmitteln und sonstigen Stoffen sowie ausgesonderten medizintechnischen und sonstigen Betriebsmitteln umfasst. Ziel einer fachgerechten Entsorgung ist es, nicht verwertbare Rückstände unter Schonung natürlicher Ressourcen und Minimierung der Emissionen umweltverträglich zu beseitigen. Nichtkontaminierte Wertstoffe, wie Kunststoffe, Papier und Glas, können grundsätzlich über die gleichen Erfassungssysteme wie für den Hausmüll, also in getrennten Containern oder in Recyclinghöfen entsorgt werden. Das setzt unter anderem hinreichende Informationen und Kenntnisse über stoffliche Eigenschaften und eventuell vorhandene Gefahren voraus, die allen betroffenen Mitarbeitern für einen sorgfältigen und verantwortlichen Umgang mit den Materialien zur Verfügung stehen müssen. Anhand eines vorgeschriebenen Gefahrstoffverzeichnisses lassen sich auch Hinweise auf die jeweilige Gefährdung, die Sicherheitsdatenblätter und die fachgerechte Entsorgung entnehmen.

Der wesentliche **Vorteil** eines Abfallentsorgungsplans liegt in der Möglichkeit zur fachgerechten Vorgabe der Beseitigung von Abfällen aus medikamentösen, medizinischen, pharmazeutischen Heilmitteln und sonstigen Stoffen sowie medizintechnischen und sonstigen Betriebsmitteln. Als **Nachteil** könnte angesehen werden,

**Beispiel Abfallentsorgungsplan**

Tab. 3.3: Beispiele für Abfälle aus der humanmedizinischen Versorgung und Forschung nach der *Abfallverzeichnis-Verordnung (AVV)*.

| Abfallschlüssel | Bezeichnung |
|---|---|
| 18 01 | Abfälle aus der Geburtshilfe, Diagnose, Behandlung oder Vorbeugung von Krankheiten beim Menschen |
| 18 01 01 | spitze oder scharfe Gegenstände (außer 18 01 03) |
| 18 01 02 | Körperteile und Organe, einschließlich Blutbeutel und Blutkonserven (außer 18 01 03) |
| 18 01 03 | Abfälle, an deren Sammlung und Entsorgung aus infektionspräventiver Sicht besondere Anforderungen gestellt werden |
| 18 01 04 | Abfälle, an deren Sammlung und Entsorgung aus infektionspräventiver Sicht keine besonderen Anforderungen gestellt werden (z. B. Wund- und Gipsverbände, Wäsche, Einwegkleidung, Windeln) |
| 18 01 06 | Chemikalien, die aus gefährlichen Stoffen bestehen oder solche enthalten |
| 18 01 07 | Chemikalien mit Ausnahme derjenigen, die unter 18 01 06 fallen |
| 18 01 08 | zytotoxische und zytostatische Arzneimittel |
| 18 01 09 | Arzneimittel mit Ausnahme derjenigen, die unter 18 01 08 fallen |
| 18 01 10 | Amalgamabfälle aus der Zahnmedizin |

Quelle: In Anlehnung an Anlage zur Abfallverzeichnis-Verordnung (AVV) vom 10. Dezember 2001 (BGBl. I S. 3379), zuletzt durch Artikel 5 Absatz 22 des Gesetzes vom 24. Februar 2012 (BGBl. I S. 212) geändert.

dass damit Instrumente zur erfolgreichen Vermeidung von Abfällen, das Ergreifen von Maßnahmen, die ein relevantes Abfallvermeidungspotenzial aufweisen oder die Rahmenbedingungen für Abfallvermeidung positiv beeinflussen, in den Hintergrund treten.

### 3.2.2 Hygieneplan

Zahlreiche gesetzliche Grundlagen, Richtlinien und Empfehlungen geben Regelungen zur Planung und Organisation von Hygienemaßnahmen vor, unter anderem

- das *Infektionsschutzgesetz (IfSG)*,
- die Richtlinien für Krankenhaushygiene und Infektionsprävention des *Robert-Koch-Instituts (RKI)*,
- die *Medizinproduktebetreiberverordnung (MPBetreibV)*,
- die *DIN 1946 Raumlufttechnik*,
- die *Technischen Regeln für Biologische Arbeitsstoffe (Biologische Arbeitsstoffe im Gesundheitswesen und in der Wohlfahrtspflege, TRBA 250)*.

**Beispiel Hygieneplan**

Tab. 3.4: Inhalt eines Rahmen-Hygieneplans für Einrichtungen zum ambulanten Operieren.

1. Einleitung
2. Hygienemanagement
3. Basishygiene
   3.1 Allgemeines
   3.2 Baulich-funktionelle Anforderungen
      3.2.1 Anforderungen an Räume, Flächen, Ausstattung
      3.2.2 Raumlufttechnische Anlagen (RLT-Anlagen)
   3.3 Betrieblich-organisatorische Anforderungen (prä-, intra- und postoperativ)
      3.3.1 Operationen
      3.3.2 Kleinere invasive Eingriffe
      3.3.3 Invasive Untersuchungen und vergleichbare Maßnahmen
      3.3.4 Maßnahmen vor, bei und nach "septischen" Operationen/Eingriffen
   3.4 Händehygiene
   3.5 Instrumentenaufbereitung einschließlich Sterilisation und Lagerung
   3.6 Reinigung und Desinfektion von Flächen und Gegenständen
   3.7 Hygieneanforderung an ausgewählte Maßnahmen in der Einrichtung
      3.7.1 Spezielle Behandlungsmaßnahmen
         – Injektionen/Punktionen
         – Infusionen/Transfusionen
         – Harnwegkatheter
         – Pneumonieprophylaxe
         – Wundverbände/Verbandswechsel
      3.7.2 Umgang mit Medikamenten
   3.8 Abfallentsorgung
   3.9 Wäsche
4. Hygienische Untersuchungen
5. Anforderungen nach Infektionsschutzgesetz (IfSG)
6. Anforderungen nach der Biostoffverordnung
   6.1 Gefährdungsbeurteilung
   6.2 Arbeitsmedizinische Vorsorge
   6.3 Impfungen für das Personal

Quelle: Länder-Arbeitskreis zur Erstellung von Rahmenhygieneplänen nach § 36 IfSG (Hrsg., 2003): Rahmen-Hygieneplan gemäß § 36 Infektionsschutzgesetz (IfSG) für Einrichtungen zum ambulanten Operieren. Stand: Mai 2003. S. 2.

Sie alle haben einen Hygieneplan zum Ziel, der als schriftlich festzulegende Hygieneanleitung zum Schutz der Patienten und des Personals beispielsweise vor Infektionen durch Mikroorganismen zu beachten ist.

Zu den **Anwendungsbereichen** der Hygieneplanung zählen alle Einrichtungen des Gesundheitswesens (z. B. Krankenhäuser, Arztpraxen, Einrichtungen für ambulantes Operieren, Dialysezentren, Rehabilitationseinrichtungen, Altenpflegeheimen etc.), in denen die Vorgaben berücksichtigt werden sollen.

Die **Vorgehensweise** zur Hygieneplanung sollte die Erstellung einer tätigkeitsbezogenen Hygieneanleitung zum Ziel haben, die eindeutig regelt, was wie und von wem durchzuführen ist und die zur Einhaltung der rechtlichen Vorgaben und aus organisatorischer Zweckmäßigkeit unter anderem folgende Grundsätze beachtet:

- Maßnahmen der Desinfektion, Sterilisation sind schriftlich festzulegen und deren Einhaltung zu überwachen,
- die Planung sollte die innerbetrieblichen Verfahrensweisen zur Infektionshygiene mit Objekt, Art, Mittel, Zeitpunkt und Verantwortlichkeit über einzelne Hygienemaßnahmen umfassen, auf die Situation im jeweiligen Betrieb angepasst und durch betriebsspezifische Details und Festlegungen ergänzt sein,
- zur Anwendung sollten anerkannte Desinfektionsmittel und -verfahren gelangen (z. B. der *DGHM Deutschen Gesellschaft für Hygiene und Mikrobiologie*, des *VAH Verbunds für Angewandte Hygiene*),
- die Planung ist jährlich im Hinblick auf ihre Aktualität zu überprüfen und durch Begehungen routinemäßig sowie bei Bedarf zu kontrollieren,
- die Maßnahmen haben vorhandene regionale Regelungen und Landesvorschriften zu berücksichtigen,
- die Planung muss für alle Mitarbeiter jederzeit zugänglich und einsehbar sein,
- mindestens einmal jährlich haben für die Mitarbeiter Belehrungen hinsichtlich der erforderlichen Hygienemaßnahmen zu erfolgen,
- die Anleitung und Kontrolle ist in aufbauorganisatorisch angemessener Form durch einen Hygienebeauftragten oder eine entsprechende Organisationseinheit wahrzunehmen.

Die **Vorteile** eines Hygieneplans überwiegen in hohem Maße, da seine konsequente Umsetzung beispielsweise dazu beiträgt, nosokomiale Infektionen zu vermeiden und die Folgen von Antibiotikaresistenzen zu mildern.

### 3.2.3 Reinigungs-, Desinfektions- und Sterilisationsorganisation

Der Umfang der notwendigen Reinigungs-, Desinfektions- und Sterilisationsmaßnahmen richtet sich überwiegend nach der Art der medizinischen und pflegerischen Leistungserstellung der jeweiligen Gesundheitseinrichtung. Ihre Ziele sind die Verhütung und Bekämpfung von Infektionskrankheiten, die Verhinderung der Weiterverbreitung übertragbarer Krankheiten und die Verhütung der Übertragung von Infektionen durch Personal auf Patienten, beispielsweise durch die Einhaltung hygienischer Anforderungen bei Tätigkeiten mit biologischen Arbeitsstoffen und Schutzmaßnahmen bei der Instandhaltung, Wartung und Aufbereitung von Medizinprodukten, der Aufbereitung von keimarm oder steril zur Anwendung kommender Medizinprodukte oder bei Eingriffen mit besonders hohem Infektionsrisiko, mehrstündig großflächig-offenem Ope-

**Beispiel Reinigungs-, Desinfektions- und Sterilisationsorganisation**

Tab. 3.5: Aufbereitungsverfahren für Medizinprodukte.

1. Maschinelle Reinigung und Desinfektion im Reinigungs- und Desinfektionsgerät (RDG)
   1.1 Validiertes Verfahren im RDG
   1.2 Verfahren im RDG bei dem nur die Reinigung validiert wurde
2. Manuelle Reinigung und Desinfektion (nach Standardarbeitsanweisungen)
   2.1 Eintauchverfahren (bei Bedarf in Kombination mit Ultraschall)
   2.2 Sprüh-/Wischverfahren für Außenflächen von Medizinprodukten
   2.3 Sprühverfahren (Reinigung und Desinfektion) mit Hilfe spezieller Adapter für Innenflächen von Medizinprodukten
3. Maschinelle Reinigung ohne Desinfektionsstufe
4. Thermische Behandlung (Desinfektion) unverpackter Medizinprodukte im Dampfsterilisator
5. Sterilisation verpackter Medizinprodukte im Dampfsterilisator
6. Reinigung, Pflege, Behandlung (Desinfektion) semikritischer Übertragungsinstrumente in einem Dekontaminationsgerät
7. Reinigung, Pflege und Sterilisation kritischer Übertragungsinstrumente in einem Kombinationsgerät

Quelle: In Anlehnung an Bundeszahnärztekammer – BZÄK- und Deutscher Arbeitskreis für Hygiene in der Zahnmedizin – DAHZ – (Hrsg., 2014): Hygieneplan/Arbeitsanweisungen für Zahnmedizin. Stand: April 2014. Berlin u. a., S. 4.

rationsfeld oder der Lagerung offenen Instrumentariums, für endoskopische Untersuchungen oder Katheterisierungen.

Bei der **Anwendung** und Umsetzung der Vorgaben für die Reinigungs-, Desinfektions- und Sterilisationsorganisation sind immer auch die besonderen Bedingungen der Gesundheitseinrichtungen und der behandelten Patienten zu berücksichtigen. So kann in einer Arztpraxis beispielsweise der Schwerpunkt auf der strikten Umsetzung von Standardhygienemaßnahmen mit der hygienischen Händedesinfektion vor und nach jeder Tätigkeit am Patienten liegen, oder aber auch bei MRSA- besiedelten Patienten in besonderen Schutzmaßnahmen bei der unmittelbaren Wundbehandlung, bei Verbandswechsel oder der Behandlung entzündeter Hautareale, bis hin zur Desinfektion der kontaminierten Arbeitsflächen mit Flächendesinfektionsmittel. In Krankenhäusern sind zusätzliche Hygienemaßnahmen, wie z. B. die Isolierung in einem Einzelzimmer erforderlich, um eine MRSA-Ausbreitung zu verhindern, bis hin zu Screeningprogramm zur gezielten bakteriologischen Untersuchung. In Pflegeeinrichtungen steht beispielsweise die desinfizierende Aufbereitung von Betten oder die Händedesinfektion nach direktem Bewohnerkontakt, insbesondere vor und nach spezifischen pflegerischen Maßnahmen, wie Umbetten, Wundversorgung, Harnwegskatheter, PEG, Tracheostoma, Stomata, etc., im Vordergrund.

Bei der **Vorgehensweise** zur Flächendesinfektion und -reinigung steht beispielsweise der Reinigungsvorgang, der Einsatz von Sprühdesinfektion, der Umgang mit kontaminiertem Material und die Einhaltung der Einwirkzeiten im Vordergrund. Die Hände- und Hautdesinfektion richtet sich überwiegend nach Ausmaß und Gefährdungsgrad der Eingriffe. Die Operationsdesinfektion verursacht je nach Ausmaß, Gefährdungsgrad und Kontaminationsgrad bei Operationen und anderen invasiven Eingriffen den größten organisatorischen Aufwand. Bei der maschinellen Desinfektion bzw. Sterilisation steht der sach- und fachgerechte Einsatz von Reinigungs-Desinfektions-Geräten (RDG), Sterilisatoren (Autoklaven) oder Ultraschallreinigungsgeräten im Vordergrund. Bei der Lagerung desinfizierter bzw. steriler Medizinprodukte ist insbesondere auf sachgerechte Lagerbehältnisse, geeignete Lagerarten sowie die Einhaltung von Lagerfristen zu achten.

Ebenso wie beim Hygieneplan überwiegen die **Vorteile** der Reinigungs-, Desinfektions- und Sterilisationsorganisation in hohem Maße, da ihre konsequente Umsetzung beispielsweise dazu beiträgt, infektiöse Dekontaminationen, die vor allem in Speziallabors, Operationssälen oder Dialysestationen, aber auch in Arztpraxen oder Pflegeeinrichtungen vorkommen können, zu vermeiden.

## 3.3 Pflege

### 3.3.1 Pflegeplan

Als Hilfsmittel zur individuellen Pflege legt der Pflegeplan für einen bestimmten Zeitraum Pflegeziele und -maßnahmen fest, um den Gesundheitszustand des Patienten zu verbessern oder zumindest zu erhalten. Dazu ist möglichst unter Beteiligung des Patienten dessen Pflegebedarf zu ermitteln und nach einiger Zeit eine Überprüfung durchzuführen, ob die Pflegeziele erreicht wurden. Gegebenenfalls ist eine Anpassung der Pflegemaßnahmen und damit auch des Pflegeplans durchzuführen. Gleichzeitig dient der Pflegeplan zur Dokumentation des Pflegeprozesses und zur Strukturierung eines zielgerichteten und systematischen pflegerischen Handelns.

Die hauptsächlichen **Anwendungsgebiete** der Pflegeplanung sind die Alten- und Krankenpflege. Doch nach *Menker* (2006, S. 105ff.) ist auch für andere medizinische Bereiche der Zugang zu den pflegerelevanten Informationen wichtig, um die Gesundung und den pflegerischen Verlauf begleiten und eigene Feststellungen beispielsweise in Zusammenhang mit Vitalwerten oder Wundbehandlungen einbringen zu können.

Die **Vorgehensweise** bei der Pflegeplanerstellung sieht zu Beginn die Sammlung von zur Ermittlung des Pflegebedarfs notwendigen Informationen vor, wozu die Dokumentenanalyse ärztlicher Befunde, bisheriger Pflegeaufzeichnungen etc. ebenso gehört, wie die Erfassung der Lebensgewohnheiten und Gespräche mit den Patienten, behandelnden Ärzten und Angehörigen. Ebenso sind Einschränkungen, die die Selbständigkeit des Patienten beeinträchtigen, zu erfassen und seine Fähigkeiten, diese kompensieren zu können.

Die Zielsetzung, die in einem festgelegten Zeitraum erreichen werden soll, legt die angestrebten Pflegefortschritte und -ergebnisse fest. Dabei geht es darum, zumindest den gegenwärtigen Zustand des Patienten zu erhalten, eine Zustandsverbesserung anzustreben und die Bewältigung der veränderten Lebensbedingungen zu erreichen. Die Pflegeziele lassen sich in der Regel hinsichtlich des Zeithorizonts in Fern- und Nahziele einteilen, was die Überwachung der Zielerreichung erleichtert.

Die festzulegenden Pflegemaßnahmen haben die Einschränkungen, die die Selbständigkeit des Patienten beeinträchtigen, zu Grundlage, die zuvor definierte Pflegezielsetzung sowie seine bestehenden Fähigkeiten und Ressourcen. Sie können teilweise oder vollständig die Beeinträchtigungen des Patienten kompensieren oder, je nach Pflegebedarf, auch nur unterstützend wirken. Sie müssen unter anderem anhand der Merkmale

- Maßnahmenbeschreibung,
- Zeitpunkt,
- Häufigkeit und
- Ablauf,

genau definiert werden.

Ein wichtiger **Vorteil** der Pflegeplanung ist beispielsweise, dass mit der damit verbundenen Dokumentation die Qualität und Häufigkeit der pflegerischen Arbeit nachgewiesen werden kann. Ein möglicher **Nachteil** einer besonders ausführlichen Pflegeplanung ist die Gefahr, dass dabei wirklich wichtige Pflegemaßnahmen und -probleme aufgrund von Unübersichtlichkeit in den Hintergrund treten. Daher ist es wichtig, dass die Haupteinschränkungen des Patienten ausreichend dargestellt und die relevanten Pflegeprobleme und -maßnahmen ausführlich berücksichtigt werden.

**Beispiel Pflegeplan**

Tab. 3.6: Fallbeispiel zur Pflegeplanung.

| ABEDL | Essen und Trinken |
|---|---|
| Problem | Die zu pflegende Person nimmt nicht genug Nahrung zu sich, die aktuelle Nahrungszufuhr deckt nicht den Stoffwechselbedarf (PD Mangelernährung). |
| Einflussfaktoren | Aufgrund von kognitiven Beeinträchtigungen, wie z. B. verminderte Aufmerksamkeits- und Konzentrationsfähigkeit, Apraxie und hohes Alter, sowie mutmaßlich Appetitreduktion bei beeinträchtigter verbaler Kommunikation, sowie möglicherweise Reizüberflutung während der Mahlzeiten im Gemeinschaftsraum. |
| Symptome, Merkmale | Die zu pflegende Person öffnet bereits nach wenigen Bissen ihren Mund nicht mehr und macht bei weiteren Versuchen, das Essen anzureichen, ablehnende Gesten, sowie weist sie eine stetige Gewichtsabnahme auf aktuell 40kg (BMI 16) auf. |

| | |
|---|---|
| Ressourcen | Die zu pflegende Person erscheint situativ orientiert und erkennt die Fähigkeiten angebotenen Bissen als Nahrung; es besteht aktuell kein Anhalt für eine Schluckstörung bzw. Schmerzen beim Essen; sie trinkt tgl. 1L und isst gerne Süßspeisen; sie äußert ihren Willen eindeutig. |
| Ziele | Die zu pflegende Person hält ihr aktuelles Gewicht bzw. nimmt an Gewicht innerhalb der nächsten vier Wochen zu (Datum). |
| Maßnahmen BPFK innerhalb der nächsten drei Tage Interventionen | – Errechnet den Grundumsatz und ermittelt die tgl. Energiezufuhr,<br>– informiert/ tauscht sich aus mit HA/ FA,<br>– informiert Vorgesetzte und Sohn/Betreuer (ggfs. in FB Einschätzungen austauschen und Konsens bzgl. des Vorgehens anstreben, dokumentieren),<br>– erstellt mit Küchenleitung tgl. Ernährungsplan (hochkalorische Kost/Malzbier...),<br>– überprüft, ob Mobilisierungszeiten noch angemessen, oder inzwischen zu lang und anstrengend sind (probeweise werden die Bettzeiten um 30 Minuten verlängert, ab ... für... Tage). |
| Maßnahmen Pflegeteam Interventionen | – Tgl. Nahrungsmenge wird dokumentiert,<br>– auf ruhige, entspannte Atmosphäre bei den Mahlzeiten achten, ggfs. im Einzelkontakt, abgeschirmt von der Gruppe anbieten,<br>– wenn möglich feste Person zur Begleitung und Unterstützung bei den Mahlzeiten anbieten,<br>– beim Anreichen präsent sein, positive Zuwendung geben und nicht bedrängen, genügend Zeit pro Mahlzeit einplanen,<br>– über den Tag verteilt (z. B. 2× vormittags/2× nachmittags) hochkalorische Häppchen, Kakao, Malzbier, süße Suppen, Pudding,... anbieten,<br>– Gewicht 1× wöchentl. überprüfen,<br>– Evaluation in 4 Wochen. |

Quelle: In Anlehnung an Frings, M. u. a. (2011): „Das kann sich sehen lassen“– Pflegeprozessplanung nach Wiler/MDK-Qualitätskriterien Theorie und Praxisbeispiele. Vortragsunterlage Gerontologisches Forum 14.11.2011 der LVR-Klinik Bonn Gerontopsychiatrisches Zentrum, Institutsambulanz. S. 22ff.

### 3.3.2 Pflegetagebuch

In einem Pflegetagebuch lassen sich die erforderlichen Pflegemaßnahmen dokumentieren, um beispielsweise die Begutachtung durch den *Medizinischen Dienst (MD)* und die Eingruppierung in die jeweilige Pflegestufe zu unterstützen. Als über einen längeren Zeitraum geführte Dokumentation trägt es zur Klärung bei, welche Pflegeleistungen und wie viel Zeit der Pflegebedürftige aufgrund seiner körperlichen, geistigen oder seelischen Einschränkungen in Anspruch nehmen muss und wie groß der individuelle Hilfebedarf ist.

Wichtiger **Anwendungsbereich** eines Pflegetagebuchs ist die Klärung der Pflegebedürftigkeit, denn wenn ein Pflegefall eintritt, ist zu ermitteln, in welche Pflegestufe er im Rahmen eines Gutachtens durch den MD eingestuft werden soll.

Bei der **Vorgehensweise** zur Erstellung eines Pflegetagebuchs ist darauf zu achten, dass möglichst alle anfallenden Tätigkeiten und der mit ihnen verbundene Zeitaufwand angegeben werden. Daneben ist es auch hilfreich festzuhalten, zu welchen Tageszeiten diese Tätigkeiten anfallen. Zu den Tätigkeiten zählen unterschiedliche Formen der Hilfe bei weitgehender Selbständigkeit bis hin zur notwendigen Anleitung und Betreuung bei einzelnen Verrichtungen oder deren anteilige bzw. vollständige Übernahme. Dazu zählen auch gegebenenfalls notwendige Zusatzleistungen im Rahmen der Planung, Vorbereitung, Durchführung und Nachbereitung. Nach Angaben der *Innungskrankenkasse Brandenburg und Berlin (IKKBB) (2015, S. 3)* sollten unter anderem folgende Tätigkeiten der hauswirtschaftlichen Versorgung und der Grundpflege (Essen, Körperpflege, Bewegung) berücksichtigt werden:
- Heizen einschließlich Beschaffen von Heizmaterial,
- Putzen der Wohnung mit Bettenmachen und Fensterreinigung,
- Wäschewechsel und –waschen mit Aufhängen, Bügeln und Einsortieren der Wäsche,
- Spülen von Koch- und Tafelgeschirr, das unmittelbar für die Gepflegten gebraucht wurde,
- Einkaufen und Kochen mit Schreiben von Listen, das Aufstellen eines Ernährungsplans und die Bedienung und Wartung von technischen Haushaltsgeräten,
- An- und Auskleiden mit Auswahl von Kleidung und Schuhen sowie das An- und Ablegen von Stützwäsche und Prothesen,
- mundgerechte Zubereitung von Essen und das Verabreichen von Speisen und Getränken,
- Waschen des Körpers und der Haare sowie zum Duschen und Baden auch das Ein- und Ablassen von Wasser in Wanne oder Waschbecken und das anschließende Trocknen von Haut und Haar,
- Kämmen und Bürsten im Rahmen der gewöhnlichen Haarpflege,
- Rasieren, die damit verbundene Vorbereitung und anschließende Reinigung von Utensilien,
- Auftragen von Gesichtscreme zum Pflegebedarf,
- alle nötigen Handgriffe, die im Fall künstlich geschaffener Ausgänge für deren regelmäßige Funktion und Hygiene sorgen, und vieles andere mehr.

Der **Vorteil** eines Pflegebuchs liegt in der Auswertemöglichkeit durch den Gutachter des Medizinischen Dienstes, um auf dieser Grundlage die Pflegestufe festlegen zu können. Als **Nachteil** mag gelten, dass es in erster Linie als freiwillige Aufzeichnung durch Angehörige konzipiert ist und vorgeschriebene Pflegemanagementdokumentationen nicht ersetzt.

**Beispiel Pflegetagebuch**

Tab. 3.7: Struktur eines Pflegetagebuchs in Anlehnung an *IKKBB*.

| (alle Angaben in Minuten) | Anleitung | Beaufsichtigung | Teilübernahme | Volle Übernahme der Verrichtung | Unterstützung | Keine Hilfe | Summe pro Tag |
|---|---|---|---|---|---|---|---|
| Haushalt:<br>Heizen<br>Putzen<br>Geschirr spülen<br>Bettzeug/Handtücher wechseln<br>Wäsche waschen<br>Einkaufen | | | | | | | |
| Gesamtdauer aller hauswirtschaftlichen Versorgungsleistungen pro Tag: | | | | | | | |
| Essen:<br>mundgerecht vorbereiten<br>Nahrung aufnehmen | | | | | | | |
| Körperpflege:<br>Körper-/Haarwäsche<br>Duschen/Baden<br>Zähneputzen/Gebisspflege<br>Kämmen/Bürsten<br>Rasur/Gesichtspflege<br>Intimpflege | | | | | | | |
| Bewegung:<br>Gehen/Bewegen im Haus<br>Aufstehen/Schlafengehen<br>Treppensteigen<br>An-/Auskleiden<br>Stehen<br>Umlagern/Bett oder Rollstuhl<br>Gehen/Bewegen außer Haus | | | | | | | |
| Gesamtdauer der Verrichtungen der Grundpflege (Essen, Körperpflege, Bewegung) pro Tag: | | | | | | | |

Quelle: In Anlehnung an Innungskrankenkasse Brandenburg und Berlin – IKKBB (Hrsg., 2012): Pflegetagebuch. Online im Internet: http://www.ikkbb.de/fileadmin/user_upload/doc/Pflege/IKK-Pflegetagebuch-2012.pdf. Berlin. Abfrage: 01.03.2015. S. 8ff.

# 4 Beispiele aus dem Bereich „Logistikmanagement“

## 4.1 Beschaffung

### 4.1.1 Lieferantenaudit

Die Auswahl von Lieferanten insbesondere für größere Gesundheitseinrichtungen wird in der Regel durch die Festlegung einer Strategie beeinflusst, die beispielsweise Kriterien berücksichtigt, wie Zusammenarbeit mit einem Stammlieferanten oder mehreren Lieferanten, größere oder kleinere Lieferanten oder die räumliche Nähe der Lieferanten. Mitunter wird auch ein Audit durchgeführt, bei dem die Lieferanten einzeln bewertet werden. Bewertungskriterien können dabei sein:

- Lieferzuverlässigkeit: Notfallsysteme, Rückverfolgbarkeit,
- Externe und interne Datenkommunikation: Stand der Technik, Datenschutz, Virenschutz, Betriebssysteme, Vernetzung,
- Qualifikation: Schulungsmaßnahmen, Arbeitssicherheit,
- Maschinenpark: Stand der Technik, Pflege, Wartung, Einsatzbedingungen,
- Qualitätsmanagement: Qualitätsmanagementsystem, Zertifizierung, Qualitätsbewusstsein, Maßnahmen zur Verbesserung von Kundenzufriedenheit,
- Prüfmittel und Prüfeinrichtungen: Regelmäßige Kalibrierung, Eichung, Eignung für Prüfaufgaben, Kontrollpläne, Prüfnachweise.

Ein Lieferantenaudit dient nicht nur zur Auswahl neuer Lieferanten, sondern soll dazu beitragen, Verbesserungspotenziale in der Logistikkette aufzudecken und die Zusammenarbeit auf diesem Gebiet zu verbessern.

Lieferantenaudits finden überwiegend in größeren Gesundheitseinrichtungen **Anwendung**, die über entsprechende Beschaffungsvolumina, Nachfrage und Bedarfsdeckungsnotwendigkeiten verfügen.

Bei der **Vorgehensweise** eines Lieferantenaudits steht zunächst die Überprüfung der Einhaltung der getroffenen Liefervereinbarungen im Vordergrund. Lieferanten zu bewerten, werden seine Leistungen und Produkte auf Übereinstimmung mit vorgegebenen Qualitätsmerkmalen geprüft. Auch werden üblicherweise seine betriebliche Verfahren und Arbeitsabläufe in die Bewertung einbezogen. Weiterhin ist zu verifizieren, ob zugesagte Standards (z. B. ISO 9001), Managementsysteme oder auch rechtliche Anforderungen beispielsweise im Bereich der Hygienevorschriften eingehalten werden. Die erkannten Mängel aus dem Lieferantenaudit führen zu Korrekturmaßnahmen mit dem Ziel der Verbesserung des logistischen Qualitätssystems. Ein weiteres Ergebnis kann auch die Reduktion der eigenen Wareneingangsprüfung sein. Um die Leistungsfähigkeit von Lieferantenaudits zu überprüfen, sind sie zweckmäßigerweise in regelmäßigen und festgelegten Abständen zu wiederholen.

**Beispiel Lieferantenaudit**

Tab. 4.1: Beispiel für Inhalte eines Lieferantenaudits.

| Auditbereiche | Inhalte |
|---|---|
| Allgemeines | Geschäftsentwicklung, Historie, Rechtsform, Beschäftigtenzahl, Organisationsstruktur des Lieferanten, Vorhandensein von Compliance-Richtlinien, Weiterbildungsaufwand, Zugehörigkeitsdauer der Mitarbeiter. |
| Kundenorientierung | Bekanntheitsgrad und Messung von Kundenanforderungen, Behandlung von Reklamationen, Dokumentation und Kundenunzufriedenheit, Nachweis von Referenzen, Flexibilität bei Leistungserstellung oder Mengenänderungen, Sicherstellung von Ersatzteillieferungen. |
| Leistungserstellung und Prozesse | Vorhandensein von Qualitätsmanagement und Prozessdokumentation, Ermittlung von Qualitätskennzahlen, Umfang von Kapazitätsreserven bei Auftragsschwankungen, Vorhandensein eigener Transportmöglichkeiten, Integration von Verbesserungsprozessen. |
| Umweltschutz | Vorhandensein eines Umweltmanagementsystems, Umweltzertifizierungen. |

Quelle: In Anlehnung an Bundesverband Materialwirtschaft, Einkauf und Logistik eV – BME-(Hrsg., 2014): BIP-Checkliste – Lieferantenaudit vor Ort. Online im Internet: http://www.bme.de/fileadmin/bilder/BME-Weekly/2014/0611/BME_Checkliste_Lieferantenaudit.pdf. Frankfurt a.M. Abfrage: 11.11.2014.

Ein wesentlicher **Vorteil** von Lieferantenaudits ist die größere Transparenz über die gesamte Lieferkette sowie – im Ergebnis – eine möglichst nachhaltige Lieferantenauswahl, um den zunehmenden Anforderungen an Beschaffungskosten und Einkaufsqualität gerecht zu werden. Auch Patienten und gesellschaftliche Kreise fordern zunehmend nachhaltige Transparenz über die gesamte Lieferkette einer Gesundheitseinrichtung. Ihr **Nachteil** liegt in dem damit verbundenen Aufwand bei der Auswahl und Beurteilung neuer oder bestehender Lieferanten.

### 4.1.2 Make-or-buy-Analyse

Die Make-or-buy-Analyse ist ein Hilfsmittel zur Entscheidung, ob eine Leistung selbst erstellt oder hinzu gekauft werden soll. Die Entscheidung über Eigenerstellung oder Fremdbezug ist von zahlreichen Faktoren abhängig, wie beispielsweise das Vorhandensein freier Kapazitäten, des notwendigen Know-hows oder entsprechender Finanzierungsmöglichkeiten. Ziele sind dabei unter anderem

- die Nutzung der Innovationsstärken potentieller Kooperationspartner,
- die Konzentration der Eigenerstellung auf die Kernkompetenzen der Gesundheitseinrichtung,

- der kostenoptimale Einkauf von Nebenleistungen,
- die Straffung des gesamten betrieblichen Wertschöpfungsprozesses,
- die Vermeidung des hohen Fixkostendrucks, den die Vorhaltung eigener Kapazitäten zunehmend verursacht.

Wichtigstes **Anwendungsgebiet** von Make-or-buy-Analysen ist die langfristige Planung der Eigenerstellung oder des Fremdbezugs von Leistungen, wie beispielsweise Reinigungsleistungen, Patientenverpflegung, Laborleistungen oder Wäscheversorgung in einer Gesundheitseinrichtung. Sie weisen in der Regel immer eine strategische Bedeutung auf, denn kurzfristig beschaffte Fremdleistungen zur Deckung von Bedarfsspitzen zählen nicht dazu.

Bei der **Vorgehensweise** von Make-or-buy-Analysen ist darauf zu achten, dass der Vergleich des Fremdbezugspreises mit den alternativen Selbsterstellungskosten möglichst vollständig und aussagefähig alle relevanten Preis- bzw. Kostenbestandteile einbezieht. Der Vergleich muss alle Ressourcen und Prozesse kostenmäßig abbilden, die durch die eine oder andere Bereitstellungsalternative verursacht werden. Die Kalkulation der Fremdbezugskosten ist nicht nur auf den vom Lieferanten geforderten Preis beschränkt, sondern hat alle Kosten zu berücksichtigen, die durch den Übergang zum Fremdbezug zusätzlich anfallen. So sind beispielsweise auch Integrationsleistungen zu berücksichtigen, die sich nicht nur auf die zu liefernde Leistung, sondern auch auf den Koordinations- und Steuerungsaufwand, die Schnittstellen mit dem Zulieferer und auf die sonstigen gemeinsamen Prozesse beziehen. Auch müssen die Konsequenzen einer längerfristigen Kooperation mit dem Zulieferer bewusst wahrgenommen werden, denn kurzfristige Änderungen sind bei auftretenden Problemen in der Zusammenarbeit in der Regel nicht möglich. Weitere Analysekriterien sind beispielweise der jeweilige Beitrag von Fremdbezug oder Eigenerstellung zur

- Optimierung von Abläufen und Prozessen,
- Erzielung von Kostenvorteilen,
- Bestandreduzi erungen bei der Lagerhaltung von medizinischem Verbrauchsmaterial,
- Reduzierung von Patientendurchlaufzeiten.

Ein wesentlicher **Vorteil** der Make-or-buy-Analyse ist ihr Beitrag, komplexe Entscheidungssituationen bei Eigenerstellung oder Fremdbezug durch Vergleichskriterien und aussagefähige Kostenvergleiche zu unterstützen. Ein **Nachteil** ist die hierfür erforderliche Bewertung, welche Kosten überhaupt entscheidungsrelevant sind oder welche Kosten bei Fremdvergabe sich tatsächlich reduzieren. So laufen beispielsweise beim Abbau von Kapazitäten, die bisher der Eigenerstellung dienten, zumindest für einen Übergangszeitraum kurzfristig nicht disponierbare Fixkosten trotz Fremdbezug weiter.

**Beispiel Make-or-buy-Analyse**

Stift Tilbeck GmbH: Make-or-buy als Chance – am Beispiel Wirtschaftsdienst

Die Stift Tilbeck GmbH, Tochtergesellschaft des bischöflichen Stuhls in Münster und 1881 als soziale Stiftung und „Private Erziehungsanstalt für epileptische Kinder" gegründet, betreibt Einrichtungen der Behinderten- und Altenhilfe an den Standorten Münster, Nottuln, Senden, Billerbeck, Havixbeck und Tilbeck.

Vor einigen Jahren wurde für den Regiebetrieb Wirtschaft eine Make-or-buy-Analyse durchgeführt, insbesondere für die Leistungsbereiche:
- Zentralküche für Wohnheime und Werkstatt
- Belieferung von Kindergärten und Schulen
- Mitarbeiter-Cafeteria, Besucher-Café
- Zentraleinkauf, Materialwirtschaft
- Fahrdienst, Transport & Logistik
- Catering für Veranstaltungen & Tagungen
- Gästehaus, Personalwohnen

Zielsetzung der Analyse war:
- Transparenz von Kosten und Leistungen
- Einführung einer Leistungsverrechnung
- Überprüfung der Leistungsstrukturen
- Orientierung an Marktpreisen
- Regiebetrieb: Unternehmen im Unternehmen
- Umsetzung als „Profit Center"

Im Ergebnis wurde unter anderem folgende Entscheidung getroffen:
- Entscheidung für Weiterbetrieb der Küche in Eigenregie
- Sicherstellung der Verpflegungsqualität
- Kompetenz für Vermarktung des Standortes
- Maßgabe: Orientierung an Marktpreisen

Quelle: Vgl. Stift Tilbeck GmbH (Hrsg., 2009): Make-or-buy als Chance – am Beispiel Wirtschaftsdienst. Folienvortrag anlässlich der CBP-Fachtagung „Schluss mit lustig...!?" am 21.–23. April 2009 in Würzburg. Havixbeck. S. 4ff.

### 4.1.3 Verbrauchsplanung

Ziel der Verbrauchsplanung ist es, die benötigten Materialien bereitzuhalten, mit den Zielen einer optimalen Lieferbereitschaft und -fähigkeit, sowie der Vermeidung von Fehlmengenkosten. Sie beschäftigt sich mit der Planung und der Bedarfsermittlung der künftig benötigten Materialmengen. Bei Gesundheitseinrichtungen lassen sich insbesondere folgende Bedarfsarten unterscheiden:
- Primärbedarf: Bedarf an fertigen Medizinprodukten oder zu erbringenden medizinischen Leistungen.
- Sekundärbedarf: Bedarf an medizinischen Verbrauchsmaterialien, Rohstoffen, Baugruppen und Einzelteilen zur Erstellung der medizinischen Leistungen oder Medizinprodukte.

- Tertiärbedarf: Bedarf an Hilfs- und Betriebsstoffen zur Deckung des Sekundär- und Primärbedarfs.
- Zusatzbedarf: Bedarf für Verschleiß, Ausschuss, Schwund als fester oder prozentualer Mengenaufschlag.
- Bruttobedarf: Periodenbezogener Primär-, Sekundär- oder Tertiärgesamtbedarf.
- Nettobedarf: Bruttobedarf abzüglich Lagerbestand und Disponierter Bestand sowie zuzüglich Zusatzbedarfs, Reservierter Bestand und Sicherheitsbestand.

Ein wichtiges **Anwendungsgebiet** der Verbrauchsplanung ist die Überwachung der Bestände an medizinischen Verbrauchsmaterialien, um den richtigen Zeitpunkt von Materialbestellungen zu bestimmen, damit einerseits Fehlmengen, andererseits aber auch unnötig hohe Lagermengen vermieden werden können.

Die **Vorgehensweise** bei der Verbrauchsplanung hat verschiedene Bedarfsermittlungsmethoden zur Grundlage, die den Bedarf anhand konkreter Behandlungsmaßnahmen (deterministische Bedarfsermittlung), statistischer Auswertungen (stochastische Bedarfsermittlung) oder subjektiver Schätzungen (heuristische Bedarfsermittlung) ermitteln. Bei dem Bestellpunktverfahren wird der Zeitpunkt der Bestellung so gelegt, dass der verfügbare Bestand ausreicht, um den Bedarf in der erforderlichen Wiederbeschaffungszeit zu decken. Dazu gibt es unter anderem als Alternativen bei gleich bleibender Wiederbeschaffungszeit die Festlegung des Bestellpunktes zu Beginn einer Periode (fester Bestellpunkt), bei Veränderungen der Wiederbeschaffungszeit oder des Bedarfs die Überprüfung der Bestellnotwendigkeit nach jeder Entnahmebuchung (gleitender Bestellpunkt) und die Lagerreichweite als Maßstab, wie

**Beispiel Verbrauchsplanung**

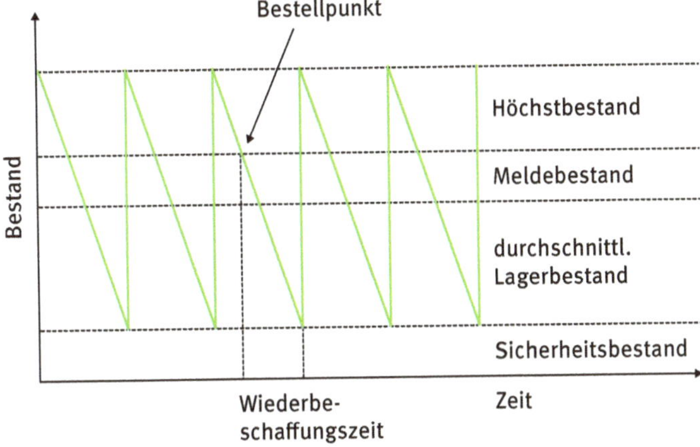


Abb. 4.1: Überwachung der Bestände.

Quelle: Eigene Darstellung.

lange der verfügbare Bestand zur Bedarfsdeckung ausreicht (Ermittlung über Lagerreichweite). Das Bestellrhythmusverfahren geht von einer regelmäßigen Überprüfung der Bestellnotwendigkeit in festgelegten Zeitabständen (Kontrollzyklus) aus. Dabei sind insbesondere als Zeitanteile zu berücksichtigen der Zeitraum vom Erkennen der Bestellnotwendigkeit bis zur Verfügbarkeit des Materials im Lager (Wiederbeschaffungszeit), der Zeitraum vom Erkennen der Bestellnotwendigkeit bis zur Eingang der Bestellung beim Lieferanten (Bestellzeit) und Zeitraum vom Eingang der Bestellung beim Lieferanten bis zur Anlieferung (Lieferzeit).

**Vorteile** einer Verbrauchsplanung selbst in kleineren Gesundheitseinrichtungen sind insbesondere die Vermeidung von Fehlmengen und hohen Lagerkosten, beispielsweise aufgrund von „Lagerleichen“. Als **Nachteil** mag der damit verbundene Aufwand angesehen werden.

### 4.1.4 Vergabeverfahren

Für öffentliche Einrichtungen wie Krankenhäuser, Pflegeeinrichtungen etc. sind die Ausschreibung, die Vergabeverfahren und die Auftragsvergabe zwingend vorgegeben. Dadurch sollen Sach- und Personalmittel preiswert und zu guten Konditionen beschafft, Korruption und Vetternwirtschaft vermieden und Gleichbehandlung, Wettbewerb und Transparenz bei der Beschaffung gewährleistet werden. Ziel ist es, den wirtschaftlich günstigsten und zuverlässigsten Lieferanten zu finden. Dazu werden die Aufträge öffentlich ausgeschrieben und die eingehenden Angebote bewertet und verglichen. Wesentliche Rechtsgrundlagen der öffentlichen Auftragsvergabe sind:

- Vergabeverordnung (VgV),
- Vergabe- und Vertragsordnung für Bauleistungen (VOB),
- Verdingungsordnung für Leistungen (VOL),
- Verdingungsordnung für freiberufliche Leistungen (VOF).

Die Ausschreibungen sind ab bestimmten Wertgrenzen national oder EU-weit zu veröffentlichen. Die Abläufe im Vergabeverfahren und bei der Angebotsöffnung sind ebenfalls genau vorgegeben.

Ihre **Anwendung** im Gesundheitswesen finden Vergabeverfahren bei der öffentlichen Auftragsvergabe von staatlichen, halbstaatlichen, kommunalen oder anderen öffentlichen Gesundheitseinrichtungen.

Die **Vorgehensweise** in einem Vergabeverfahren richtet sich nach den Vergabearten:

- Bei offenen Verfahren werden die Ausschreibungen in amtlichen Mitteilungsblättern veröffentlicht, so dass sich jedes interessierte Unternehmen um den Auftrag bewerben kann.
- Bei nicht offenen Verfahren wird nur eine geringe Zahl von Anbietern aufgefordert, ein Angebot abzugeben.

– Bei der Freihändigen Vergabe werden mindestens drei Anbieter aufgefordert, ein Angebot abzugeben, wobei auch einem Unternehmen unmittelbar ein Auftrag erteilt werden kann.

Nicht offene Verfahren und freihändige Vergaben dürfen nur dann angewendet werden, wenn beispielsweise bestimmte Wertgrenzen eingehalten werden, eine Vergabe im Rahmen einer offenen oder nicht offenen Ausschreibung nicht möglich ist, der Aufwand für ein offenen Verfahren zu hoch wäre, dieses kein annehmbares Ergebnis er-

**Beispiel Vergabeverfahren**

Tab. 4.2: Ausschreibung.

| Nr. | Schritt | Erläuterung |
|---|---|---|
| 1 | Abgrenzung durchführen | Bauleistung (Ausschreibung nach VOB), Liefer- oder Dienstleistung (Ausschreibung nach VOL, VOF). |
| 2 | Vergabekriterien festlegen | Festlegung von Bewertungskriterien für die Auftragsvergabe (bspw. Preis, Qualität, Referenzen etc.) und deren Gewichtung. |
| 3 | Vergabeverfahren festlegen | Offenes Verfahren: Öffentliche Aufforderung einer unbeschränkten Anzahl von Unternehmen zur Angebotsabgabe, Nichtoffenes Verfahren: Öffentliche Aufforderung einer beschränkten Anzahl von Unternehmen zur Angebotsabgabe, Freihändige Vergabe: Verhandlungsverfahren. |
| 4 | Bewerberkreis erkunden | Erkundung möglicher Bewerber/Lieferanten (gilt nur bei offenem und Verhandlungsverfahren). |
| 5 | Losvergabe prüfen | Prüfen, ob Leistung in einzelne Lose zerlegt werden kann, damit sich auch kleine und mittlere Unternehmen bewerben können. |
| 6 | Vergabeunterlagen erstellen | Vergabeunterlagen: Anschreiben zur Aufforderung zur Angebotsabgabe + Verdingungsunterlagen: Leistungsbeschreibung (Lastenheft) mit Hinweis auf VOL/B als Vertragsbestandteil. |
| 7 | Bekanntmachung versenden | Bekanntmachung erstellen und bspw. an das „Amt für amtliche Veröffentlichungen der EU“ versenden; Bewerber können Teilnahmeanträge stellen. |
| 8 | Vergabeunterlagen versenden | Offenes Verfahren: Nach Eingang der Anforderung der Vergabeunterlagen Versand an die betreffenden Unternehmen, Nichtoffenes Verfahren: Nach Eingang der Teilnahmeanträge Überprüfung der Eignung der Bewerber; Versand erfolgt an für die Teilnahme ausgewählte Unternehmen. |
| 9 | Fristen berücksichtigen | Angebotsfrist, Frist für die Versendung zusätzlicher Unterlagen, Frist für zusätzliche Auskünfte. |
| 10 | Öffnung der Angebote | Vor Ablauf der Angebotsfrist: Angebote ungeöffnet mit einem Eingangsvermerk bis zum Zeitpunkt der Öffnung unter Verschluss halten, Öffnung unverzüglich nach Ablauf der Angebotsfrist, Öffnung unter 4 Augen, |

| | | |
|---|---|---|
| | | Ausschluss unvollständiger Angebote, alle wesentlichen Unterlagen kennzeichnen, Niederschrift über Angebotsöffnung erstellen. |
| 11 | Bewertung der Angebote | Bewertung anhand der Vergabekriterien, Ausschluss von Angeboten mit Mängeln, Prüfung der rechnerischen und fachlichen Richtigkeit, Prüfung der Eignung der Bieter, Zuschlag dem wirtschaftlichsten Angebot erteilen. |
| 12 | Bieter informieren | Bieter, deren Angebote nicht berücksichtigt werden sollen, sind vor Vertragsabschluss über den Namen des Favoriten und über den Grund der Nichtberücksichtigung ihres Angebots zu informieren. |
| 13 | Vergabevermerk anfertigen | Name und Anschrift des Auftraggebers, gewähltes Vergabeverfahren, Art und Umfang der Leistung, Erkundung des Bewerberkreises, Namen ausgeschlossenen Bewerber und Begründung für Ausschluss, Ergebnis der Angebotsprüfung, Namen der zu berücksichtigenden Bieter und Gründe für Auswahl. |

Quelle: Eigene Darstellung.

zielt hat oder nur ein spezieller, kleiner Anbieterkreis den Auftrag ausführen kann. Auch kann noch ein Öffentlicher Teilnahmewettbewerb vorausgehen, um geeignete Firmen zu finden.

Nach einer formalen Überprüfung der eingegangenen Angebote auf Übereinstimmung mit den in der Ausschreibung genannten Anforderungen, erhält das wirtschaftlichste den Zuschlag. Wichtige Kriterien sind üblicherweise Preis, Qualität, Fachkunde, Leistungsfähigkeit und Zuverlässigkeit des Bieters.

Durch die Anwendung von Vergabeverfahren erfolgt die Beschaffung von Sach- und Personalmittel transparent und nachvollziehbar, was zweifelsohne einen **Vorteil** darstellt. Als **Nachteil** ist anzusehen, dass bereits geringe Fehler auf Anbieterseite zu einem formellen Ausschluss führen können und auf Auftraggeberseite zu einem Verfahren vor der Vergabekammer, was die Auftragsvergabe in der Regel deutlich verzögert, oder einen erneuten Start des gesamten Verfahrens erforderlich macht.

## 4.2 Lagerung und Kommissionierung

### 4.2.1 Gefahrstoffverzeichnis

Eine fachgerechten Entsorgung setzt unter anderem hinreichende Informationen und Kenntnisse über stoffliche Eigenschaften und eventuell vorhandene Gefahren voraus, die allen betroffenen Mitarbeitern für einen sorgfältigen und verantwortlichen Umgang mit den Materialien einer Gesundheitseinrichtung zur Verfügung stehen müssen. Die *Gefahrstoffverordnung (GefStoffV)* sieht vor, dass der Arbeitgeber ein Verzeichnis der verwendeten Gefahrstoffe führt, in dem auf die entsprechenden Sicherheitsdatenblätter verwiesen wird. Anhand des vorgeschriebenen Gefahrstoffverzeichnisses, das nach Angaben der *Berufsgenossenschaft für Gesundheitsdienst und Wohlfahrtspflege (BGW)* neben den in der Gesundheitseinrichtung verwendeten Gefahrstoffen auch nicht kennzeichnungspflichtige Produkte wie Arzneimittel oder Medizinprodukte und bei den Tätigkeiten entstehende oder freigesetzte Stoffe und Gemische enthalten sollte, lassen sich auch Hinweise auf die jeweilige Gefährdung, die Sicherheitsdatenblätter und die fachgerechte Entsorgung entnehmen.

Das **Anwendungsgebiet** eines Gefahrstoffverzeichnisses erstreckt sich hauptsächlich auf Gefahrstoffe nach § 2 GefStoffV und ihre in § 3 GefStoffV aufgeführten Gefährlichkeitsmerkmale, wie beispielsweise
- explosionsgefährlich,
- brandfördernd,
- entzündlich,
- giftig,
- gesundheitsschädlich,
- ätzend,
- reizend,
- sensibilisierend,
- krebserzeugend (kanzerogen),
- fortpflanzungsgefährdend (reproduktionstoxisch),
- erbgutverändernd (mutagen),
- umweltgefährlich.

Die **Vorgehensweise** bei der Erstellung eines Gefahrstoffverzeichnisses wird beispielsweise durch § 6 GefStoffV bestimmt, nach dem das Verzeichnis mindestens folgende Angaben enthalten muss:
- Bezeichnung des Gefahrstoffs,
- Einstufung des Gefahrstoffs oder Angaben zu den gefährlichen Eigenschaften,
- Angaben zu den im Betrieb verwendeten Mengenbereichen,
- Bezeichnung der Arbeitsbereiche, in denen Beschäftigte dem Gefahrstoff ausgesetzt sein können.

Die **Vorteile** eines Gefahrstoffverzeichnisses sind die Gefährdungsbewertbarkeit, die Übersicht über alle Gefahrstoffe in einer Gesundheitseinrichtung und die Möglichkeit, ihre Substituierbarkeit zu überprüfen. Die erforderliche akribische Zusammenstellung und der Verweis auf eine größere Anzahl von Sicherheitsdatenblättern mag als **Nachteil** angesehen werden.

**Beispiel Gefahrstoffverzeichnis**

Tab. 4.3: Mögliche Inhalte eines Gefahrstoffverzeichnisses in Anlehnung an *Berufsgenossenschaft für Gesundheitsdienst und Wohlfahrtspflege BGW.*

| Inhalte | Erläuterung |
|---|---|
| Auflistung | Systematische Auflistung der Gefahrstoffe nach Alphabet oder Nummern. |
| Vollständigkeit | Um zu dokumentieren, dass alle chemischen Arbeitsstoffe bei der Gefährdungsbeurteilung berücksichtigt wurden, auch Stoffe, die bei Tätigkeiten nur zu einer geringen Gefährdung führen, im Verzeichnis aufführen. |
| Bezeichnung | Bezeichnung des chemischen Arbeitsstoffes/Hersteller (ggf. Gruppenbildung). |
| Sicherheitsdatenblatt | Sicherheitsdatenblatt (SDB) bzw. Herstellerinformation für nicht kennzeichnungspflichtige Gefahrstoffe (HI) vom/erhalten in. |
| Weitere Sicherheitsinformationen | Weitere Sicherheitsinformationen des Herstellers, z. B. Produktdatenblatt vom/erhalten in. |
| Gefährliche Inhaltsstoffe | Relevante gefährliche Inhaltsstoffe bei Gefahrstoffen ohne SDB oder HI. |
| Gefahrstoff-kennzeichnung | Gefahrstoffkennzeichnung (SDB Abschnitt 15) oder sonstige Angaben zu gefährlichen Eigenschaften. |
| Arbeitsplatzgrenzwert | Arbeitsplatzgrenzwert (AGW, SDB Abschnitt 8). |
| Verbrauchsmenge | Durchschnittliche Verbrauchsmenge, z. B. pro Schicht/pro Jahr. |
| Tätigkeit | Arbeitsbereich, in dem mit dem Gefahrstoff umgegangen wird. |
| Aktualisierung | Jährliche Überprüfung wird empfohlen. |

Quelle: In Anlehnung an Berufsgenossenschaft für Gesundheitsdienst und Wohlfahrtspflege BGW (Hrsg., 2008): Gefahrstoffverzeichnis – Baustein 115 zur Gefährdungsbeurteilung für Gefahrstoffe. Informationsbroschüre. Stand: 04/2008. Köln. S. 3.

### 4.2.2 Lagerkennzahlen

Die logistische Funktion der Lagerung in einer Gesundheitseinrichtung lässt sich vergleichsweise einfach formulieren: Sie muss die Verfügbarkeit aller in der Gesundheitseinrichtung benötigten Materialien zur richtigen Zeit, am richtigen Ort, in der richtigen Qualität und Menge sicherstellen. Dazu sind die notwendigen Material- und Informationsströme zwischen der Einrichtung, ihren Lieferanten und zusammenarbeitenden Partnern beispielsweise mit Hilfe von Lagerkennzahlen zu planen, koordinieren und kontrollieren. Die Bewirtschaftung von medizinischem Verbrauchs- und Pflegematerial, die Sicherstellung der Verfügbarkeit von Medikamenten, die Bevorratung von medizintechnischen Betriebsmitteln und vieles andere mehr unterliegt möglichst gleichzeitig zu erreichenden Zielen, wie beispielsweise

- möglichst niedrige Logistikkosten,
- hohe Materialverfügbarkeit,
- geringe Leerstände,
- hohe Einsatzflexibilität.

Sie lassen sich z. B. messen an dem Anteil der ausgefallenen Behandlungs- bzw. Pflegeleistungen aufgrund fehlenden medizinischen Materials oder der Fähigkeit, durch ausreichende Materialverfügbarkeit auf Änderungen hinsichtlich Therapie, Patientenanforderungen, Behandlungssituation, Patientenzustand, Spezifikationen, Terminen etc. eingehen zu können.

Ein wichtiges **Anwendungsgebiet** von Lagerkennzahlen ist das Logistikcontrolling einer Gesundheitseinrichtung, denn der verstärkte Trend zu einer logistischen Optimierung, zur Erhöhung der Flexibilität, zu Kooperationen mit Lieferanten, Entsorgern und Partnern im Gesundheitswesen und eine Reduzierung der eigenen Leistungstiefe machen es erforderlich, immer mehr Partner betriebsübergreifend in die gesamte Erstellungskette von Behandlungs- und Pflegeleistungen einzubinden und dabei organisatorische und medizintechnische Schnittstellen zu reduzieren.

Die übliche **Vorgehensweise** zur Bildung von Lagerkennzahlen ist die Definition von Zahlenrelationen, die durch Kombination von Zahlen des Rechnungswesens entstehen, regelmäßig ermittelt werden und aus denen sich Aussagen zu lagerwirtschaftlichen Sachverhalten komprimiert und prägnant ableiten lassen. Sie dienen zur Operationalisierung von Zielen der Materialbewirtschaftung, Erkennung von SOLL-IST-Abweichungen, Erkennung von Auffälligkeiten und Veränderungen und Vereinfachung von Steuerungsprozessen. Gebräuchliche Lagerkennzahlen sind beispielsweise Kennziffern, wie der Lieferbereitschaftsgrad, der die durchschnittliche Zeitspanne zwischen der Bedarfsanforderung und der Bereitstellung der Verbrauchsmaterialien für Behandlung und Pflege aus dem Lager angibt, oder die Vorratsintensität, die die Kapitalbindung in den Vorräten an Verbrauchsmaterialien für Behandlung und Pflege widerspiegelt, wobei ein hoher Wert ein Lagerrisiko wegen der Gefahr der Überalterung, des Preisverfalls und des Schwunds darstellen kann. Mit einer Reihe von weiteren kurz- und langfristigen Struktur-, Wirtschaftlichkeits-, Produktivitäts- und Qualitätskennziffern lässt sich das logistische Aufgabenspektrum in einer Gesundheitseinrichtung weitestgehend abdecken.

**Vor- und Nachteile** gleichzeitig bringt ihre komprimierte Form mit sich, die recht einfach Abweichungsvergleiche im Zeitablauf ermöglicht, differenzierte Betrachtungen und Aussagen allerdings häufig kaum zulässt.

**Beispiel Lagerkennzahlen**

Tab. 4.4: Beispiele für Lagerkennzahlen.

| Kennzahl | Erläuterung |
|---|---|
| Bevorratungsquote | Zahlenverhältnis der bevorrateten zur Gesamtzahl der beschafften Verbrauchsmaterialien für Behandlung und Pflege. |
| Lagerbestand | Durchschnittliche Höhe der Vorräte an Verbrauchsmaterialien für Behandlung und Pflege im Laufe eines Jahres. |
| Lieferbereitschaftsgrad | Zeitspanne zwischen der Bedarfsanforderung und der Bereitstellung der Verbrauchsmaterialien für Behandlung und Pflege aus dem Lager. |
| Fehllieferquote | Anteil an Fehllieferungen von medizinischen Verbrauchsmaterialien. |
| Flächennutzungsgrad | Effektiv verwendeter Anteil der Lagerfläche. |
| Lagerdauerquote | Verhältnis zwischen medizinischen Verbrauchsmaterialien mit hoher Umschlagshäufigkeit und niedriger Umschlagshäufigkeit. |
| Reichweite | Zeit wieder, für die ein Lagerbestand bei einem durchschnittlichen Materialverbrauch ausreicht. |
| Servicegrad | Höhe der Versorgungssicherheit bspw. mit medizinischen Verbrauchsmaterialien. |
| Lagerumschlagshäufigkeit | Verhältnis aus Menge an Verbrauchsmaterialien für Behandlung und Pflege pro Zeiteinheit und dem durchschnittlichen Lagerbestand. |
| Vorratsintensität | Kapitalbindung in den Vorräten an Verbrauchsmaterialien für Behandlung und Pflege. |
| Vorratsstruktur | Anteil bestimmter medizinischer Verbrauchsmaterialien am Gesamtlagerbestand. |
| Wiederbeschaffungszeit | Zeitraum von der Bestellung bis hin zur Lieferung/Verfügbarkeit von medizinischen Verbrauchsmaterialien. |

Quelle: Eigene Darstellung.

### 4.2.3 Unit-Dose-System

Die Kommissionierung von Medikamenten oder eingelagerten medizinischen Verbrauchsmaterialien zu patientenorientierten bzw. für Behandlungs- und Pflegemaßnahmen notwendigen Mengen, erfolgt einzeln pro Patient bzw. je Behandlungs- oder Pflegemaßnahme. Der Vorteil eines Unit-Dose-Systems liegt in der parallelen Medikamentenkommissionierung, wodurch lange Kommissionierzeiten und -wege dadurch vermieden werden, dass aus dem Lager beispielsweise der Tagesbedarf für alle Patienten gesammelt entnommen wird und die Aufteilung auf die einzelnen Patienten meist automatisiert erfolgt. Die Arzneimittel werden für den einzelnen Patienten zusammengestellt, individuell verpackt und meist durch die Krankenhausapotheke direkt auf die Stationen geliefert, wo sie zeitgerecht verabreicht und eingenommen werden können.

Ein wichtiges **Anwendungsfeld** von Unit-Dose-Systemen ist die Portionierung und Verteilung von Arzneimitteln an Patienten in Krankenhäusern.

Insgesamt ist bei der **Vorgehensweise** zum Aufbau eines Unit-Dose-Systems für die Sicherheit und Wirksamkeit der Arzneimitteltherapie ein funktionierendes Versorgungskonzept notwendig, das beispielsweise aus
- elektronischer Verschreibung,
- Dosierprüfung,
- automatisierter patientenbezogener Einzelkommissionierung der Arzneimittel,
- Direktbelieferung der Stationen durch die Krankenhausapotheke,
- Zeit- und dosisgerechter Verabreichung durch die Pflegekräfte,
- elektronisch-gestützter Verabreichungsdokumentation,
- eventuell kurzfristig nötiger ärztlicher Therapieänderungen besteht.

Nach § 34 der *Apothekenbetriebsordnung (ApBetrO)*, der das patientenindividuelle Stellen oder Verblistern von Arzneimitteln regelt, müssen aus der Kennzeichnung des neu verpackten Arzneimittels folgende Angaben hervorgehen:
- der Name des Patienten,
- die enthaltenen Arzneimittel und ihre Chargenbezeichnungen,
- das Verfalldatum des neu zusammengestellten Arzneimittels und seine Chargenbezeichnung,
- die Einnahmehinweise,
- eventuelle Lagerungshinweise sowie
- die abgebende Apotheke und, soweit unterschiedlich, des Herstellers.

Auch sind dem neu verpackten Arzneimittel die Packungsbeilagen der enthaltenen Fertigarzneimittel nach dem Arzneimittelgesetz beizufügen.

Als **Vorteil** des Unit-Dose-Systems wird häufig eine erhöhte Patientensicherheit genannt, da aufgrund der Technisierung und Überwachung des Prozesses menschliche Dosierungsfehler minimiert werden. Auch reduziert sich der Aufwand für das Medikamentenmanagement zumindest für die Kommissionierung von verblisterungsfähigen Arzneimitteln. Ein **Nachteil** des Unit-Dose-Systems mag sein, dass sich in der Regel nur feste, oral zu verabreichende Medikamente zur Verblisterung eignen und auch das Teilen von Tabletten aus technischen Gründen sich als schwierig erweisen kann.

**Beispiel Unit-Dose-System**

Unit-Dose-Versorgung des St. Elisabeth-Krankenhauses Leipzig, Akademisches Lehrkrankenhaus der Universität Leipzig

„Um eine stärker patientenorientierte Arzneimittelversorgung zu gewährleisten, werden seit Juli 2005 alle Patienten unseres Krankenhauses mit dieser Form der Lieferung fester oraler Arzneiformen versorgt. Durch einen in der Apotheke stationierten Kommissionierautomaten werden die Tabletten und Kapseln für jeden Patienten individuell in kleine Tüten verpackt. Dabei werden der Name des Patienten, Station und Zimmernummer, Bezeichnung des Medikamentes, Einnahmetag und -uhrzeit auf jedes Tütchen aufgedruckt. Es besteht außerdem die Möglichkeit, zusätzliche Hinweise zur Einnahme anzugeben.

Bevor dieser maschinelle Verpackungsprozess beginnen kann, müssen die Patientendaten zunächst verarbeitet werden. Schwestern und Pfleger auf Station geben die verordneten Medikamente für jeden Patienten in den Computer ein und senden die Daten an die Apotheke. Ein Apotheker prüft die Medikation des Patienten auf Dosierungsfehler und mittels zugeschalteter Datenbanken auf Wechselwirkungen (Interaktionen). Notwendige Änderungen werden mit dem behandelnden Arzt besprochen und danach umgesetzt. Anschließend werden die Daten freigegeben und an den Kommissionierautomaten gesendet.

Wenn alles verpackt ist, werden die Medikamente bis ans Patientenbett geliefert. Der Patient kann, soweit es sein Gesundheitszustand zulässt, die Medikamente zu den angegebenen Zeiten selbständig aus den Tütchen entnehmen. Anderenfalls wird er vom Pflegepersonal unterstützt.

Die Medikamente werden täglich bereitgestellt, damit neu aufgenommene Patienten zeitnah einbezogen werden können. Das neue Verfahren stellt sicher, dass der Patient die richtige Tablette in der richtigen Dosierung zum richtigen Zeitpunkt erhält, die Medikation vom Apotheker auf unerwünschte Wirkungen und Wechselwirkungen geprüft, sicher und hygienisch verpackt, mit seinem Namen versehen wurde und bis ans Krankenbett geliefert wird. Viele Fehlerquellen, die sich bei der Verabreichung von Arzneimitteln ergeben können, werden somit von vornherein ausgeschlossen.“

Quelle: St. Elisabeth-Krankenhaus Leipzig (Hrsg., 2014): Apotheke – Unit Dose System. Krankenhaus-Apotheke – Unit Dose Versorgung. Online im Internet: http://www.ek-leipzig.de/medeinr/apotheke_unit_dose.html. Leipzig. Abfrage: 25.11.2014.

# 5 Beispiele aus dem Bereich „Marketing“

## 5.1 Marketingstrategie

### 5.1.1 Lebenszyklusanalyse

Die Lebenszyklusanalyse stellt ein strategisches Managementinstrument dar und geht davon aus, dass die Entwicklung beispielsweise von medizinischen Leistungen einem mehr oder weniger regelmäßigen Zyklus unterliegt, anhand dessen einzelner Zyklusphasen sich die jeweils geeigneten Strategien ableiten lassen. Auf der Grundlage von Lebenszyklusmodellen werden Aussagen zu charakteristischen Merkmalen der einzelnen unterschiedlichen Phasen und zu ihren typischen Verläufen getroffen. Da häufig für das Entwickeln neuer medizinischer Leistungen und deren Umsetzung große Investitionen anstehen, ist es sinnvoll damit bereits anzufangen, während veraltete Angebote gerade am Ende ihrer Wachstumsphase stehen. Auch ist es wichtig, die Zyklen der Konkurrenz zu kennen, um sich mit eigenen, neuen Leistungen rechtzeitig bei den Patienten positionieren zu können.

Ein wichtiges **Anwendungsgebiet** der Lebenszyklusanalyse ist die strategische Planung: Nach ihr lassen sich Strategien anhand von Gründungs-, Wachstums-, Konsolidierungs-, Restrukturierungs- und Degenerierungsphase sowohl für Gesundheitseinrichtungen insgesamt, als auch für einzelne Leistungsangebote ableiten.

Die **Vorgehensweise** zur Durchführung einer Lebenszyklusanalyse sieht zunächst eine Einteilung in die einzelnen Zyklusphasen vor: Die Einführungs- und Wachstumsphasen sind durch Investitionen und umfangreiche Marketingaktivitäten gekennzeichnet, die Phase der Konsolidierung, die die Reifung des Leistungsangebots umfasst, aber auch bereits Anzeichen einer Marktsättigung erkennen lässt, durch gezielte Investitionen in die Erhaltung des Marktanteils und die Phase der Degenerierung durch die letztendliche Entscheidung aufgrund der Schrumpfung und des Rückgangs die Leistung vom Markt zu nehmen. In der Einführungsphase kann noch nicht genau abgeschätzt werden, wie sich die Leistung am Markt etablieren wird. In der Wachstumsphase werden neue Patientenkreise erschlossen, da die Bekanntheit zunimmt. In der Sättigungsphase hat sich die Leistung am Patientenmarkt etabliert und die größte Patientenreichweite wird erzielt, sodass die Erlöszahlen zurückgehen. In der Degenerationsphase gehen die Patientenzahlen zurück, was am zunehmenden Wettbewerb oder anderweitigen medizintechnischen Fortschritten liegen kann. Eine spezielle Marketingstrategie in der Konsolidierungsphase ist bspw. der Relaunch, der den Versuch darstellt, durch Modernisierung einer Leistung oder die Entwicklung neuer Werbekonzeptionen, dem stagnierenden oder rückläufigen Absatz entgegenzuwirken. Durch dieses Revitalisierungsmarketing werden langjährige Leistungen durch Maßnahmen der Leistungsvariation am Markt gehalten.

**Beispiel Lebenszyklusanalyse**

Tab. 5.1: Beispiele für nach dem Lebenszyklusmodell abgeleitete Strategien.

| Phase | Beschreibung | Strategiebeispiele |
|---|---|---|
| Einführung | Es kann noch nicht genau abgeschätzt werden, wie sich die Leistung am Markt etablieren wird. | Investitionen und umfangreiche Marketingaktivitäten. |
| Wachstum, Reife | Neue Patientenkreise werden erschlossen, da die Bekanntheit zunimmt. | Gezielte Investitionen in die Steigerung und Erhaltung des Marktanteils. |
| Konsolidierung, Sättigung | In der Sättigungsphase hat sich die Leistung am Patientenmarkt etabliert und die größte Patientenreichweite wird erzielt. | Durch Modernisierung der Leistung oder Entwicklung neuer Werbekonzeptionen (Relaunch) dem stagnierendem oder rückläufigem Absatz entgegenwirken. |
| Degenerierung | Erlöszahlen und Patientenzahlen gehen zurück, was am zunehmenden Wettbewerb oder anderweitigen medizintechnischen Fortschritten liegen kann. | Leistung einstellen bzw. vom Markt nehmen. |

Quelle: Eigene Darstellung.

Ein wichtiger **Vorteil** einer Lebenszyklusanalyse ist, dass sie eine ganzheitliche und strategieorientierte Vorgehensweise darstellt, die die gesamte Lebensdauer beispielsweise von medizinischen Leistungsangeboten berücksichtigt. Als **Nachteil** mag angesehen werden, dass die Lebenszyklusanalyse ähnlich wie bei natürlichen Organismen von einer begrenzten Lebensdauer ausgeht und versucht für diese Gesetzmäßigkeiten abzuleiten, um daraus normative Strategien entwickeln zu können. Diese mögen bei Markenartikeln erfolgreich seien, lassen sich aber möglicherweise nur bedingt auf Gesundheitsmärkte und medizinische Leistungen übertragen.

### 5.1.2 Konkurrenzanalyse

Die Konkurrenzanalyse hat zur Aufgabe, Informationen über die Wettbewerbssituation zu sammeln, um Konkurrenten besser einschätzen und auf deren zu erwartenden Handlungen reagieren zu können. Aus den gesammelten Informationen lässt sich beispielsweise ableiten, in welchen Bereichen der/die Wettbewerber nicht besonders stark und daher „angreifbar“ sind. Auch lassen sich Schlussfolgerungen ableiten, mit welchem Aufwand und in welchem Zeitraum ein eventueller Vorsprung der Konkurrenz aufgeholt werden kann. Gleichzeitig ist dabei auch darauf zu achten, welche Angriffsflächen man der Konkurrenz bietet und wie erarbeitete Wettbewerbsvorteile so geschützt werden können, dass sie durch Konkurrenten nicht ohne weiteres kopier- oder nachahmbar sind. Das Herausarbeiten der eigenen Stärken und Schwächen ist

**Beispiel Konkurrenzanalyse**

Umfrageergebnisse des Deutschen Krankenhaus Instituts (DKI) zu Markt- und Wettbewerbsanalysen in Krankenhäusern:

„Von der allgemeinen Umweltanalyse (Makro-Umwelt) ist die Analyse des engeren Umfeldes zu unterscheiden (Mikro-Umwelt). Diese Markt- oder Wettbewerbsanalyse betrifft insbesondere die Marktstruktur, das Marktvolumen und die Marktentwicklung (primär) im Einzugsgebiet eines Krankenhauses. Wesentliche Wirkkräfte des Wettbewerbs bzw. Kenngrößen der Marktanalyse sind dabei vor allem Kunden, Lieferanten und andere Wettbewerber. Mittels der Markt- und Wettbewerbsanalyse soll zum einen die eigene Marktposition bestimmt werden, etwa hinsichtlich Marktanteile, Leistungsportfolio, Stärken und Schwächen im Vergleich zu Mitbewerbern etc. Zum anderen sind mögliche Marktentwicklungen und die damit verbundenen Chancen und Risiken für die Entwicklung des eigenen Unternehmens aufzuzeigen, z. B. im Hinblick auf den Gewinn oder Verlust von Marktanteilen oder Marktsegmenten. Im Vergleich zur Umweltanalyse sind Markt- und Wettbewerbsanalysen in deutschen Krankenhäusern weiter verbreitet. In fast zwei Dritteln der Krankenhäuser insgesamt bzw. in 85,6 % der Einrichtungen mit einem systematischen strategischen Management kommen sie, laut Selbsteinschätzung der Befragten, standardmäßig zum Einsatz. Zumindest bei den Häusern mit einer ausgearbeiteten Unternehmensstrategie gibt es in dieser Hinsicht auch faktisch keine Unterschiede nach Krankenhausgröße.

Krankenhäuser mit dem standardmäßigen Einsatz von Markt- und Wettbewerbsanalysen sollten ihrerseits angeben, inwieweit sie dabei wesentliche Wirkkräfte des Wettbewerbs umfassend und systematisch analysieren. Im Fokus der Analysen stehen dabei insbesondere Zuweiser (z. B. nach regionaler Verteilung oder ABC-Zuweisern), andere Krankenhäuser und Mitbewerber im Umfeld (z. B. hinsichtlich Leistungsspektrum und Kernkompetenzen) sowie die Patientenstruktur im Einzugsgebiet (etwa nach Alter, Krankheitsspektrum, regionaler Verteilung). Auch potentielle neue Wettbewerber oder neue Angebote im Einzugsgebiet sind noch vergleichsweise häufig Gegenstand systematischer Analysen. Verglichen damit sind Analysen mit Blick auf die Kostenträger (z. B. Umsatzanteil, Verhandlungsmacht) oder Lieferanten (etwa von Medizintechnik, Arzneimittel oder medizinischem Bedarf) bisher von geringerer Relevanz.

Auch bei den Kenngrößen der Marktanalyse gibt es keine systematischen oder signifikanten Unterschiede nach Krankenhausgröße. D. h. über alle Bettengrößenklassen hinweg stehen Patienten, Zuweiser und Mitbewerber gleichermaßen im Fokus von Markt- und Wettbewerbsanalysen."

Quelle: Blum, K.; Löffert, S.; Offermanns, M. u. a. (2010): Krankenhaus Barometer Umfrage 2010. Deutsches Krankenhaus Institut (Hrsg.). Düsseldorf. S. 10ff.

eine wichtige Voraussetzung, um im Wettbewerb zu bestehen. Jedoch reicht es nicht, die Schwachpunkte zu beheben und die Stärken auszubauen, sondern von mindestens ebenso großer Bedeutung ist die Beobachtung der Konkurrenten.

Ein wichtiges **Anwendungsfeld** der Konkurrenzanalyse ist die Marktbeobachtung im Rahmen der Marketingaktivitäten einer Gesundheitseinrichtung. Da Wettbewerb auf dem Gesundheitsmarkt politisch beabsichtigt ist und als entsprechende Zielsetzung verfolgt wird, ist die Auseinandersetzung mit bestehender oder zukünftiger Konkurrenz erforderlich.

Im Zentrum der **Vorgehensweise** bei der Konkurrenzanalyse steht die Beobachtung der Konkurrenten. Dazu sind diese zunächst als solche zu identifizieren, denn aus einer zunächst als harmlos erachteten Wettbewerbssituation kann durch Niederlassungen, Praxisübernahmen, Neugründen, Zusammenschlüssen, Klinikansiedlungen, Neuausrichtungen etc. ernsthafte Konkurrenz entstehen, deren eventuell vorhandener Vorsprung in der Regel nur schwer aufzuholen ist. In einer Wettbewerbssituation ist es ohnehin schwer, mindestens genauso gut zu sein, wie der beste Konkurrent oder sich ihm gegenüber sogar Wettbewerbsvorteile zu verschaffen. Beides ist mühsam und verlangt in der Regel nach permanenter Anstrengung. Weitere Beobachtungsaufgaben sind beispielsweise:

- Patientenmeinung über das eigene Image und das der Konkurrenz durch Befragungen etc. einholen,
- Marktposition und Marktführerschaft klären,
- angebotene Behandlungs- und Pflegleistungen und deren Qualität feststellen,
- Patientenzielgruppe(n) identifizieren, an die sich das Leistungsangebot der Konkurrenz richtet,
- Werbemaßnahmen, Serviceleistungen, Zahlungsbedingungen für Selbstzahler etc. in Erfahrung bringen,
- mögliche Schwächen der Konkurrenz ausfindig machen,
- mögliche Reaktionen (aggressiv, zurückhaltend etc.) der Konkurrenz einbeziehen,
- gegen Angriffe der Konkurrenz wappnen und eigene Ideen schützen.

Ein wesentlicher **Vorteil** der Konkurrenzanalyse besteht aus den gewonnenen Informationen über die Konkurrenz, so dass sich mögliche Reaktionsprofile, das Konkurrenzverhalten und strategische Ziele von Konkurrenten ableiten lassen. Der **Nachteil** besteht gleichzeitig in der Unsicherheit über das tatsächliche Eintreffen dieser Annahmen, denn auch die Konkurrenz „schläft“ bekanntermaßen nicht!

### 5.1.3 Marketingziel

Marketingziele werden auf der Basis der in der Marktforschung ermittelten internen und externen Rahmenbedingungen definiert und kennzeichnen den für das Marketing festgelegten Endzustand, der durch den Einsatz absatzpolitischer Instrumente erreicht werden soll. Ihnen kommt eine besondere Steuerungs- und Koordinationsfunktion zu, denn sie sollen den abgestimmten, kombinierten Einsatz der Marketinginstrumente ermöglichen. Als Zielmaximen lassen sich üblicherweise Marktführerschaft, Kostenführerschaft und Bekanntheitsgrade formulieren, oder, am Beispiel medizinischer Einrichtungen, Leitbilder in den Bereichen Patientenfreundlichkeit, Behandlungsmethoden, Modernität medizintechnischer Ausstattung etc. beschreiben.

Marketingziele sind Grundlage für marktorientiertes Handeln und finden **Anwendung** in der zielgerichteten Bearbeitung des Gesundheitsmarkts, der nicht als Einheit zu betrachten ist, sondern als Gebilde, das aus einzelnen Bevölkerungsgruppierungen

**Beispiel Marketingziel**

Tab. 5.2: Beispiele für Marketingziele im Gesundheitswesen.

| Kriterien | | Zielfelder |
|---|---|---|
| Marktteilnehmer | Patienten | Zusätzliche Patientengewinnung<br>Stärkere Patientenbindung |
| | Konkurrierende Einrichtungen | Konkurrenz ausweichen<br>Konkurrenz stellen |
| Marketing-instrumente | Behandlungsangebot | Angebotserweiterung |
| | Patientenservice | Serviceoptimierung |
| | Patienteninformation | Informationsverbesserung |
| Leistungen | Derzeitige Behandlungsleistungen | Diversifikation |
| | Neue Behandlungsleistungen | Entwicklung neuer Behandlungsleistungen |
| Märkte | Bisherige Märkte | Stärkere Marktdurchdringung |
| | Neue Märkte | Neue Marktentwicklung |

Quelle: Eigene Darstellung.

besteht, die sich hinsichtlich bestimmter nachfragerelevanter Merkmale unterscheiden und auf die die Marketingaktivitäten auszurichten sind.

Die **Vorgehensweise** bei der Ableitung der Marketingziele aus einzelnen Zielfeldern muss folgendes leisten: Eine möglichst genaue und messbare (operationalisierte) Zielformulierung, um die Wirksamkeit bzw. Effizienz der zu entwickelten Strategien und Maßnahmen im Rahmen der Marketingkontrolle beurteilen zu können.

Die letztendliche Festlegung der Marketingziele unterliegt oft vielerlei Restriktionen. Langjährigen Traditionen können ein Hindernis darstellen, aus seinen angestammten Tätigkeitsgebieten auszubrechen. Kernkompetenzen, Grundeinstellungen und Grundhaltungen können dazu führen, dass bestimmte Angebote von vorneherein ausgeschlossen werden, auch wenn sie noch so erfolgsversprechend und ohne allzu großen Aufwand zu realisieren wären.

Eine weitere Restriktion kann die Identifizierung von Zielgruppen darstellen. Ist eine eindeutige Identifizierung möglich, so lässt sich daraus eine mögliche Spezialisierungsstrategie ableiten, um genau dieser Zielgruppe gerecht zu werden. Der Vorteil der Beschränkung auf eine Zielgruppe liegt vor allem in der Bündelung der Kräfte, denn die Marketingaktivitäten lassen sich voll auf die ausgewählte Zielgruppe konzentrieren. Dabei ist allerdings darauf zu achten, dass die ausgewählte Zielgruppe Wachstumschancen bietet und bei der Ausrichtung auf diese Zielgruppe auch Wettbewerbsvorteile gegenüber der Konkurrenz aufgebaut werden können. Steht hingegen keine eindeutige Identifizierung von erfolgsversprechenden Zielgruppen in Aussicht, so bleibt im Grunde genommen nur der Weg einer Generalistenstrategie, um die gesamte Bandbreite möglicher Bedürfnisse abzudecken.

Durch die Berücksichtigung mehrerer Zielgruppen lassen sich größere Teile des Markts erreichen, indem auf die unterschiedlichen Bedürfnisse der einzelnen Zielgruppen differenziert eingegangen wird. Der mit einer Ausrichtung auf mehrere Zielgruppen verbundene Marketingaufwand für Planung, Durchführung und Kontrolle der differenzierten Marketingaktivitäten ist allerdings vergleichsweise hoch. Mitunter schließt sich die gleichzeitige Ausrichtung auf Zielgruppen mit unterschiedlichen Bedürfnissen und Interessenlagen auch aus, insbesondere dann, wenn Zielkonflikte vorliegen.

Als **Vorteil** von Marketingzielen kann die konsequente Ausrichtung des Marketings auf einheitliche Zielmaximen angesehen werden. Ein möglicher **Nachteil**, ist die Gefahr von Zielkonflikten. So kann es sein, dass eine bestimmte Marketingmaßnahme die Erreichung eines Marketingziels fördert, gleichzeitig aber die eines anderen Ziels beeinträchtigt oder gefährdet.

### 5.1.4 Marktpositionierung

Die Entwicklungen und Reformen im Gesundheitssystem machen ebenso, wie die zunehmende Wettbewerbssituation auf dem Gesundheitsmarkt deutlich, dass die Art und Weise der Positionierung einer Gesundheitseinrichtung im Markt von elementarer Bedeutung für ihren Erfolg ist. Als zentrale Ausgangsbasis in der Marktbearbeitungspolitik wird mit der Entscheidung für eine bestimmte Positionierung festgelegt, wie sich die Einrichtung gegenüber anderen Marktteilnehmern profilieren möchte.

Die Marktorientierung und das Marketing in Bezug auf eine Klinik oder Arztpraxis sind die hauptsächlichen **Anwendungsgebiete** der Marktpositionierung, was bedeutet, bedürfnisgerechte Behandlungs- und Patientenserviceleistungen zu entwickeln und anzubieten. Da die Nachfrage nach bestimmten Behandlungsleistungen gerade im therapeutischen oder auch präventiven Bereich im Wesentlichen auch von medizinischen und medizintechnischen Entwicklungen abhängt, stellen die Marktpositionierung und damit das Ausrichten auf den Patientenmarkt einen ständigen Anpassungsprozess dar.

Die **Vorgehensweise** der Marktpositionierung setzt sich aus verschiedenen Elementen zusammen:

Um sich Klarheit über das Marktpotenzial in Bezug auf die eigene Gesundheitseinrichtung zu verschaffen, sind insbesondere Informationen über
- das gesamte Marktvolumen,
- den eigenen Marktanteil,
- die Marktwachstumschancen und
- die Wettbewerbsintensität

**Beispiel Marktpositionierung**

Strategische Positionierung im Krankenhausbereich

„Krankenhausleistungen sind sogenannte Vertrauensgüter, denn die medizinischen Leistungen können von Patienten und Angehörigen in der Regel nicht bewertet werden. Dies führt dazu, dass Patienten anhand von Ersatzkriterien das Krankenhaus und dessen medizinische Leistungen bewerten. So führen der Erstkontakt am Empfang, die Abwicklung der Aufnahmeformalitäten, die Wartezeiten, das Mittagessen, die Freundlichkeit des Personals usw. zu einer Gesamtbewertung der Klinik inklusive der medizinischen Leistungen. Hier gilt, was der Philosoph Epiktet schon vor rund zweitausend Jahren sinngemäß formulierte: Nicht Tatsachen, sondern Meinungen über Tatsachen sind entscheidend. Und genau dieses Phänomen ist eine große Chance für Kliniken. Denn durch eine Verbesserung der ‚Erlebnisse' von Patienten und Angehörigen in der Klinik ist ein großer Teil der Positionierungsarbeit bereits getan, und eine Marke ist dabei zu entstehen. So trivial diese Erkenntnisse klingen, gibt es in der Praxis bisher wenige Kliniken, die den anstrengenden, aber erfolgversprechenden Weg über Qualität und die Prozessoptimierung hin zur Patientenzufriedenheit und damit der Entstehung einer werthaltigen Marke gehen. Tatsächlich ist aber zu beobachten, dass der Prozess oft umgekehrt abläuft: Marken, Positionierungen und auch Leitbilder werden am Konferenztisch ‚beschlossen' und Patienten wie Mitarbeitern ‚verkündet'. Diese Form der Positionierung schadet mehr, als sie nutzt. Denn Versprechen, die in der täglichen Praxis nicht gehalten werden, sind noch deutlich negativer zu bewerten als die gleichen Leistungen, ohne dass vorher falsche Erwartungen bei den Anspruchsgruppen geweckt wurden. Letztlich bedeutet dies für eine Klinik, dass sie in einem Positionierungsprozess vorzugsweise mit den eigenen Mitarbeitern und weniger mit externen Beratern an der kontinuierlichen Verbesserung arbeiten muss. Dies setzt eine vertrauensvolle Zusammenarbeit zwischen Klinikleitung und Belegschaft voraus, die von kompetenten Menschen mit hoher sozialer Kompetenz gesteuert werden muss. Wer diesen Weg geht, wird im Idealfall dadurch belohnt, dass die Patienten wissen, wofür diese Klinik steht und dass sie dort gut aufgehoben sind. Erhält das Krankenhaus nach einem solchen Veränderungsprozess von seinen Patienten mehrheitlich eine positive Rückmeldung, ist eine Marke entstanden, und das Krankenhaus kann beginnen, diese zu kommunizieren und zu visualisieren. Ein weiterer Sachverhalt legt nahe, wie wichtig diese Vorgehensweise für Krankenhäuser ist: Patienten und Angehörige sind in nahezu allen Fällen emotional und daher mit einem hohen Involvement (Eigenanteil; Anm. d. Autoren) an der Leistungserbringung beteiligt. Es ist erwiesen, dass Ereignisse bei emotionaler Beteiligung oft dauerhaft im Gedächtnis verankert werden. Die Werbung bedient sich dieses Zusammenhangs seit vielen Jahren. Der Fokus auf die Basisprozesse, innerhalb derer die Begegnungen mit fast immer emotional beteiligten ‚Kunden' stattfinden, ist der Schlüssel zur Schaffung einer wertvollen Marke, die mit positiven Attributen in den Köpfen der Menschen verankert ist."

Quelle: Sommerhoff, P. (2013): Strategische Positionierung – Krankenhausmarke – Wunschdenken oder Realität. In: Health & Care Management (HCM). 4. Jahrg., Ausgabe 12/2013. Bad Wörishofen: Holzmann-Verlag. S. 64f.

notwendig. Dazu lässt sich beispielsweise die eigene Patientenanzahl und der eigene Kassen- und Privatliquidationsumsatz zu den (geschätzten) Anzahlen und Umsätzen der stärksten Konkurrenten sowie der verbleibenden Wettbewerber addieren, so dass aus der Summe der eigene Marktanteil abgeleitet werden kann. Hinsichtlich der Marktwachstumschancen können zumindest die Entwicklungen als gesichert gelten, die sich aus einer älter werdenden Gesellschaft ergeben.

Die Marktforschung umfasst wissenschaftliche Methoden zur planmäßigen und systematischen Untersuchung des Gesundheitsmarkts, um Marketingentscheidungen treffen zu können.

Aus Sicht der einzelnen Gesundheitseinrichtung stellt sich die Frage, wie sich dieses Potenzial des Gesamtmarkts auf einzelne Marktsegmente und damit Untergruppen verteilt, die es hinsichtlich ihrer Marktreaktion und der Marktbearbeitung differenziert zu beachten gilt.

Im Anschluss an die Festlegung der Marketingziele und der zu erreichenden Zielgruppen ist die geeignete Marketingstrategie daraus zu ermitteln, damit die zukünftigen Absichten und die sich daraus ergebende Marketingpolitik sich definieren und festlegen lassen. Danach findet die Auswahl und Anwendung der für die Umsetzung der festgelegten Marketingstrategie geeigneten Marketinginstrumente statt. Die Marktpositionierung schließt mit einer Erfolgskontrolle ab, damit frühzeitig festgestellt werden kann, ob sich der mit den Marketing-Aktivitäten verbundene Aufwand auch lohnt oder nur zusätzliche Kosten verursacht werden.

Der **Vorteil** einer Marktpositionierung liegt in den Differenzierungs- und Spezialisierungsmöglichkeiten innerhalb des Angebots, die zu einer Profilierung der Gesundheitseinrichtung und damit zur Erschließung zusätzlicher Marktpotenziale beitragen können. Von **Nachteil** ist die Gefahr einer fehlerhaften Markteinschätzung und Positionierung.

### 5.1.5 Portfolioanalyse

Die Portfolioanalyse dient zur Bestimmung der Marktposition und bewertet das Leistungsangebot einer Gesundheitseinrichtung z. B. nach Marktanteil und Marktwachstumschancen. Sie orientiert sich dabei sich zudem an zu identifizierenden Erfolgspotenzialen, die beispielsweise besondere Stärken, erfolgversprechende Trends und Märkte, wichtige Eigenschaften oder Abgrenzungsmöglichkeiten von vergleichbaren Einrichtungen darstellen können. Zu den bekanntesten Portfoliomodellen zählt das das Ende der 1960er Jahre von der *Boston Consulting Group (BCG)* entwickelte absatzmarktorientierte Portfolio. Es stellt den relativen Marktanteil und das erwartete zukünftige Marktwachstum und deren möglichen Ausprägungen (hoch oder niedrig) in vier Feldern einander gegenüber.

Ein wichtiges **Anwendungsgebiet** der Portfolioanalyse ist das Ableiten von Unternehmens- bzw. Marketingstrategien. Im Rahmen der Strategischen Planung wird versucht, eine optimale Zusammenstellung von Entscheidungsobjekten anhand von mehreren Dimensionen zu erzielen, um somit die Ressourcen auf die erfolgsträchtigsten Verwendungsalternativen zu richten.

Die **Vorgehensweise** bei der Portfolioanalyse ordnet beispielsweise das medizinische Leistungsangebot einer Gesundheitseinrichtung nach den Kriterien Marktanteil und Marktwachstumschancen ein, um daraus geeignete Vorgehensweisen ableiten

**Beispiel Portfolioanalyse**

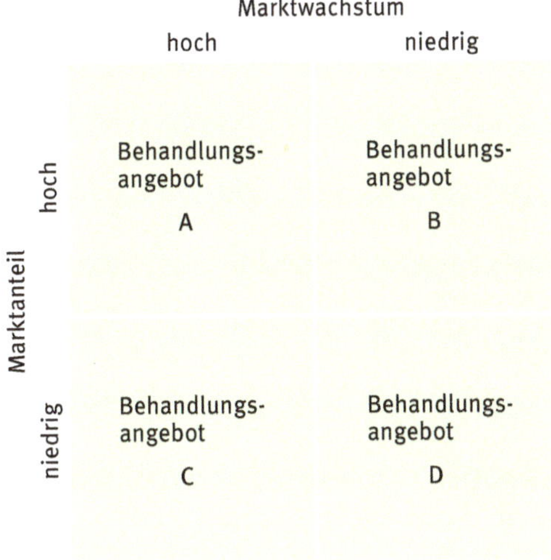


Abb. 5.1: Portfoliobeispiel in Anlehnung an BCG-Portfolio.
Quelle: Eigene Darstellung.

zu können. Zu Beginn sind die Kriterien zu definieren, anhand deren die Einordnung vorgenommen wird. Anschließend muss eine Rasterung erfolgen, durch die verschiedene Felder anhand der Kriterien festgelegt werden. Im Segment A ergeben sich ein hoher Marktanteil und große Marktwachstumschancen. Die daraus ableitbare Strategie lautet, den Umsatz weiter zu steigern und den Marktanteil auszubauen. Dies geht in der Regel allerdings nur, wenn das Angebot durch gezielte Investitionen auf hohem Niveau bleibt. Das Segment B ist gekennzeichnet durch einen hohen Marktanteil aber niedrigen Wachstumschancen. Es werden hohe Erträge erwirtschaftet, größere Investitionen in das Leistungsangebot unterbleiben jedoch. Das Angebot hat bereits eine gute Marktposition, der Gesamtmarkt wächst allerdings nicht mehr. Als Strategie lässt sich hieraus ableiten, den bereits erreichten Marktanteil zu halten, durch gezielte Kostensenkungs- bzw. Rationalisierungsmaßnahmen den Gewinn abzuschöpfen und Investitionen weitestgehend zu vermeiden. Im Segment C sind üblicherweise Neueinführungen angesiedelt, die einen bisher geringen Marktanteil haben, sich jedoch auf einem Markt mit aussichtsreichen Zuwachsraten bewegen. Das Produkt- bzw. Leistungsangebot wirft bislang niedrige Gewinne ab, da die Investitionen sich noch amortisieren müssen. Da dieses Angebot hervorragende Zukunftsaussichten hat, ist die naheliegende Strategie, den Marktanteil auszubauen und durch gezielte Investitionen einen deutlichen Vorsprung zu erzielen. Im Segment D trifft ein niedriger Marktanteil mit geringen Marktwachstumschancen zusammen. Da mit diesen Leistungen nur geringe Umsätze und, wenn überhaupt, auch nur geringe Gewinne erzielt werden, ist zu überlegen, ob dieses Angebot aufrechterhalten werden soll.

Ein **Nachteil** der aufgezeigten Portfolioanalyse besteht in der Beschränkung auf zwei Kriterien sowie vier Matrixfelder. Bei mehrdimensionalen Erweiterungen geht die

Übersichtlichkeit verloren. **Vorteile** von Portfolioanalysen sind hingegen die gemeinsame Berücksichtigung sowohl interner als auch externer Informationen, die pragmatische Ableitungsmöglichkeit von Strategien sowie die ganzheitliche Analysetechnik.

### 5.1.6 Segmentierung

Viele Gesundheitseinrichtungen, wie beispielsweise Kreiskrankenhäuser, müssen ein möglichst breites Universalangebot für die medizinische Versorgung der Bevölkerung aufrechterhalten. Doch mitunter lässt sich auch innerhalb des Angebots differenzieren und sind Spezialisierungsmöglichkeiten gegeben, die zu einer Profilierung der Gesundheitseinrichtung und damit zur Erschließung zusätzlicher Marktpotenziale beitragen können. Da nicht der gesamte Gesundheitsmarkt undifferenziert bearbeitet werden kann, ist dieser in relativ homogene Gruppierungen aufzuteilen, die sich dann gezielt ansprechen lassen. Ein Teil des Gesamtmarkts mit einer homogenen Käufergruppe wird als Marktsegment bezeichnet. Aus Sicht der einzelnen Gesundheitseinrichtung stellt sich die Frage, wie sich dieses Potenzial des Gesamtmarkts auf einzelne Untergruppen verteilt, die es hinsichtlich ihrer Marktreaktion und der Marktbearbeitung differenziert zu beachten gilt (vgl. *Meffert* 2000, S. 181ff.).

Wichtiges **Anwendungsgebiet** der Marktsegmentierung sind Nachfrage, Trends und Entwicklungen im Gesundheitsmarkt, die im Hinblick auf unterschiedliche Patientengruppen und Marktreaktionen differenziert bearbeitet werden müssen.

Grundlage der **Vorgehensweise** bei der Marktsegmentierung ist die Annahme, dass anhand unterschiedlicher Segmentierungskriterien, wie beispielsweise demographische Strukturen, Leistungsnachfrage oder geographische Gegebenheiten, sich der Patientenmarkt für die einzelne Einrichtung genauer einteilen und die einzelnen Teilmärkte mit ihren jeweiligen Potenzialen genauer bearbeiten lassen. Um sich Klarheit über das Marktpotenzial in Bezug auf der eigenen Gesundheitseinrichtung zu verschaffen, sind insbesondere Informationen über das gesamte Marktvolumen, den eigenen Marktanteil, die Marktwachstumschancen und die Wettbewerbsintensität notwendig. Für das Marktumfeld der eigenen Gesundheitseinrichtung sind beispielsweise folgende Segmentierungsmöglichkeiten gegeben (vgl. *Kotler* 2001, S. 418):

- Betrachtung jedes einzelnen Patienten als eigenes Segment und der individuellen medizinischen Behandlung als Unikat, auf die der Patient Einfluss nehmen kann und muss.
- Feinsegmentierung und „Nischenbildung“ innerhalb eines Patientensegments, in dem hinsichtlich der Patientenbedürfnisse große Unterschiede bestehen.
- Segmentierung nach größeren identifizierbaren Patientengruppen durch relevante Unterscheidungskriterien, um eine zielgruppengenaue Bearbeitung des Marktsegments vornehmen zu können.
- Keine Unterscheidung innerhalb der Menge der potentiellen Patienten und damit undifferenzierte Bearbeitung des gesamten Patientenmarkts.

**Beispiel Segmentierung**

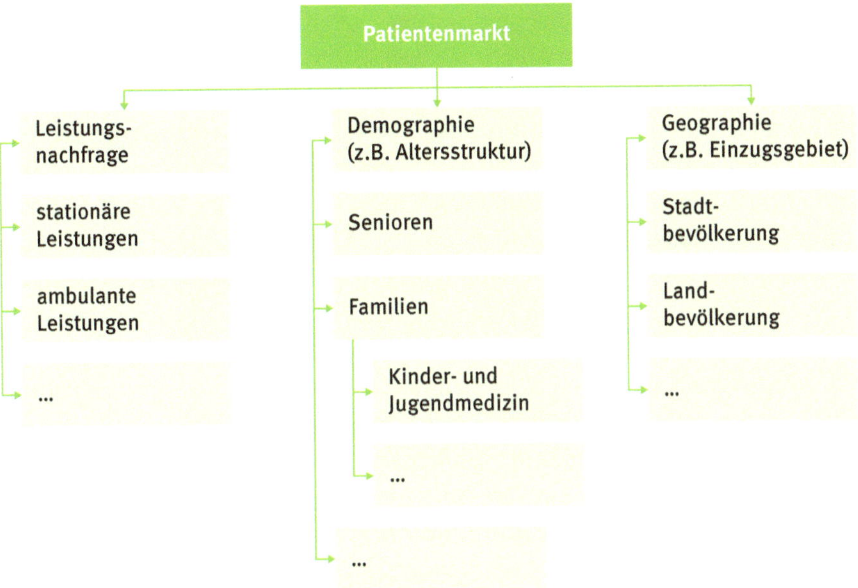


Abb. 5.2: Beispiele für Segmentierungsmöglichkeiten des Patientenmarkts.

Quelle: Eigene Darstellung.

Die **Vorteile** einer Marktsegmentierung liegen vor allen Dingen in der durch eine differenzierte Marktbearbeitung mögliche optimale Anpassung des Angebotes an die speziellen Patientenwünsche und den auf die jeweilige Zielgruppe abgestimmten Einsatz von Marketinginstrumenten. **Nachteile** bestehen hauptsächlich darin, möglichst klar abzugrenzende Gruppierungen zu finden, was zu abnehmenden Segmentgrößen und zu einer zersplitterten Marktbearbeitung führen kann. Mit zunehmender Anzahl von Kriterien für die Segmentbildung werden die Segmente umfangmäßig immer kleiner. Ihre Anzahl nimmt ebenfalls zu, bis im Extremfall eine völlige Aufteilung des Markts erreicht ist, so dass es aus Praktikabilitätsgründen vertretbare Lösungen für die Marktbearbeitungsstrategien gefunden werden müssen.

## 5.2 Patientenkommunikation

### 5.2.1 Patientenfragebogen

Um in Erfahrung zu bringen, wie hoch der Grad der Zufriedenheit des Patienten mit den Behandlungs- und Pflegeleistungen ist, gibt es die Möglichkeit der Befragung von Patienten unter Verwendung von standardisierten Fragebögen. Ziel ist es über die Zufriedenheit treue, loyale Patienten zu gewinnen und daraus einen Patientenstamm aufzubauen. Von Interesse ist dabei beispielsweise nicht nur die Beurteilung von Diagnosesicherheit, Wirksamkeit von Behandlungsmethoden, Begleiterscheinungen oder Schmerzfreiheit, sondern auch von Anfahrtswegen, Wartezeiten, kurzfristiger Termineinräumung oder auch der Zeit für Gespräche und Zuwendung. Daraus lässt sich ableiten, ob die Erwartungen und Vorstellungen des Patienten dauerhaft erreicht und vielleicht sogar noch übertroffen wurden, oder aber die Qualität der Behandlungs- und Pflegeleistungen noch besser dargestellt werden muss, damit sie der Patient auch bewusster wahrnehmen kann.

Patientenzufriedenheit und Patientenbindung sind wichtige **Anwendungsgebiete** von Patientenbefragungen, mit den Zielen, ein dauerhaftes Bemühen um den Patienten und ein langfristig gesichertes Leistungsniveau zu erreichen.

Bei der **Vorgehensweise** ist zunächst auf den Zeitpunkt der Patientenbefragung und mögliche Risiken bei der Qualität der Ergebnisse zu achten:
- Behandlungsgbeginn: Behandlung kann noch nicht umfassend beurteilt werden.
- Behandlungsende: Rückmeldung über die gesamte Behandlung ist möglich, kann aber beispielsweise durch Erleichterung über das Behandlungsende verfälscht sein.
- Nachträglich: Rückmeldung über die gesamte Behandlung einschließlich Entlassung und Nachsorge ist möglich, kann aber durch Erinnerungsfehler verfälscht sein.

Um einen Patientenfragebogen möglichst aussagekräftig zu gestalten, ist die Einhaltung von Gestaltungsregeln sinnvoll, wie beispielsweise:
- Umfang: Maximal 30 Fragen.
- Suggestivfragen: Vermeidung von Suggestivfragen, die die Antwort nahe legen.
- Fragengestaltung: Zusammenziehung von Einzelfragen zu Fragenkomplexen.
- Fragestellung: Vermeidung abstrakter Fragen.
- Formulierung: Deutliche und klar verständliche Frageformulierungen.
- Beantwortung: Vermeidung von Fragen ohne Antwortalternativen.
- Befragte: Berücksichtigung von Bildungsstand und sozialer Herkunft bei der Fragenformulierung.

Die Aufarbeitung der Fragebogenergebnisse ist nicht zuletzt deshalb von Bedeutung, um den Mitarbeitern zu zeigen, dass das Feedback der Patienten, ihre Anfragen und Verbesserungsvorschläge für den Lernprozess im Gesundheitswesen wichtig sind. Sie tragen dazu bei, Leistungsmängel festzustellen, Hinweise auf Stärken und Schwächen zu erhalten, betriebliche Abläufe zu optimieren und durch Fehler entstehende Kosten zu reduzieren. Eine dadurch gesteigerte Servicequalität trägt auch zu einer höheren Patientenzufriedenheit und damit einer verbesserten Patientenbindung bei.

Die **Vorteile** bei der Verwendung standardisierter Patientenfragebögen liegen in ihrer guten Auswertbarkeit, den strukturierten Angaben und der Vergleichbarkeit der Einschätzungen der Befragten. **Nachteile** ergeben sich möglicherweise daraus, dass

**Beispiel Patientenfragebogen**

Beispiele für Inhalte eines Praxisfragebogens:
- Informationsmaterialien,
- Information durch die Praxismitarbeiterinnen,
- Information durch den Behandler,
- Telefonische Erreichbarkeit,
- Wartezeiten,
- Allgemeines Praxiserscheinungsbild,
- Praxisbeschilderung,
- Wartezimmerausstattung,
- Hygiene und Sauberkeit in Praxisräumen und Toiletten,
- Freundlichkeit und Hilfsbereitschaft des Praxispersonals,
- Gründlichkeit der Untersuchung,
- Erläuterung der Diagnose,
- Erläuterung von Behandlungsalternativen,
- Beurteilung des Behandlungserfolgs,
- Bereitschaft zur Weiterempfehlung der Praxis,
- Verbesserungsvorschläge.

nur auf gestellte Fragen geantwortet werden kann oder frei formulierte schriftliche Antworten ohne weitere Erläuterungen unverständlich sein können.

### 5.2.2 Patientenbindung

Mindestens ebenso wichtig wie die Patientengewinnung ist es, Patienten langfristig an sich zu binden und von den eigenen Leistungsangeboten dauerhaft zu überzeugen. Eine langfristige Patientenbindung basiert nicht auf dem Verständnis von einer Behandlung als einmalige medizinische Dienstleistung, sondern als Anfang einer Vertrauensbeziehung zwischen der Gesundheitseinrichtung und den Patienten.

Aus Sicht des Marketings im Gesundheitswesen ist für den Erfolg einer medizinischen Einrichtung eine konsequente Patientenorientierung von besonderer Bedeutung, was sie zu einem wichtigen **Anwendungsgebiet** der langfristigen Bindung von Patienten macht.

Im Zentrum der **Vorgehensweise**, um eine möglichst dauerhafte Patientenbindung zu erzielen, steht das Erreichen von Patientenzufriedenheit, in dem die Erwartungen und Vorstellungen des Patienten dauerhaft erreicht oder übertroffen werden. Die Qualität der ärztlichen Behandlung ist dabei so darzustellen, dass der Patient sie auch bewusst wahrnimmt, was für den Einsatz aller Marketinginstrumente gilt.

Zur Aufrechterhaltung des für eine langfristige Bindung notwendigen Kontakts zu den Patienten können beispielsweise Maßnahmen dienen, wie
- Recall-Systeme,
- Vorsorgetermine,

- medizinische Vorträge und prophylaktische Beratung,
- Patienteninformationen,
- Hauszeitschriften,
- Newsletter,
- Presse- und Öffentlichkeitsarbeit.

Die Patientenbindung setzt ferner emotionale Reaktionen voraus, die den Vergleich zwischen den Erwartungen und den tatsächlichen Erfahrungen, die die Patienten machen, begleiten. Das Ergebnis des komplexen Vergleichsprozesses ist eine subjektive Einschätzung, die mit einem Vergleichsmaßstab bewertet wird. Dieser Maßstab setzt sich aus dem Anteil des Patienten an der Behandlung, aus dem Vergleich mit anderen Patienten und aus dem Nutzen, den er aus dem Besuch in der medizinischen Einrichtung zieht, zusammen:

**Beispiel Patientenbindung**

Beispiel Recall-System für Arzt- und Zahnarztpraxen

„Ein Recall-System etwa ist eine praktikable Methode, um den Patienten an die Praxis zu binden. Behandlungs- und Vorsorgetermine werden meist einige Tage oder gar Wochen im Voraus vereinbart.'...,Wie könnte die Kommunikation mit den Patienten aussehen? Die von einigen Praxen bisher verwendeten Mittel – Postkarte, Brief oder Telefon – sind vergleichsweise teuer und zeitaufwendig. Solche Aufgaben sollte man deshalb dem Computer überlassen. Freilich sind dafür einige Vorarbeiten nötig. So muss man die Patienten fragen, wie sie am besten zu erreichen sind, wobei vor allem Handy (für SMS-Empfang) und E-Mail von Interesse sind. Hat der Patient eine E-Mail-Adresse – und das ist immer häufiger der Fall –, sollte man sicherheitshalber eruieren, ob er auch oft hineinschaut. Manche Menschen tun das nur alle paar Wochen. Und es ist ratsam, dem Patienten eine Begrüßungs-Mail anzukündigen und diese dann zeitnah abzuschicken. Dann ist nämlich die Gefahr kleiner, dass sie in einem Spam-Ordner landet, ohne dass dies überhaupt bemerkt wird.

Grundsätzlich ist es nötig, sich vom Patienten schriftlich die Einwilligung geben zu lassen, dass er auf diesem Wege kontaktiert werden möchte. Andernfalls könnte es Probleme geben, wenn jemand diese Briefe als ‚unerwünschte Werbung' empfindet – und die ist neuerdings strafbar.

Wie sieht der Ablauf im Alltag aus? Die E-Mails und SMS-Botschaften selbst liegen natürlich im Praxis-Computer vorformuliert vor. Die Zahnarzthelferin trägt nur jeweils Adresse (aus der Patientenkartei) und Datum des Termins ein und drückt auf den Sendeknopf. Zunehmend wird auch spezielle Praxis-Software angeboten, die solche Aufgaben nebenher automatisch erledigt – etwa Terminverwaltungs-Programme.

Natürlich muss man beim Knüpfen der Patient-Praxis-Bindung nicht bei Erinnerungs-Mails stehen bleiben. Hilfreich und – bei Massenversand dank bestimmter Programme – nicht sehr aufwendig etwa sind Newsletter. Sie können den Patienten zum Beispiel mit aktuellen zahnmedizinischen Informationen ‚aus der Praxis' versorgen, bisweilen auch Falschmeldungen in der Presse richtigstellen. So wirken sie nicht als Praxis-Reklame, sondern als willkommener Service."

Quelle: Kassenzahnärztliche Vereinigung Baden-Württemberg KZV BW (Hrsg., 2014): Patientenbindung – Der Computer macht es einfach. Online im Internet: http://www.kzvbw.de/site/beruf/berufsinfos/2013/07/patientenbindung. Stuttgart. Abfrage: 11.12.2014.

- Patientennutzen: Diagnosesicherheit, Heilungserfolg, Beschwerdefreiheit.
- Patientenanteil an der Behandlung: Honorarhöhe, Wartezeiten, Anfahrtsweg.
- Patientenvergleich: Qualität und Anzahl der Verschreibungen, Terminvergabe, Behandlungs- bzw. Besprechungsdauer.

Die Patientenbindung ist somit keine einmalige Werbeaktion, sondern ein dauerhaftes Bemühen um den Patienten mit einer konsequenten Patientenorientierung und einem wirksamen Qualitätsmanagement, welches die Grundlage für ein langfristig gesichertes Leistungsniveau und damit eine hohe Patientenzufriedenheit bietet.

Zu einer Verbesserung der Patientenbindung trägt auch die Art und Weise des Umgangs mit Beschwerden bei. Um die Zufriedenheit des Patienten wiederherstellen und Stabilität in gefährdete Patientenbeziehungen bringen zu können, ist es insbesondere wichtig, dass die Patienten Anlaufstellen für Ihre Beschwerden kennen und die Suche nach einer wenn möglich raschen Problemlösung stattfindet, um das Vertrauen wiederherzustellen und Problemlösungskompetenz zu zeigen.

Die **Vorteile** einer Patientenbindung sind die dauerhafte Patientengewinnung und Sicherung eines Patientenstamms. Eventuelle **Nachteile** sind vernachlässigbar.

### 5.2.3 Zielgruppen

Unter der Zielgruppe sind jene Bevölkerungsteile zu verstehen, die durch die Marketingaktivitäten bevorzugt angesprochen werden sollen. Sie bilden im Allgemeinen keine homogene Einheit, sondern unterscheiden sich unter anderem hinsichtlich ihrer Bedürfnisse, Präferenzen und der ihnen zur Verfügung stehenden finanziellen Mittel. Der Markt ist daher in der Regel nicht als Einheit zu betrachten, sondern als Gebilde, das aus einzelnen Bevölkerungsgruppierungen besteht, die sich hinsichtlich bestimmter nachfragerelevanter Merkmale unterscheiden und auf die die Marketingaktivitäten auszurichten sind.

Ein wichtiges **Anwendungsfeld** der Bildung von Zielgruppen sind somit Marketingmaßnahmen, die es möglichst differenziert, wirksam und zielorientiert auszurichten gilt.

Im Zentrum der **Vorgehensweise** bei der Bildung von Zielgruppen steht die Frage, ob die Marketingaktivitäten auf eine Zielgruppe, wenige oder mehrere Zielgruppen ausgerichtet werden sollen. Dies hängt im Wesentlichen von den vorhandenen finanziellen Mitteln, der Bedeutung der einzelnen Zielgruppen und vom Konkurrenzverhalten ab. Der Vorteil der Beschränkung auf eine Zielgruppe liegt vor allem in der Bündelung der Kräfte, denn die Marketingaktivitäten lassen sich voll auf die ausgewählte Zielgruppe konzentrieren. Eine solche Vorgehensweise scheint auch deswegen besonders attraktiv, weil sie in der Regel mit geringeren finanziellen Aufwendungen verbunden ist, als die gleichzeitige Ausrichtung auf mehrere Gruppierungen. Dabei ist allerdings darauf zu achten, dass die ausgewählte Zielgruppe Wachstumschancen bietet und bei

**Beispiel Zielgruppen**

Zielgruppenbeschreibung des Bezirkskrankenhauses Lohr – Krankenhaus für Psychiatrie, Psychotherapie und Psychosomatische Medizin:

„Patienten mit intellektuellen Behinderungen, die sich in einer akuten/chronischen psychischen Konfliktsituation/Krankheitsphase befinden sowie Patienten mit intellektuellen Behinderungen und Verhaltensstörungen. Es handelt sich also in erster Linie um Patienten mit intellektuellen Behinderungen, die wegen Psychosen, Entwicklungsstörungen (vorwiegend Autismus-Spektrum-Erkrankungen), affektiven Erkrankungen, hier vorwiegend Depressionen, Angst- und Zwangserkrankungen sowie schwerwiegende Verhaltensstörungen einer stationären psychiatrischen Krankenhausbehandlung bedürfen oder sich in einer akuten Versorgungskrise befinden, die nicht anders bewältigt werden kann als durch eine kurzfristige Krankenhaus-Kriseninterventiοn.

Des Weiteren können neurologische Krankheitsbilder bei Patienten mit schwereren intellektuellen Behinderungen abgeklärt oder behandelt werden, die nicht in offenen neurologischen Abteilungen versorgt werden können. Dabei handelt es sich häufig um Betreuung von Patienten von epileptischen Anfallsleiden.

Patienten mit intellektuellen Behinderungen und zusätzlichen sensorischen – körperlichen Behinderungen können ebenfalls aufgenommen und behandelt werden."

Quelle: Bezirkskrankenhaus Lohr (2014): Zielgruppe. Online im Internet: http://www.bezirkskrankenhaus-lohr.de/sozio/zielgruppe/index.html. Lohr. Abfrage: 15.12.2014.

der Ausrichtung auf diese Zielgruppe auch Wettbewerbsvorteile gegenüber der Konkurrenz aufgebaut werden können. Die Ausrichtung auf eine einzelne Zielgruppe ist zudem aufgrund der hohen Abhängigkeit von der Entwicklung dieser Zielgruppe mit einem hohen Risiko verbunden.

Durch die Berücksichtigung mehrerer Zielgruppen lassen sich größere Teile des Markts erreichen, indem auf die unterschiedlichen Bedürfnisse der einzelnen Zielgruppen differenziert eingegangen wird. Eine Umsatzstagnation oder gar ein Umsatzrückgang bei einer Zielgruppe hat zudem geringere Auswirkungen. Der mit einer Ausrichtung auf mehrere Zielgruppen verbundene Marketingaufwand für Planung, Durchführung und Kontrolle der differenzierten Marketingaktivitäten ist allerdings vergleichsweise hoch. Mitunter schließt sich eine gleichzeitige Ausrichtung auf Zielgruppen mit unterschiedlichen Bedürfnissen und Interessenlagen auch aus, insbesondere dann, wenn Zielkonflikte vorliegen.

Die Zielgruppenbildung im Gesundheitswesen bietet die Möglichkeit zur Abgrenzung und Hervorhebung gegenüber dem Wettbewerb. Dazu zählen beispielsweise Leistungen aus dem Bereich des Patientenservice und spezielle zielgruppenorientierte Angebote für

- Sportler,
- Allergiker,
- Senioren,
- Familien,
- Singles.

Für die Bildung von Zielgruppen steht eine Vielzahl von Segmentierungsmerkmalen mit unterschiedlichen **Vor-** und **Nachteilen** zur Verfügung. Bei der Eingrenzung ist beispielsweise einerseits immer auf die wünschenswerte Abgrenzbarkeit, andererseits aber auch auf den hinreichenden Umfang der Zielgruppen zu achten.

# 6 Beispiele aus dem Bereich „Organisation“

## 6.1 Aufbauorganisation

### 6.1.1 Aufgabenanalyse

Ausgangspunkt der Aufbauorganisation als formale Zuordnung von Aufgaben, Personen und Sachmitteln ist die Stellenbildung, auf der Grundlage einer Aufgabenanalyse. Sie stellt die dafür notwendige systematische Erfassung und Gliederung der anfallenden Aufgaben dar, welche wichtige Voraussetzungen für jede organisatorische Gestaltung sind. Die Aufgabenanalyse erfolgt beispielsweise zur Vorbereitung der arbeitsteiligen Aufgabenerfüllung in einer Gesundheitseinrichtung. Zu diesem Zweck ist eine Zerlegung der Gesamtaufgabe in einzelne Teilaufgaben vorzunehmen, um für die nachfolgende Aufgabensynthese sämtliche zur Zielerreichung wichtigen Vorgänge in Form von verteilbaren Einzelaufgaben stufenweise zu ermitteln und hierarchisch in einer Aufgabengliederung überschaubar abzubilden.

Die wesentlichen **Anwendungsgebiete** der Aufgabenanalyse sind die Aufbauorganisation, aber auch die Ablauforganisation, wenn es um Regelungen für die räumliche und zeitliche Abfolge von Vorgängen und die Festlegung ihrer Reihenfolge geht.

Zur **Durchführung** der Aufgabenanalyse erfolgt das geordnete Zerlegen einer übergeordneten Aufgabe in Teilaufgaben. Dadurch entsteht eine Aufgabengliederung, die neben den Teilaufgaben auch die zwischen den Teilaufgaben bestehenden Beziehungen enthält. Gliederungsmerkmale der Aufgabenzerlegung können sein:

- Zweck: Aufgabenzerlegung in Zweckaufgaben, die primär und unmittelbar den Unternehmenszielen dienen und Verwaltungsaufgaben, die nur sekundär und indirekt den Zielen nützen.
- Verrichtung: Gliederung der Gesamtaufgabe nach Tätigkeitsarten.
- Phase: Gliederung der Gesamtaufgabe nach Planung, Durchführung und Kontrolle.
- Objekt: Zerlegung der Gesamtaufgabe anhand der Objekte, an denen sie verrichtet wird.
- Rang: Unterteilung der Gesamtaufgabe in Entscheidungs- und Ausführungsaufgaben nach zeitlichen und qualitativen Aspekten.

Während sich die Verrichtungsgliederung (was wird wie getan?) auf die für die Aufgabenerfüllung notwendigen Teilschritte bezieht, wird bei der Objektgliederung (woran erfolgt die Verrichtung?) das Sachziel in Unterobjekte zerlegt. Der Aufgabeninhalt wird durch Kombination von Verrichtungs- und Objektanalyse festgelegt. Die Phasenanalyse bestimmt den Aufgabenspielraum, wobei Planungsaufgaben über einen solchen verfügen, hingegen Umsetzungsaufgaben eher nicht, da ihr Aufgabeninhalt genau festgelegt ist. Kontrollaufgaben ermöglichen den Vergleich von Planung und Umsetzung.

**Beispiel Aufgabenanalyse**

Abb. 6.1: Zerlegung der Aufgabe „Beschaffung von medizinischem Verbrauchsmaterial“.
Quelle: Eigene Darstellung.

Auf die Aufgabenanalyse folgt die Aufgabensynthese, bei der die in der Aufgabenanalyse ermittelten Teilaufgaben zu einer Stelle zusammengefügt werden.

Die **Vorteile** der Aufgabenanalyse innerhalb einer aufbauorganisatorischen Neustrukturierung liegen vor allen Dingen in der grundlegenden Untersuchung aller Teilaufgaben und der Möglichkeit zur Reduzierung von überflüssigen und nicht zu zielgerichteten Gesamtaufgaben zählenden Tätigkeiten. Als **Nachteil** mag der mit einer Aufgabenanalyse verbundene Aufwand anzusehen sein.

### 6.1.2 Organigramm

Ein Organigramm ist ein aufbauorganisatorisches Hilfsmittel zur Abbildung der Organisationsstruktur, der Aufgabenverteilung und der Organisationseinheiten. Es dient dazu, die organisatorische Gliederung in Bereiche, Abteilungen, Gruppen etc. in einem Schaubild darzustellen, so dass sich Mitarbeiter und auch Interessierte, die nicht der Organisation angehören, einen Einblick in die Organisationsstrukturen, Hierarchien und Zuständigkeiten verschaffen können. Ferner bildet es auch die Über- und Unterstellungsverhältnisse der einzelnen Organisationseinheiten zueinander ab, aus denen sich mitunter ebenfalls die Weisungs-, Informations- und Kommunikationsbeziehungen erschließen lassen.

**Beispiel Organigramm**

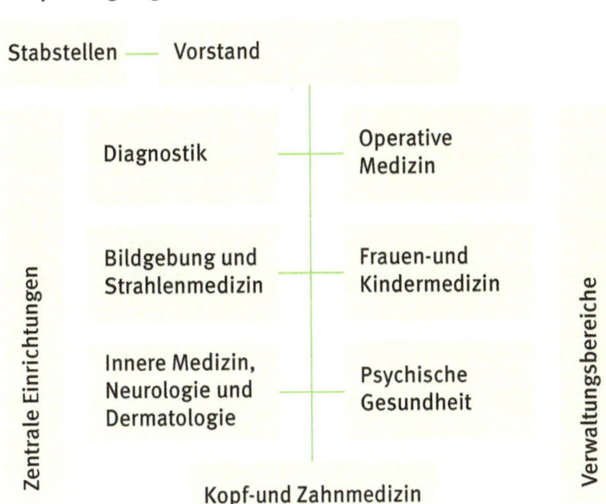


Abb. 6.2: Department-Organigramm des Universitätsklinikums Leipzig.

Quelle: In Anlehnung an Universitätsklinikum Leipzig (2014): Organigramme zur Struktur des Universitätsklinikums Leipzig – Departments. Online im Internet: http://www.uniklinikum-leipzig.de/r-organigramm-a-115.html. Leipzig. Abfrage: 22.12.2014.

Die Abbildung ablauforganisatorischer Strukturen ist ebenfalls durch die Verwendung von Organigrammen möglich. Der Begriff wird jedoch häufiger mit der Abbildung der Aufbauorganisation und der personellen Besetzung der Leitungsfunktionen in Verbindung gebracht.

Das hauptsächliche **Anwendungsgebiet** von Organigrammen ist somit die Aufbauorganisation beispielsweise von Gesundheitseinrichtungen, die üblicherweise im Internet oder in Organisationshandbüchern in Form von Schaubildern hinterlegt ist.

Die **Vorgehensweise** zur Erstellung eines Organigramms greift in der Regel auf grafische Symbole (Kästchen, Kreise, Linien etc.) zurück, deren Einsatz von der gewünschten Art und Weise der Darstellung sowie dem angestrebten Informationsgehalt abhängt. Typische Informationen sind in diesem Zusammenhang:
- Name der Organisationseinheit,
- Name des Funktionsträgers,
- Telefonnummer,
- Ort/Gebäude/Raum-Nr.,
- Hauptaufgabe/-zuständigkeit.

Eine weitere Festlegung trifft die Darstellungsform, die der aufbauorganisatorischen Struktur entspricht:

- funktional,
- divisional,
- vertikal,
- horizontal.

Das klassisch-funktional gegliederte Organigramm, in der die Aufbauorganisation pyramidenartig abgebildet ist, ist die am häufigsten anzutreffende Darstellungsform. In ihm sind die einzelnen Funktionen (bspw. Kliniken, Stationen oder Chefärzte, Oberärzte, Stationsärzte) in einer hierarchischen, vertikalen Struktur wiedergegeben und oft mit den oben genannten zusätzlichen Informationen versehen.

Ein wesentlicher **Vorteil** von Organigrammen besteht, einen raschen Überblick über aufbauorganisatorische Strukturen und Zuständigkeiten zu bekommen. Ihre **Nachteile** liegen darin, dass sie stark vereinfachend sind, Hierarchien und problematische Strukturen möglicherweise festigen und dadurch Flexibilität und notwendige Veränderungen erschweren. Auch können sie falsche Anreize setzen, indem notwendige prozessorientierte Organisationsstrukturen ausgeblendet und das Aufsteigen in der Hierarchie als alleinig erstrebenswert visualisiert werden.

### 6.1.3 Projektorganisation

Die Projektorganisation ist eine Organisationsform zur Lösung einer einmaligen und fest definierten Aufgabe, die ein fachübergreifendes Zusammenwirken erfordert und erhebliche Auswirkungen auf Situation und Abläufe einer Gesundheitseinrichtung hat. Projekte haben einen festgelegten Anfang und werden nach einer Realisierungsphase durch die Zielerreichung beendet.

Typische **Anwendungsgebiete** der Projektorganisation sind Aufgaben, die nicht als fachinterne Linienaufgaben oder durch fachübergreifende Arbeitskreise mit fester Aufgabenzuordnung bewältigt werden können.

Die **Vorgehensweise** bei einer Projektorganisation beginnt in der Regel mit der Feststellung, dass die Lösung einer Aufgabe nicht als Linienaufgabe möglich und ein Projekt erforderlich ist. Der Änderungsbedarf wird beispielsweise abgeleitet aus Unternehmenszielen, -strategien, ergibt sich aufgrund geänderter Rahmenbedingungen oder eigener Aktivitäten. Üblicherweise werden dazu Voruntersuchungen durchgeführt und erste Lösungsvorschläge unterbreitet. Auf dieser Grundlage erstellt der Bedarfsträger einen Projektantrag, der z. B. folgende Angaben enthält:
- Formulierung der Aufgabenstellung und Zielsetzung,
- vorläufige Aufwandsschätzung (interne und externe Kosten),
- Kosten-Nutzen-Vergleich,
- vorgesehener Zeitrahmen.

**Beispiel Projektorganisation**

Projektkoordination in der Städtisches Klinikum Solingen gemeinnützige GmbH

„Das Streben nach einer ständigen Verbesserung der Qualität und wachsende Anforderungen durch Politik und Gesellschaft machen immer wieder Veränderungen in den Strukturen und Abläufen eines Krankenhauses erforderlich. Neue Behandlungsmethoden und neue Erkenntnisse müssen umgesetzt werden. Damit diese Veränderungen zielstrebig und effektiv eingeführt werden, gibt es im Städtischen Klinikum Solingen eine zentrale Projektkoordination.

Alle Veränderungsprojekte werden nach den Regeln des Projektmanagements durchgeführt. Dazu gehören eine klare Projektplanung mit der Vereinbarung von Projektzielen, die Benennung der Projektmitarbeiter und des verantwortlichen Projektleiters sowie einer zeitlichen Planung zur Umsetzung. Alle Projekte werden direkt durch die Unternehmensleitung oder durch die Steuerungsgruppe Qualitätsmanagement beauftragt und begleitet. Die Mitarbeiterinnen des Ressorts Qualitätsmanagement und Projektkoordination beraten und unterstützen die Projektleiter und stellen die Kommunikation zwischen diesen und der Unternehmensleitung sicher."

Quelle: Städtisches Klinikum Solingen gGmbH (2014): Projektkoordination in der Städtisches Klinikum Solingen gemeinnützige GmbH. Online im Internet: http://www.klinikumsolingen.de/351-0-Projektmanagement.html. Solingen. Abfrage: 22.12.2014.

Über den Projektantrag entscheidet üblicherweise ein Projektausschuss, der die Notwendigkeit des Projektes bewertet, es priorisiert und in das Projektportfolio des Unternehmens einordnet. Er entscheidet auch über die Feindefinition und Abgrenzung des Projektziels, die personelle Besetzung (Projektleiter und Lenkungsausschuss) und erteilt den Projektauftrag an den Projektleiter, der dann die Projektvereinbarung ausarbeitet. Sie enthält unter anderem Angaben über Meilensteinpläne, Arbeitspakete, geplante Vorgehensweisen, Terminplanungen, Kostenrahmen etc. Die Projektvereinbarung wird zwischen Projektleiter und Lenkungsausschuss abgeschlossen.

In der durchzuführenden IST-Analyse werden Schwachstellen herausgearbeitet und anschließend SOLL-Vorstellungen formuliert, wobei nach Lösungsmöglichkeiten gesucht und diese bewertet werden (hinsichtlich Kosten, Durchführbarkeit, Integrationsfähigkeit). Die Erarbeitung eines Feinkonzepts dient unter anderem dazu, Kompatibilität mit vorhandenen Systemen herzustellen. Die anschließende Maßnahmenrealisierung umfasst die Realisierung von Einzelmaßnahmen durch die Projektgruppe selbst; umfangreiche fachübergreifende Maßnahmen gegebenenfalls durch neue Projekte und die Überwachung der Umsetzung von Linienmaßnahmen durch die Projektgruppe. In einem Projektabschlussbericht wird über den geplanten und tatsächlichen Aufwand Rechenschaft abgelegt.

Ein wesentlicher **Vorteil** der Projektorganisation liegt in ihrer fachübergreifenden Gestaltung von Veränderungsprozessen. Forschung, Aufgabenverteilung und Vernetzung im Gesundheitswesen gehen heutzutage einher mit oft internationaler und interkultureller Projektorganisation, aus der sich zugleich neue Herausforderungen an die Führung von Projekten mit über verschiedene Standorte international verteilte Projektteams stellen. Ein **Nachteil** ist hin und wieder, dass aus gescheiterten Projekten oder solchen mit erheblichem Zeitverzug und immenser Budgetüberschreitung nicht die richtigen Schlüsse gezogen werden, sich dadurch Fehler im Projektmanagement nicht gerade selten wiederholen und den eigenen Problemlösungskompetenzen zu wenig Vertrauen geschenkt wird.

### 6.1.4 Rechtsform

Die rechtliche Organisationsform von Gesundheitseinrichtungen wird durch ihre Rechtsform bezeichnet, deren verschiedene Ausprägungen in eigenen Gesetzeswerken festgelegt sind und die sich in wesentlichen Merkmalen voneinander unterscheiden, z. B. in Personen- und Kapitalgesellschaftsformen bzw. öffentlich-rechtliche und private Rechtsformen.

Die **Anwendung** von Rechtsformen kann bereits konkludent (ohne ausdrückliche Absprache) erfolgen, so dass rechtlich beispielsweise eine Gesellschaft bürgerlichen Rechts (GbR) vorliegt, ohne dass diese Tatsache den Beteiligten bewusst ist. Bei der GbR ist der Abschluss des Gesellschaftsvertrages grundsätzlich formfrei.

Zur **Durchführung** der Wahl einer geeigneten Rechtsform werden Entscheidungskriterien herangezogen, wie beispielsweise:

- Gewinn/Verlust: Unterschiedliche Möglichkeiten und Auswirkungen der Ergebnisverteilung.
- Finanzierung: Möglichkeit neues Eigen- oder Fremdkapital aufnehmen zu können kann eingeschränkt oder im Fall von Aktiengesellschaften über den Zugang zum Kapitalmarkt sogar erweitert sein.
- Leitung: Unterschiedliche Möglichkeiten zur Regelung der Geschäftsführung und der Vertretung (Selbstorganschaft bei Personengesellschaften durch Anteilseigner, Drittorganschaft bei Kapitalgesellschaften durch eigene Organe).
- Steuern: Unterschiedliche Steuerbelastung bei den verschiedenen Rechtsformen; an die Gesellschafter ausgeschüttete und in der Gesellschaft einbehaltenen Gewinne werden unterschiedlich hoch besteuert; Unterschiede in der laufenden Besteuerung des Gewinns und Gewerbeertrags bzw. des Vermögens und des Gewerbekapitals in Personengesellschaften und Kapitalgesellschaften aufgrund unterschiedlich in Frage kommender Steuern; unterschiedliche Ermittlung der Bemessungsgrundlagen und unterschiedliche Gestaltung der Steuertarife.
- Haftung: Unterschiedliche Möglichkeiten zur Begrenzung der Haftung der Gesellschafter.
- Publizitätspflicht: Größere Kapitalgesellschaften müssen wichtige Ertrags- und Vermögensverhältnisse häufiger und umfassender veröffentlichen.
- Rechnungslegung/Prüfung: Im Vergleich zu Kapitalgesellschaften Vereinfachungen für kleinere Personenunternehmen.
- Veräußerung: Kauf oder Verkauf von Eigenkapitalanteilen ist bei Kapitalgesellschaften flexibler möglich als bei Personenunternehmen.

**Beispiel Rechtsformen**

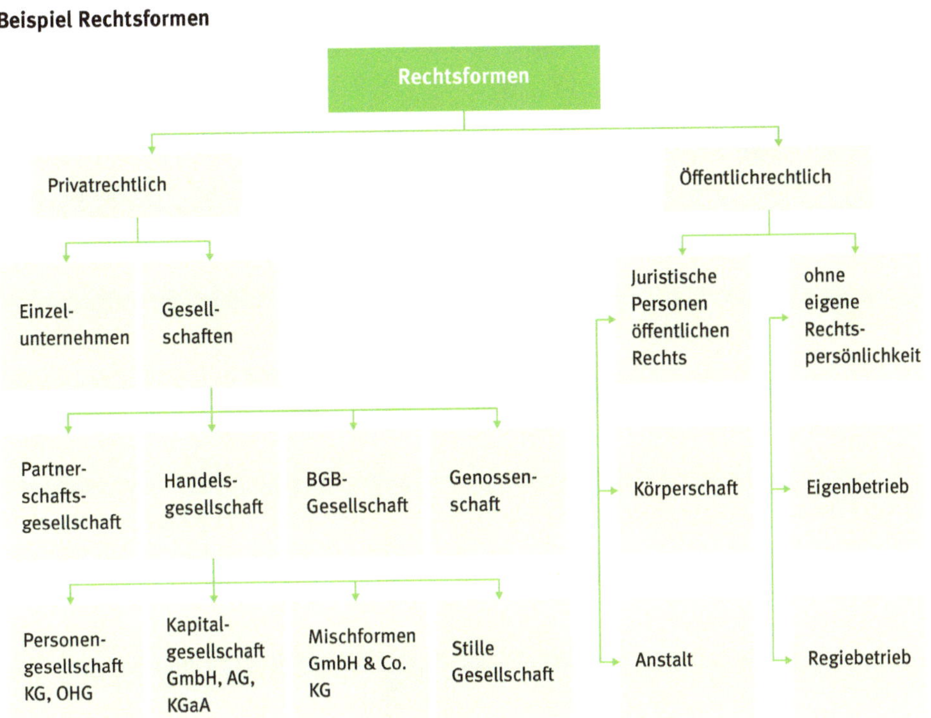


Abb. 6.3: Beispiele für Rechtsformen im Gesundheitswesen.

Quelle: Eigene Darstellung.

Zu den wichtigsten Rechtsformen im Gesundheitswesen zählen unter anderem die Partnerschaftsgesellschaft als Personengesellschaft, zu der sich Angehörige bestimmter freier Berufe wie Ärzte, Zahnärzte, Tierärzte, aber auch Hebammen, Heilpraktiker und andere mehr zusammenschließen können, die Praxisgemeinschaft als GbR und Zusammenschluss von niedergelassenen Ärzten zur gemeinsamen Nutzung von Praxiseinrichtung und Personal bei der Behandlung von Patienten, die Gemeinschaftspraxis als GbR mit gemeinsamer Praxisführung und Patientenbehandlung, sowie insbesondere bei öffentlichen Einrichtungen die Anstalt, die durch oder aufgrund eines Gesetzes errichtet ist und staatlicher Anstaltsaufsicht unterliegt, und im kommunalen Bereich Eigenbetrieb und Regiebetrieb.

### 6.1.5 Stellenzuordnung

Bei der Stellenzuordnung sind einer Stelle als kleinste organisatorische Einheit zur Erfüllung von Aufgaben im Rahmen der Aufgabensynthese zunächst immaterielle und materielle Stellenelemente zuzuordnen. Da sie den Aufgabenbereich einer gedachten, abstrakten Person beinhaltet und sich auf deren Normalkapazität mit der erforderlichen Eignung und Übung bezieht, sind neben der Aufgabe, ihrer Dauer und Abgrenzung auch Aufgabenträger Aufgabenkomplexität und Aufgabenumfang so zu konkretisieren, dass sie auch durch die vorgesehene Person bewältigt werden können.

Wichtiges **Anwendungsgebiet** der Stellenzuordnung ist die Aufbauorganisation, zu deren Zweck die einzelne Stelle, aber auch die Gesamtmenge aller Stellen zu strukturieren ist, um das Organisationsgefüge auszugestalten (Gruppen, Teams, Abteilungen, Hauptabteilungen etc.).

Die **Durchführung** der Stellenzuordnung sieht eine grundsätzliche Ausrichtung in Form einer Zentralisation vor, die die Zusammenfassung gleichartiger Aufgaben in einer Stelle anstrebt, oder eine Dezentralisation, bei der gleichartige Aufgaben auf mehrere Stellen verteilt werden. Ferner ist die Unterscheidung zu treffen in Stellen mit Leitungsaufgaben (Leitungsstellen, Instanzen) und Ausführungsstellen, die keine Leitungsbefugnis besitzen. Die Zuordnung der immateriellen Stellenelemente umfasst:
- Aufgabe: Verpflichtung zur Vornahme bestimmter, der Stelle zugewiesener Verrichtungen.
- Verantwortung: Einstehen für die das eigene, betriebliche Handeln im zugewiesenen Aufgabenbereich.
- Informationsbefugnis: Anspruch auf den Bezug bestimmter Informationen.
- Entscheidungsbefugnis: Treffen von Entscheidungen.
- Verpflichtungsbefugnis: Unterschriftsvollmacht und rechtskräftige Außenvertretung.
- Anordnungsbefugnis: Erteilung von Weisungen.
- Verfügungsbefugnisse: Zugriff auf betriebliche Sachen und Werte.

Zu den zuordnenden materiellen Stellenelementen zählen:
- Aufgabenträger: Ein oder mehrere Mitarbeiter.
- Stellenbeschreibung: Für die Aufgabenerfüllung benötigte Kenntnisse, Fähigkeiten und Fertigkeiten, Erfahrungen und erforderliche Kapazitäten.
- Basissachmittel: Ausstattung, die zu Aufgabenerfüllung nötig ist (Büromöbel, Werkbank etc.).
- Entlastende Sachmittel: Ausstattung, die bei der Aufgabenerledigung unterstützt, ohne jedoch von ihr zu befreien (Werkzeug, Terminplaner etc.).
- Automatische Sachmittel: Ausstattung, die von der Aufgabenerledigung befreit, ohne dass Kontrollfunktionen und Verantwortung abgegeben wird (PC, Fertigungsautomaten etc.).

Das Festlegen von Aufgabenumfang und -inhalt einer Stelle, vor allen Dingen die dadurch mögliche Aufgaben- und Verantwortungsabgrenzung, zählen zu den **Vorteilen** der Stellenzuordnung. Ein wesentlicher **Nachteil** der Stellenzuordnung liegt in dem Problem, das Anforderungsprofil mit dem Leistungsvermögen der Aufgabenträger in

**Beispiel Stellenzuordnung**

Tab. 6.1: Beispielausschnitt Reinigungskräfte aus einem Stellenplan einer Pflegeeinrichtung.

| Stelle Nr. | Bezeichnung | Aufgaben | Inhaber/-in | Unterstellt | Übergeordnet | Kapazität/ Woche |
|---|---|---|---|---|---|---|
| H1 | Leitung Hauswirtschaft | Administration und Personalführung Hauswirtschaft | Fr. Meier | Leitung Pflegeeinrichtung | Leitung, Reinigung, Küche, Wäscherei | 40 Std. |
| HR1 | Leitung Reinigung | Administration und Personalführung Reinigung | Fr. Huber | Leitung Hauswirtschaft | Reinigungskräfte | 40 Std. |
| HR2 | Reinigungskraft | Reinigung Station I | Fr. Müller | Leitung Reinigung | – | 30 Std. |
| HR3 | Reinigungskraft | Reinigung Station I | Hr. Steiner | Leitung Reinigung | – | 20 Std. |
| HR4 | Reinigungskraft | Reinigung Station II | Fr. Marshall | Leitung Reinigung | – | 40 Std. |
| HR5 | Reinigungskraft | Reinigung Station II | Fr. Dornbracht | Leitung Reinigung | – | 10 Std. |
| HR6 | Reinigungskraft | Reinigung Station III | Fr. Kunze | Leitung Reinigung | – | 25 Std. |
| HR7 | Reinigungskraft | Reinigung Station III | Hr. Jäger | Leitung Reinigung | – | 25 Std. |
| HR8 | Reinigungskraft | Reinigung Verwaltung | Fr. Bader | Leitung Reinigung | – | 20 Std. |

Quelle: Eigene Darstellung.

Einklang zu bringen. Nicht selten sind Überforderung oder Unterforderung das Ergebnis von Fehlbesetzungen oder falschen Erwartungen.

### 6.1.6 Stellenbeschreibung

In der Praxis führen insbesondere Unklarheiten hinsichtlich der Abgrenzung von Aufgabengebieten, Verantwortlichkeiten, Zuständigkeiten etc. zu Unzufriedenheit, Konflikten und Auseinandersetzungen. Umso wichtiger sind klare Strukturen, die derartige Probleme erst gar nicht entstehen lassen. Ein wichtiges aufbauorganisatorisches Instrument und Hilfsmittel ist in diesem Zusammenhang die Stellenbeschreibung. Sie wird personenunabhängig erstellt und enthält üblicherweise alle wesentlichen Merkmale einer Stelle, wird für jede Stelle eines Unternehmens definiert und bildet die Grundlage für die Einstellung und die Einarbeitung von neuen Mitarbeitern. Als Funktionsbeschreibung definiert sie die einzelnen Anforderungen der Stelle, woraus sich zugleich das Anforderungsprofil des dafür vorgesehenen Stelleninhabers ergibt. Dadurch kann die Stellenbeschreibung auch für die Leistungsbeurteilung eines Mitarbeiters und dessen Gehaltsbemessung herangezogen werden.

Wichtige **Anwendungsfelder** der Stellenbeschreibung sind die Stellenzuordnung im Rahmen der aufbauorganisatorischen Strukturierung, aber auch der Personaleinsatz und die Einarbeitung neuer Mitarbeiter, insbesondere wenn es um die Darstellung und Abgrenzung von Tätigkeiten und Verantwortungsbereichen geht. Stellenbeschreibungen eignen sich insbesondere für Routinetätigkeiten, die geringe Änderungshäufigkeiten aufweisen und hinreichend detailliert beschreibbar sind.

Die **Vorgehensweise** zur Erarbeitung von Stellenbeschreibungen orientiert sich an der Maßgabe, dass für den Stelleninhaber die von ihm erwartete Leistung erkennbar ist, aber auch die Abgrenzung seiner Aufgaben und Kompetenzen. Dazu dient beispielsweise die Klärung und Zusammenstellung folgender Inhalte:
- Stellenbezeichnung,
- Eingliederung der Stelle innerhalb der Gesamtorganisation,
- über- und untergeordnete Stellen,
- Ziel der Stelle und hauptsächliche Aufgaben,
- Befugnisse und Vollmachten,
- Stellvertretungsregelung,
- Beziehung zu den anderen Arbeitsplätzen,
- Gehaltseingruppierung.

Neben der personenneutralen Beschreibung einer Arbeitsstelle, ist eine weitere Forderung die schriftliche Fixierung der Inhalte, damit diese jederzeit nachvollziehbar, einheitlich strukturiert und kommunizierbar sind. Dies trägt auch dazu bei, z. B. unklare Kompetenzbegriffe für alle Beteiligten eindeutig festzulegen. Auch ist bei der Erstellung darauf zu achten, dass Stellenbeschreibungen nur für einzelne Stellen erstellt werden und nicht in der Summe für Organisationseinheiten.

**Vorteile** von Stellenbeschreibungen sind Klarheit über Aufgaben und Verantwortungsbereiche, Erleichterung bei der Stellenausschreibung, vereinfachte Erstellung von Arbeitszeugnissen und verbesserte Einarbeitung neuer Mitarbeiter. Als **Nachteile** werden oft benannt, dass Stellenbeschreibungen unflexibel gehalten sind und einen großen Pflegeaufwand erzeugen.

**Beispiel Stellenbeschreibung**

Tab. 6.2: Auswahl an Aufgaben einer Medizinischen Fachangestellten in Anlehnung an *Bundesagentur für Arbeit*.

| Aufgabenbereich | Einzelne Aufgaben |
|---|---|
| Patienten betreuen | – Termine telefonisch bzw. in der Praxis festlegen<br>– Patienten empfangen<br>– Patienten gezielt nach ihren Befindlichkeitsstörungen zur Einschätzung der medizinischen Dringlichkeit bzw. zur Erkennung von Notfällen befragen<br>– bei neuen Patienten Krankenblatt anlegen, persönliche Daten und bisherige Krankengeschichte aufnehmen<br>– Patienten im Wartezimmer betreuen, ggf. auch nach der Behandlung<br>– nach Absprache mit dem Arzt/der Ärztin Rezepte ausgeben<br>– Patienten zu Themen der Gesundheitsvorsorge beraten, ggf. auch Schulungen in der Praxis halten<br>– Kontakte zu kooperierenden Therapeuten, Beratungsstellen und Selbsthilfegruppen pflegen<br>– Patienten über Kursangebote informieren<br>– Aufgaben im Rahmen von Disease-Management-Programmen übernehmen<br>– Serviceleistungen organisieren und anbieten, z. B. Recall-System zur Erinnerung an Impftermine<br>– als mobile/r Praxishelfer/in Patienten besuchen<br>– Patientenbefragungen durchführen |
| Sprechstundenablauf organisieren | – Besucherfolge regeln<br>– Praxisräume vorbereiten, interne Abläufe planen<br>– Postein- und -ausgang sowie Telefonverkehr abwickeln<br>– Schriftverkehr erledigen<br>– Arznei-, Heil- und Hilfsmittel nach Vorschrift aufbewahren und handhaben, Praxisbedarf bevorraten, abgelaufene Arzneimittel entsorgen<br>– Teambesprechungen organisieren, um Praxisabläufe zu optimieren |
| bei Behandlungen und Untersuchungen assistieren | – Patientendaten für die Untersuchung bereithalten<br>– Instrumente, Geräte und Apparaturen für die Behandlung bereitlegen bzw. vorbereiten<br>– bei diagnostischen Maßnahmen mitwirken, z. B. bei EKG, Röntgen oder Endoskopie<br>– bei therapeutischen Maßnahmen mitwirken, z. B. bei Injektionen, Verbänden, Spülungen oder kleinen chirurgischen Eingriffen<br>– Blutentnahmen für Laboruntersuchungen durchführen<br>– in Notfallsituationen assistieren und Hilfe leisten bzw. selbstständig erste Maßnahmen ergreifen |

| | |
|---|---|
| medizinische Instrumente, Geräte und Apparate anwenden, pflegen und warten | – bei der Arbeit mit medizinischen Geräten und Apparaten Fehler in der Funktionsweise erkennen, Maßnahmen zu deren Beseitigung ergreifen<br>– Instrumente und Geräte desinfizieren, reinigen und sterilisieren<br>– bei der Anwendung medizinischer Geräte und Apparate mitwirken, insbesondere bei Diagnose und Therapie |
| Laborarbeiten durchführen | – Urin-, Stuhl- und Blutproben gewinnen und untersuchen, Ergebnisse dokumentieren und protokollieren<br>– Labordaten bewerten und dokumentieren<br>– Untersuchungsmaterialien aufbewahren, versenden und entsorgen |
| Büro-, Verwaltungs- und Abrechnungsarbeiten durchführen | – Patientenakte pflegen, Patientendokumentation organisieren<br>– Schriftverkehr erledigen, z. B. mit Patienten/Patientinnen, Behörden, Berufsorganisationen oder Leistungsträgern<br>– Arzt- und Überweisungsschreiben sowie Befunde und Krankheitsberichte schreiben und anfordern<br>– Zahlungsvorgänge abwickeln und überwachen<br>– ggf. als Kodierfachkraft Abrechnungen vorbereiten, medizinische Leistungen dokumentieren und Diagnosen kodieren<br>– Abrechnungen mit gesetzlichen Krankenkassen und anderen Kostenträgern durchführen<br>– Quartalsabrechnungen durchführen<br>– Rechnungen ausstellen<br>– ggf. die Praxis-Homepage pflegen und aktualisieren (z. B. zu Pollenflug) |
| bei Tätigkeit an Klinikinstituten | – Studien koordinieren<br>– Kongresse und auswärtige Termine organisieren<br>– Lehrveranstaltungen planen (z. B. Räume reservieren)<br>– Dienstreise- und sonstige Kosten abrechnen |

Quelle: Bundesagentur für Arbeit (2015a): Medizinische(r) Fachangestellte(r) – Aufgaben und Tätigkeiten im Einzelnen. Online im Internet: http://berufenet.arbeitsagentur.de/berufe/berufId.do?_pgnt_act=goToAnyPage&_pgnt_pn=0&_pgnt_id=resultShort&status=T01. Nürnberg. Abfrage: 06.01.2015.

## 6.2 Ablauforganisation

### 6.2.1 Ablaufdiagramm

Das Ablaufdiagramm wird beispielsweise in der Prozessorganisation eingesetzt und dient zur visuellen Darstellung von Prozessen und Abläufen. Es besteht in der Regel aus einer Kombination zwischen tabellarischer und symbolischer Darstellungstechnik und veranschaulicht sowohl die chronologische Reihenfolge der einzelnen Aktivitäten, als

**Beispiel Ablaufdiagramm**

Tab. 6.3: Beispiel Ablaufdiagramm auf einer Klinikstation.

| Lfd.Nr. | Vorgang | Oberarzt | Stationsarzt | Pflegekraft |
|---|---|---|---|---|
| 1 | A | x | | |
| 2 | B | | x | |
| 3 | C | | | x |
| 4 | D | | | x |
| 5 | E | | | x |
| 6 | F | | x | |
| 7 | G | x | | |

Quelle: Eigene Darstellung.

auch deren Abhängigkeiten voneinander. Üblicherweise enthält ein Ablaufdiagramm unter anderem die Informationen:
- Vorgänge,
- Durchführende,
- Reihenfolge der Vorgänge,
- Aufgabenverteilung,
- Zusammenhänge einzelner Vorgänge.

Wichtiges **Anwendungsgebiet** von Ablaufdiagrammen ist die Darstellung von Prozessen im Rahmen der Ablauforganisation. Auch lässt es sich für die Prozessanalyse und -optimierung einsetzen, indem mit Hilfe der Visualisierung von vorhandenen Strukturen Schwachstellen in Prozessketten und der Ablauforganisation aufgedeckt und möglichst beseitigt werden.

Die **Vorgehensweise** zur Erstellung eines Ablaufdiagramms sieht je nach Komplexität der abzubildenden Vorgänge unterschiedliche Möglichkeiten vor: Wenn ein Gesamtprozess nicht in einem einzigen Diagramm darstellbar ist, so lassen sich einzelne Teilvorgänge in separaten Ablaufdiagrammen aufzeigen. Je nach gewünschtem Detaillierungsgrad und Anzahl der darzustellenden Abläufe ergeben sich danach ein Ablaufdiagramm für den groben Überblick über das gesamte Prozessgeschehen und zusätzlich weitere Ablaufdiagramme für die untergeordneten Teilprozesse.

Die einzelnen Vorgänge werden ihrer Reihenfolge entsprechend angeordnet und gegebenenfalls durchnummeriert, was ihre gezielte und einheitliche Benennung erleichtert. Anschließend wird eingefügt, welche Person in der Organisation für welchen Vorgang verantwortlich ist bzw. ihn durchführt. Die Abfolge wird häufig durch Linien ergänzend dokumentiert.

In jedem Fall muss der abzubildende Prozess bereits strukturiert sein, damit die Abläufe einen Zusammenhang ergeben und sinnvoll dokumentiert werden können.

Um zusätzliche Informationen zu geben, werden Ablaufdiagramme häufig durch zusätzliche schriftliche Erläuterungen ergänzt, in denen besonders erklärungsbedürftige Abläufe ausführlicher beschrieben werden.
Mit relativ geringem Aufwand lassen sich Ablaufdiagramme erstellen, was ein wesentlicher **Vorteil** ist. Selbst manuell und ohne softwaretechnische Unterstützung ist das Zusammenstellen und Zeichnen von entsprechenden Diagrammen möglich. Auch sind dazu keine umfangreichen Vorkenntnisse nötig. **Nachteil**: Mit zunehmender Komplexität von Abläufen und tiefer gehender Detaillierung wird die Darstellung von Prozessen mit Ablaufdiagrammen unübersichtlicher.

### 6.2.2 Blockschaltbild

Bei einem Blockschaltbild handelt es sich um eine Verknüpfung von Tätigkeiten, Stellen und Aufgaben in einer Matrix zur Veranschaulichung in erster Linie linearer Abläufe, einfacher Alternativen oder Schleifen, in deren Schnittpunkte von Zeilen und Spalten Aufgaben, Eingabedaten, Ergebnisdaten oder Datenträger genannt werden können. Es dient der vereinfachenden Darstellung von Funktionszusammenhängen komplexer Prozesse und Abläufe. Alternative Darstellungsformen beispielsweise in medizintechnischen Bereichen sind auch Rechtecke, Vorgangsknoten und Blöcke, die durch Pfeile miteinander verbunden sind und dynamische oder statische Systeme mit ihren jeweiligen Kopplungen und Wirkrichtungen darstellen.

Wichtiges **Anwendungsgebiet** von Blockschaltbildern ist die Darstellung von Vorgangsarten, ihre Reihenfolge und Zuordnung zu einzelnen Stellen im Rahmen der Ablauf- und Prozessorganisation. Sie eignen sich auch für Prozessdokumentationen im Rahmen von Qualitätsmanagementsystemen in Gesundheitseinrichtungen, insbesondere wenn es darum geht, einen ersten Überblick über Abläufe, Verantwortungen und Zuständigkeiten in der Einrichtung zu geben.

**Beispiel Blockschaltbild**

Tab. 6.4: Beispiel Blockschaltbild auf einer Klinikstation.

| Stelle | Tätigkeitsart | | |
|---|---|---|---|
| | Bearbeitung | Kontrolle | Hilfstätigkeit |
| Oberarzt | A | G | |
| Stationsarzt | F | B | |
| Pflegekraft | C<br>E | | D |

Quelle: Eigene Darstellung.

Ziel bei der **Vorgehensweise** zur Erstellung eines Blockschaltbildes, ist die Erzeugung einer vereinfachenden grafischen Strukturdarstellung eines Funktionsablaufs, Ablaufs eines Prozesses oder eines Systems. Mit verschiedenen, z. B. auch blockförmigen Darstellungselementen wird die innere Struktur von Vorgangskomplexen, Teilsystemen oder Prozesselementen abstrahiert dargestellt, wobei es weniger auf deren detaillierten Funktionen und Eigenschaften ankommt. Vielmehr sollen die strukturellen und funktionellen Abhängigkeiten vorhergehender und nachfolgender Prozesselemente zum Ausdruck kommen.

Bei der Darstellung in Matrixform werden beispielsweise in den Schnittpunkten von Zeilen und Spalten die Aufgaben nach Aufgabenarten klassifiziert und den jeweiligen Aufgabenträgern zugeordnet. Mit diesem Format lassen sich beispielsweise abbilden:

- Aufgaben- bzw. Tätigkeitsarten,
- Stellen bzw. Aufgabenträger,
- einzelne Vorgänge und ihre Reihenfolge,
- Zuordnung der Vorgänge zu den Aufgaben- bzw. Tätigkeitsarten.

Die Reihenfolge der Vorgangsbearbeitung ergibt sich aus der Vorgangsnummerierung bzw. -bezeichnung. Zusätzliche Texte können die Vorgänge näher erläutern und genauer beschreiben.

Der **Vorteil** eines Blockschaltbildes liegt je nach Darstellungsart in der Übersichtlichkeit der Darstellung unterschiedlicher Vorgänge, Tätigkeitsarten und Wirkungszusammenhängen. Ein **Nachteil** entsteht dadurch, dass die in Blockschaltbildern enthaltenen Informationen auf wenige Prozesselemente reduziert sind und für darüber hinaus gehenden Informationsbedarf anderweitige Darstellungsformen notwendig sind.

### 6.2.3 Business Process Reengineering

Unter dem Begriff des Business Process Reengineering wird die Neugestaltung von Geschäftsprozessen verstanden. Er wurde 1993 insbesondere von den Amerikanern *M. Hammer* und *J. Champy* geprägt, die im Mittelpunkt dieser Neuorganisation somit nicht die verschiedenen organisatorischen Einheiten beispielsweise einer Gesundheitseinrichtung sehen, sondern vielmehr ihre in der Regel zahlreichen Prozesse. Business Process Reengineering bedeutet dabei eine grundlegende, radikale Neugestaltung und Flexibilisierung aller in der Gesundheitseinrichtung ablaufenden Prozesse, um die Kostensituation und die Handlungsgeschwindigkeit der Einrichtung zu verbessern. Im Gegensatz zu einer Geschäftsprozessoptimierung, die eine effektivere Gestaltung beizubehaltender Prozesse zum Ziel hat, findet ein grundlegendes Überdenken der gesamten Gesundheitseinrichtung und ihrer kompletten Prozessorganisation statt.

**Beispiel Business Process Reengineering**

Im Rahmen einer „Kritische Würdigung von Business Reengineering und Geschäftsprozessoptimierung für den Einsatz in Krankenhäusern“ befasst sich *A. J. Reuschl* von der *Universität Bayreuth*, Lehrstuhl für Strategisches Management und Organisation, mit der Thematik des Prozessmanagements. Er untersucht die Eignung der beiden Verfahren, Business Process Reengineering (BPR) und Geschäftsprozessoptimierung (GPO) zur Einführung einer Prozessorganisation in Krankenhäusern und führt eine Evaluation der beiden Konzepte durch.

Im Ergebnis besitzen beide Verfahren sowohl Stärken als auch Schwächen im Hinblick auf ihren Ansatz zur Erhöhung der Wirtschaftlichkeit von Krankenhäusern durch Einführung einer Prozessorganisation. GPO-Maßnahmen scheinen im Vorteil zu sein, da sie die Organisation stabiler halten und die Unterstützung durch die Mitarbeiter, die historisch gewachsenen Organisationsstrukturen und die hierarchische Stellung von Ärzten besser berücksichtigen. Eine Empfehlung bezüglich einer anzuwendenden Methodik wird jedoch nicht gegeben. Vielmehr können die Verfahren auch gemischt eingesetzt werden, um optimale Ergebnisse zu erzielen. Letztendlich werden die Mitarbeiter, aber auch das Management und der leitenden Ärzte als Schlüssel zum Erfolg von Optimierungsmaßnahmen angesehen.

Quelle: Vgl. Reuschl, A. (2011): Kritische Würdigung von Business Reengineering und Geschäftsprozessoptimierung für den Einsatz in Krankenhäusern. In: Bouncken, R. (Hrsg.): Bayreuths Reports on Strategy. Nr. 5. Universität Bayreuth. Lehrstuhl für Strategisches Management und Organisation. Bayreuth. S. 26.

Ein wichtiges **Anwendungsgebiet** des Business Process Reengineerings ist die Organisationsentwicklung einer Gesundheitseinrichtung, die die Veränderung der Organisation zum Ziel hat, um ihre Effektivität zu erhöhen, gemeinsam mit den betroffenen Mitarbeitern Ursachen vorhandener Schwierigkeiten zu erforschen und verbesserte Formen der Zusammenarbeit zu entwickeln.

Die **Vorgehensweise** des Business Process Reengineerings wird durch die damit verfolgten Ziele dominiert:
- Verkürzung der Patientendurchlaufzeiten,
- Beschränkung der Tätigkeit der Gesundheitseinrichtung auf ihre Kernaufgaben und -kompetenzen,
- Steigerung von medizinischer Qualität, Service und Produktivität im Arbeitsablauf,
- Beschleunigung der medizinischen Leistungserstellungsprozesse durch Abbau von Hierarchien.

Das Business Process Reengineering bedient sich folgender Grundregeln, nach denen die organisatorische Neugestaltung erfolgen soll:
- Restrukturierung (Restructuring): Neugestaltung und Änderung des Portfolios medizinischer Leistungen,
- Erneuerung (Renewing): Verbesserung der Schulung und organisatorischen Einbindung von Mitarbeitern in die Gesundheitseinrichtung durch Erwerb von Fertigkeiten und Fähigkeiten sowie verbesserter Motivation,

- Einstellungsänderungen (Reframing): Überwindung herkömmlicher Denkmuster durch neue Visionen und Entschlusskraft,
- Revitalisierung (Revitalizing): Grundlegende Neugestaltung aller Prozesse.

Weitere Prämissen für die Neugestaltung sind die konsequente Ausrichtung an den Patientenbedürfnissen, sowie die intensive Nutzung unterstützender Informations- und Kommunikationstechnologien.

Ein wesentlicher **Vorteil** des Business Process Reengineerings liegt in seiner radikalen Infragestellung bestehender Abläufe und konsequenten Reorganisation einer Gesundheitseinrichtung in ihrer Gesamtheit. Die **Nachteile** dieses Konzepts sind beispielsweise in der Missachtung der erworbenen Erfahrungswerte, die in den bestehenden Prozessen abgebildet sind, sowie in der zu geringen Berücksichtigung des notwendigen Lernprozesses der Mitarbeiter der Gesundheitseinrichtung zu sehen.

### 6.2.4 Flussdiagramm

Bei einem Flussdiagramm handelt es sich um eine häufig eingesetzte und an die Symbolik eines Datenflussplanes nach DIN 66001 angelehnte Dokumentationstechnik, mit der alle möglichen Arten von Abläufen Alternativen, Schleifen und Parallelbearbeitungen dargestellt werden können. Es besteht aus normierten, schematischen Grafiken, mit standardisierten Zeichnungselementen, Knoten und Kanten, wobei die Knoten eines Flussdiagramms für auftretende Aktionen, Entscheidungen sowie Ein- und Ausgaben stehen, die durch gerichtete Kanten (Linien mit Pfeilspitzen) miteinander verbunden werden. Dadurch entstehen eine logische bzw. zeitliche Reihenfolge und Verzweigungen im Ablauf, die abhängig von Entscheidungen sind.

Ein wichtiges **Anwendungsgebiet** von Flussdiagrammen ist beispielsweise die funktionsorientierte Ablauforganisation mit der Visualisierung von standardisierten Arbeitsprozessen. Daneben werden sie häufig in der Technik und Informatik für die Systemanalyse und Programmentwicklung eingesetzt.

Die **Vorgehensweise** bei der Erstellung eines Flussdiagramms wird durch die grafische Darstellung der logischen Schritte von Funktionen und Abläufen mit speziellen Symbolen bestimmt: Logische Entscheidungen werden beispielsweise durch rautenförmige Symbole und Aktionen durch rechteckige Kästen dargestellt, so dass zwei oder mehrere Ausgangslinien an den rautenförmigen Entscheidungssymbolen Ablaufalternativen zulassen. Auf diese Weise wird die Darstellung von Abläufen in Abhängigkeit von Entscheidungen einfach und übersichtlich ermöglicht.

Zum Einsatz bei Darstellungen in Form von Flussdiagrammen kommen hauptsächlich folgende Symbole nach DIN 66001:
- Rechteck: Verarbeitung, Tätigkeit.
- Raute: Entscheidungen mit Verzweigungsmöglichkeiten.
- Pfeile, Linien: Verbindungen.

**Beispiel Flussdiagramm**

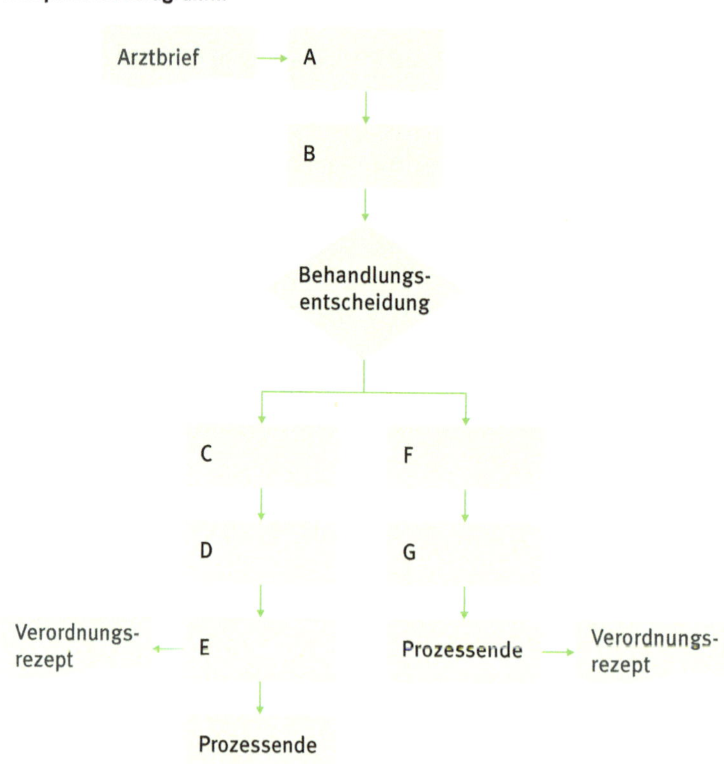


Abb. 6.4: Beispieldiagramm einer fachärztlichen Folgebehandlung nach stationärem Aufenthalt.

Quelle: Eigene Darstellung.

- Rechteck mit gerundeten Ecken: Kontrollpunkt, Grenzstelle.
- Parallelogramm oder andere Symbole: Ein- und Ausgaben.

Wie auch bei anderen Prozessdarstellungsformen ergibt sich die Notwendigkeit einer systematischen, strukturierten Ablaufbeschreibung, die mit den Symbolen eines Flussdiagramms wiedergegeben werden sollen. Durch erweiterte Texte in den Symbolen oder an den Linien können zusätzliche Informationen und Erläuterungen gegeben werden, beispielsweise in einem vergrößerten Rechteck zur genauen Art der Verarbeitung bzw. Tätigkeit.

Ein wesentlicher **Vorteil** von Flussdiagrammen insbesondere unter Qualitätsgesichtspunkten ist ihr Beitrag zur Sicherstellung von gleichbleibenden, standardisierten Prozessabläufen. Dies ermöglicht gerade an der Schnittstelle zum Patienten eine konstante medizinische Leistungsqualität und auch ein gleich bleibendes Auftreten der Mitarbeiter im Patientenservice. Als **Nachteil** mag gelten, dass für manche Ablaufelemente keine eignen Symbole vorgesehen sind (z. B: unterschiedliche Belegarten als

Ein-/Ausgabe) und sich mit Flussdiagrammen hauptsächlich lineare Abläufe gut abbilden lassen. Für die Darstellung untergeordneter Abläufe und Nebenprozesse bedarf es eigener, zusätzlicher Diagramme.

### 6.2.5 Netzplan

Der Netzplan ist das Ergebnis eines der wichtigsten organisatorischen Planungsinstrumente, der Netzplantechnik. Sie umfasst unter Berücksichtigung von Aufgaben, Zeiten, Kosten, Ressourcen etc. grafische oder tabellarische Verfahren zur Planung, Analyse, Steuerung und Kontrolle von Abläufen und deren Abhängigkeiten auf der Grundlage der Graphentheorie. Mit Hilfe von Netzplänen lassen sich die logischen Beziehungen zwischen den Vorgängen und ihre zeitliche Lage darstellen. Dadurch können Dauer, zeitliche Risiken, kritische Aktivitäten und Maßnahmenauswirkungen von Abläufen Aufträgen oder Projekten ermittelt werden:

Die **Anwendungsmöglichkeiten** von Netzplänen sind vielfältig. Sie dienen beispielsweise

- zur übersichtlichen Darstellung logischer Zusammenhänge von Vorgängen vom Anfang bis zum Abschluss eines Auftrags oder Projektes,
- als Möglichkeit zur laufenden Fortschrittskontrolle und Terminüberwachung,
- für die Entwicklung von Zeitplänen für alle Vorgänge,
- zur Identifizierung von kritische Pfaden und Ressourcenengpässen, welche die Einhaltung des Endtermins gefährden können.

Die **Vorgehensweise** bei der Erstellung von Netzplänen umfasst folgende Planungsaufgaben:

- Struktur: Planung der Reihenfolge und Zusammenhänge der einzelnen Vorgänge.
- Zeit: Zuordnung der jeweiligen Zeitdauer.
- Kosten: Zuordnung der jeweiligen Kosten.
- Kapazitäten: Zuordnung der erforderlichen Arbeitskräfte, Maschinen, Werkzeuge zu den Vorgängen.

Unter Berücksichtigung der Dauer der einzelnen Vorgänge und unter Berücksichtigung ihrer Abhängigkeiten ist zu ermitteln, wann die jeweiligen Vorgänge stattfinden. Dazu bedient sich die Netzplantechnik der Vorwärtsplanung, die bei den Startvorgängen beginnt und von diesen ausgehend den frühestmöglichen Starttermin der nachfolgenden Vorgänge festsetzt, oder die Rückwärtsplanung, die bei den letzten Vorgängen des Netzes beginnt und die spätesten Fertigstellungstermine der jeweils vorgelagerten Vorgänge festsetzt. Ausgehend von einem definierten Start- und einem definierten Endtermin lassen sich so die frühesten und spätesten Anfangs- und Endzeitpunkte der einzelnen Vorgänge ermitteln. Die Darstellungsmöglichkeiten von Netzplänen sind vielfältig: Bei einem Ereignisknotennetzplan werden Ereignisse als Knoten und die zeitliche Abhän-

**Beispiel Netzplan**

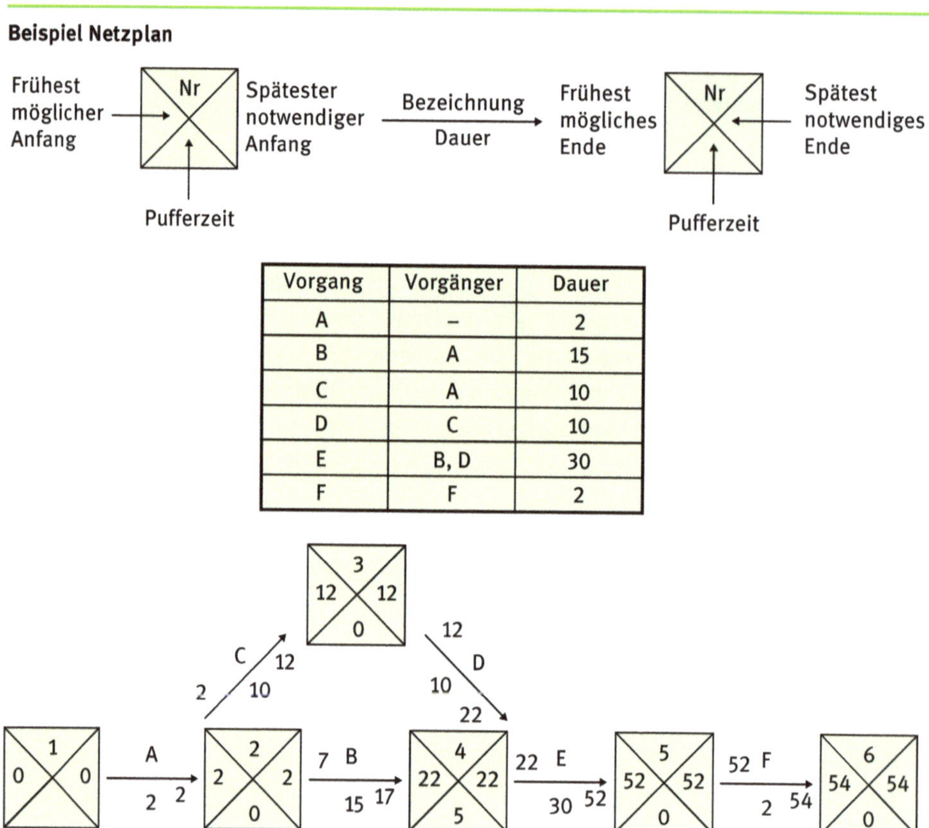


| Vorgang | Vorgänger | Dauer |
|---|---|---|
| A | – | 2 |
| B | A | 15 |
| C | A | 10 |
| D | C | 10 |
| E | B, D | 30 |
| F | F | 2 |

Abb. 6.5: Beispielhafte Struktur eines Netzplans.

Quelle: Eigene Darstellung.

gigkeiten als Pfeile dargestellt. Der Vorgangsknotennetzplan enthält Vorgänge in Form von Knoten und Pfeile zur Darstellung der Anordnungs- und Reihenfolgebeziehungen. Bei einem Vorgangspfeilnetzplan werden Vorgänge als Pfeile dargestellt und die logische Reihenfolge geht aus der Anordnung der Knoten mit dem Beginn bzw. Ende der Vorgänge hervor. Der Entscheidungsnetzplan enthält zusätzlich als stochastisches Element Entscheidungsknoten mit wahlweise benutzbaren Aus- und Eingängen, denen Wahrscheinlichkeitswerte zugeordnet werden können.

Die **Vorteile** von Netzplänen liegen in der damit erzielbaren Planungssicherheit hinsichtlich einzuhaltender Termine. Es lässt sich entnehmen, wann mit einem Prozess spätestens begonnen werden muss, um den geplanten Endtermin einhalten zu können. Ihr wesentlicher **Nachteil** steckt in dem hohen Planungsaufwand, weswegen sie sich eher für grundlegende, einmalige Organisationsstrukturierungen im Rahmen der Prozess- und Ablauforganisation eignen.

### 6.2.6 Prozessmodellierung

Ziel einer Prozessmodellierung ist die dauerhafte Strukturierung von Arbeitsprozessen durch Integration vor- und nachgelagerter Vorgänge zu einer Vorgangskette. Dabei erfolgt eine Organisation nach durchgehenden, abteilungsübergreifenden Prozessen, unter denen ein System von Aktivitäten zu verstehen ist, die über einen durchgängigen Leistungsfluss miteinander verknüpft sind und in einer klar definierten Folgebeziehung zueinander stehen. In der Prozessmodellierung wird die Ablauforganisation in den Fokus gestellt, wobei die Betrachtung über die Grenzen einer Gesundheitseinrichtung hinausreichen und neben den Patienten beispielsweise auch Vorbehandlungen und Überweiser mit einbezogen werden.

Das hauptsächliche **Anwendungsgebiet** der Prozessmodellierung ist die Prozessorganisation, die sich von der reinen Ablauforganisation in Gesundheitseinrichtungen dadurch unterscheidet, dass nicht einzelne Abläufe in einer Organisationseinheit betrachtet werden, sondern die gesamte Vorgangskette „vom Patienten und zu ihm zurück“ (Patientenpfad).

Die **Vorgehensweise** der Prozessmodellierung sieht zunächst eine Unterscheidung in die wesentlichen Prozessarten vor:
- Hauptprozesse, die die Kernleistungen einer Gesundheitseinrichtung umfassen: Medizinische, pflegerische Leistungsprozesse in den Bereichen Diagnose, Therapie und Pflege.
- Nebenprozesse, die Unterstützungsleistungen für die Hauptprozesse darstellen: Hygienearbeiten, Patientenverpflegung, Laborarbeiten, Arzneimittelwesen, Wäscheversorgung, medizinische Dokumentation und anderes mehr.
- Managementprozesse, die betriebliche Querschnittsfunktionen abdecken: Personal, Finanzen, Controlling, Recht etc.

Die Strukturierung der Arbeitsprozesse im Rahmen einer Prozessmodellierung muss zunächst Arbeitsschritte, Zeitdauer, Raum, Sachmittel, Mitarbeiter und andere Faktoren berücksichtigen: Zunächst sind die einzelnen Vorgänge festzustellen, sowie die Arbeitsschritte, aus denen sie sich zusammensetzen. Ihre Ablauffolge ist zu ermitteln, und für jeden Vorgang ist der jeweilige Arbeitsplatz mit der zur Ausführung notwendigen Personalkapazität zuzuordnen. Es müssen die erforderlichen Eingaben festgelegt werden, die einen Vorgang auslösen, sowie die als Ergebnis des Vorgangs erwarteten Ausgaben. Die Verarbeitung innerhalb eines Vorgangs erfolgt nach bestimmten Regeln, die ebenfalls festzuhalten sind. Auch die Feststellung der für den Prozess benötigten Sachmittel trägt zur Prozessstrukturierung bei. Die Erfassung von aktuellen und zukünftigen Verarbeitungsmengen und deren Bezugsgrößen dient ebenso zur quantitativen Ausgestaltung der Prozesse, wie die Definition der Arbeits- und Durchlaufzeiten bzw. die Häufigkeiten der Arbeitsdurchführung.

**Beispiel Prozessmodellierung**

Prozesse und Prozessmodellierung in der ambulanten Pflege

„Ein zentraler Punkt und wichtiger Indikator bei dem Zusammenspiel zwischen Krankenhaus und Pflege ist die Verweildauer. Laut statistischem Bundesamt hat sich diese in den letzten 20 Jahren beinahe halbiert und liegt Ende 2011 in Allgemeinkrankenhäusern bei 7,7 Tagen. Ein Teil der Verkürzung der Liegezeiten ist sicherlich auf den medizinischen Fortschritt zurückzuführen. Dennoch verlassen heute viele Patienten nach schweren Krankheiten oder massiven Eingriffen die Krankenhäuser mit deutlich mehr Versorgungsbedarf als in der Vergangenheit. Besonders die Gruppe der multimorbiden älteren Patienten leidet unter diesen Veränderungen. Dieses führt zu höheren Anforderungen an Angehörige und Pflegepersonal und birgt die Gefahr einer erneuten Einweisung innerhalb kürzester Zeit. Die steigende Zahl der Pflegebedürftigen und der prozentual wachsende ambulante Markt erhöhen hier den Handlungsdruck noch weiter.

Prozessmodellierung in der Pflege

Dieses Szenario macht es notwendig, Prozesse in der ambulanten Pflege zu erfassen, darzustellen und nach Verbesserungspotenzial zu suchen. Die notwendige Transparenz in der pflegerischen Arbeit soll damit gewährleistet werden, um schließlich die Abläufe zu optimieren, Integrationsmöglichkeiten von IT-Unterstützung zu erkennen und die Versorgung unter den gegebenen Rahmenbedingungen zu verbessern.

Ambulanter Pflegeprozess

Der ambulante Pflegeprozess besteht aus einer wiederkehrenden Schleife aus
1. der Fahrt zum Patient bzw. zur Patientin,
2. der Durchführung der unterschiedlichen Pflegemaßnahmen und
3. der Dokumentation.“

Quelle: Pekrul, S. u. a. (2013): Prozesse und Prozessmodellierung in der ambulanten Pflege – Medienbruch, Schnittstellenproblematik, Mehraufwand. In: Krankenhaus IT-Journal. Bd. 1/2013. Antares Computer-Verlag. Dietzenbach. S. 44.

In der Regel werden die Prozesse einem Prozessverantwortlichen unterstellt, der für die Ergebnisse verantwortlich ist und die Koordination innerhalb eines und zwischen mehreren Prozessen übernimmt.

Die **Vorteile** einer Prozessmodellierung liegen in der Erhöhung der Transparenz bei der Organisation der Abläufe, in einer klar definierten Prozessverantwortung und in der Verbesserung der Koordination durch weniger Schnittstellen und damit weniger Fehlern bei der zeitlichen und sachlichen Abstimmung von Teilleistungen. Je nach Auswahl der Modellierungswerkzeuge können sich **Nachteile** bei der Darstellungsart, der Übersichtlichkeit und dem Aufwand für die Prozessmodellierung ergeben.

## 6.3 Analyse und Bewertung

### 6.3.1 ABC-Analyse

Bei der ABC-Analyse handelt es sich um eine Bewertungstechnik zur Beurteilung von betrieblichen Sachverhalten mit dem Ziel, möglichst quantitativ begründbare Entscheidungen zu erreichen. Sie dient zur Bewertung der Bedeutung von betrieblichen Objekten, um die Ressourcen auf jene Objekte zu konzentrieren, die den höchsten Erfolgsbeitrag erwarten lassen. Hierzu werden die Objekte nach ihrer Wertigkeit, Dringlichkeit, Bedeutung etc. sortiert und in Klassen (ABC) eingeteilt.

Aus der Klasseneinteilung lassen sich Schwerpunkte für Maßnahmen ableiten, wodurch die Konzentration auf das Wesentliche ermöglicht wird. Die Zielsetzung ist dabei üblicherweise, die höchsten Kosten oder Leistungserbringer mit einem entsprechend hohen Aufwand zu steuern und zu pflegen bzw. den Entscheidungsbedarf für die C-Kategorie entweder stark zu reduzieren oder vollständig zu beseitigen. Die gängige Aufteilung in die A-, B- und C-Klassen ist nicht zwingend erforderlich, denn die Anzahl der zu bildenden Klassen hängt vielmehr von den darauf folgenden unterschiedlichen Behandlungen der einzelnen Gruppierungen ab.

**Beispiel ABC-Analyse**

In einem Lager mit medizinischem Verbrauchsmaterial soll der Beschaffungs- und Bedarfsberechnungsaufwand für weniger werthaltige Materialien gesenkt und auf die höherwertigen Artikel konzentriert werden.

Dazu werden die einzelnen Artikel zunächst aufgelistet, ihre Bedarfsmenge mit dem jeweiligen Stückpreis multipliziert und aus den Ergebnissen eine Rangfolge gebildet (vgl. Tabelle 6.5):

Tab. 6.5: Rangfolgefestlegung.

| Artikel-Nr. | Bedarfsmenge | Stückpreis | Gesamtpreis | Rangfolge |
|---|---|---|---|---|
| 12 | 400 | 6,00 | 2.400 | 5 |
| 5 | 200 | 2,50 | 500 | 10 |
| 13 | 2.800 | 0,90 | 2.520 | 4 |
| 44 | 1.900 | 0,75 | 1.425 | 6 |
| 29 | 300 | 70,00 | 21.000 | 2 |
| 52 | 8.700 | 0,60 | 5.220 | 3 |
| 18 | 4.500 | 0,28 | 1.260 | 7 |
| 38 | 800 | 30,00 | 24.000 | 1 |
| 27 | 3.800 | 0,22 | 836 | 9 |
| 33 | 14.500 | 0,08 | 1.160 | 8 |
| Summe | | | 60.321 | |

Quelle: Eigene Darstellung.

Anschließend werden die Artikel sortiert, ihre Anteile am Gesamtwert ermittelt, die Anteilswerte kumuliert und die Einteilung in ABC-Klassen vorgenommen (vgl. Tabelle 6.6).

Tab. 6.6: Klasseneinteilung.

| Rang | Artikel-Nr. | Gesamtpreis | Gesamtanteil | kumuliert | Klasse |
|---|---|---|---|---|---|
| 1 | 38 | 24.000 | 40 % | 40 % | A |
| 2 | 29 | 21.000 | 35 % | 75 % | |
| 3 | 52 | 5.220 | 9 % | 84 % | B |
| 4 | 13 | 2.520 | 4 % | 88 % | |
| 5 | 12 | 2.400 | 4 % | 92 % | |
| 6 | 44 | 1.425 | 2 % | 4 % | C |
| 7 | 18 | 1.260 | 2 % | 96 % | |
| 8 | 33 | 1160 | 2 % | 98 % | |
| 9 | 27 | 836 | 1 % | 99 % | |
| 10 | 5 | 500 | 1 % | 100 % | |
| Summe | | | 100 % | | |

Quelle: Eigene Darstellung.

Im Ergebnis sind von zehn Artikeln zwei (= 20 % der Gesamtmenge) A-Artikel mit einem Wertanteil von 75 %, drei (= 30 % der Gesamtmenge) B-Artikel mit einem Wertanteil von 17 % und fünf (= 50 % der Gesamtmenge) C-Artikel mit einem Wertanteil von 8 %. Ein erhöhter Aufwand sollte sich auf die A-Artikel 38 und 29 konzentrieren.

Mögliche **Anwendungsfelder** der ABC-Analyse sind beispielsweise die Materialwirtschaft mit der Kapitalbindung in medizinischem Verbrauchsmaterial, der Wertklassifizierung von Materialien für den Klinik- oder Praxisbedarf, den Patienten mit anteiligem Umsatz oder Deckungsbeitrag, der Lagerhaltung mit der Umschlagshäufigkeit, Verweildauer der Lagergüter, Behandlungs- und Pflegeleistungen mit den Umsatzzahlen oder aber auch Lieferanten mit dem jeweiligen Einkaufsvolumen.

Die **Vorgehensweise** richtet sich nach dem jeweiligen Anwendungsgebiet und umfasst z. B. bei einer Wertklassifizierung folgende Schritte:

- Wert für jedes Objekt durch Multiplikation der Menge mit seinem Preis ermitteln,
- relativen Anteil jeder Position am Gesamtwert bestimmen,
- die Positionen nach fallendem Wert sortieren,
- die Werte und Anteile kumulieren,
- kumulierte Prozentanteile des Wertes und der Positionen vergleichen,
- Einteilung der Positionen in die ABC-Klassen vornehmen.

Die wesentlichen **Vorteile** der ABC-Analyse liegen in ihrer Strukturierungsmöglichkeit großer Mengen, aussagekräftigen Quantifizierung und vergleichsweise einfachen Anwendungsmöglichkeit. Als **Nachteile** können die subjektive Klasseneinteilung, die ausschließliche Abbildung der Ist-Situation und die fehlende Berücksichtigung qualitativer Merkmale angesehen werden.

### 6.3.2 GAP-Analyse

Mit der GAP-Analyse als Früherkennungsinstrument lassen sich Abweichungen, Probleme und fehlerhafte Entwicklungen im Hinblick auf die Erreichung von Zielen erkennen, so dass rechtzeitig notwendige Gegensteuerungsaktivitäten ergriffen werden können. Sie zeigt somit die „Lücke“ auf, indem sie auf die Unterschiede zwischen den angestrebten strategischen Zielen und dem gegenwärtigen Entwicklungsprognose einer Gesundheitseinrichtung hinweist. Dabei bezieht sich in der Regel nur auf quantifizierbare Größen, indem sie quantitativ geplante Zielwerte und ihren möglichen Zielerreichungsgrad als erwartete Entwicklung einander gegenüberstellt.

Wichtiges **Anwendungsgebiet** der GAP-Analyse ist das strategische Controlling, wobei sie insbesondere in der Unternehmensplanung systematisch eingesetzt wird, um künftige Probleme frühzeitig zu erkennen und gegebenenfalls Lösungsmöglichkeiten anzustoßen.

Die **Vorgehensweise** bei der Durchführung der GAP-Analyse sieht grundsätzlich einen Abgleich zwischen der aktuellen und der gewünschten Entwicklung vor. Die Lücke ergibt sich anhand der Abweichungen aus den angestrebten Zielen und der prognostizierten Entwicklung mit der unveränderten Fortführung der Ist-Werte. So kann beispielsweise eine mit bestimmten Marketingmaßnahmen beabsichtigte Steigerung von Fallzahlen hinter den Erwartungen zurückbleiben und das Erkennen dieser Lücke zu einer Veränderung der Marketingstrategie führen.

In der Regel unterscheidet man zwischen folgenden Differenzen:

- Strategisch: Hierbei besteht die Lücke zwischen einem langfristig von der Strategischen Planung her anzustrebenden Soll-Wert und den sich aufgrund der Rahmenbedingungen ergebenden Möglichkeiten. Derartige strategische Lücken lassen sich häufig nur durch Erschließung neuer Märkte oder grundlegende Änderungen der Rahmenbedingungen schließen.
- Operativ: Hierbei besteht die Lücke als Unterschied zwischen dem operativen Soll-Wert und dem tatsächlichen Ist-Wert im Sinne einer kurzfristigen Erfolgsrechnung. Derartige operative Lücken lassen sich durch kurzfristige Rationalisierungs-, Anpassungs- oder Umsatzsteigerungsmaßnahmen schließen.

Daraus folgt, dass zunächst die operative Entwicklung zu prognostizieren und diese mit den kurz- bis mittelfristigen Zielsetzungen zu vergleichen ist. Die sich ergebende Differenz (operatives GAP) ist durch entsprechend kurzfristig wirkende Anpassungsmaßnahmen auszugleichen. In einem zweiten Schritt lässt sich der zusätzliche, weitere Abstand zu den langfristigen Zielen (strategisches GAP) in der Regel nur durch Änderungen in den Strategien und langfristigen Planungen verringern. In diesem Fall sind mitunter auch Anpassungen in den langfristigen Zielsetzungen erforderlich, die sich als zu optimistisch oder unrealistisch erwiesen haben.

Die **Vorteile** der GAP-Analyse liegen in ihrem Früherkennungs- und Steuerungscharakter, mit dem frühzeitigen Erkennen von Abweichungen, ersten Ursachenana-

**Beispiel GAP-Analyse**

Implementierung der ADKA-Leitlinie „Aseptische Herstellung und Prüfung applikationsfertiger Parenteralia“.

Mit Hilfe einer GAP-Analyse soll festgestellt werden, wo Differenzen zwischen der Praxis der Krankenhausapotheke und der ADKA-Leitlinie zur 2012 erneuerten Apothekenbetriebsordnung (ApBetrO). Insbesondere soll vor dem Hintergrund des § 35 ApBetrO, der sich mit der Herstellung von Arzneimitteln zur parenteralen Anwendung befasst, damit ein Beitrag geleistet werden, dass die einzelne Krankenhausapotheke der Apothekenbetriebsordnung gerecht werden kann. Dazu wird in Anlehnung an die „Gap Analysis Survey Compounding Sterile Preparations® USP <797>“ eine Gap-Analyse zur ADKA-Leitlinie erarbeitet. Festgestellte Unterschiede sollen eine Grundlage für die Optimierung des Qualitätsmanagements bieten.

Quelle: Vgl. Bitzer, B. (2014): Implementierung der ADKA-Leitlinie „Aseptische Herstellung und Prüfung applikationsfertiger Parenteralia“– Erster Teil GAP Analyse. In: Krankenhauspharmazie. 35. Jahrg. Heft 9. Stuttgart. Deutscher Apotheker Verlag. S. 341ff.

lysen und der Initiierung von Gegensteuerungsmaßnahmen. **Nachteile** können darin gesehen werden, dass sich aus ihr nicht unmittelbare Handlungsempfehlungen ableiten lassen, die Extrapolation von angenommenen Entwicklungen fehlerhaft sein kann und auch die Dynamik von Entwicklungen, die die Größe der Lücke im Zeitablauf verändern können, im Zeitpunkt der Analysedurchführung weitestgehend unberücksichtigt bleibt.

### 6.3.3 Morphologische Analyse

Die Morphologische Analyse zählt zu den Kreativitätsmethoden und dient als systematische Strukturanalyse zur Ideenfindung, insbesondere zur Ermittlung möglichst vieler denkbarer, auch radikaler und nahezu vollständiger möglicher Lösungsalternativen. Das Ziel ist dabei, möglichst auch auf Alternativen zu kommen, die auf den ersten Blick nicht klar ersichtlich sind. Dies geschieht durch Kombination und Variation von Leistungs- oder Produktmerkmalen und deren Ausprägungen, was voraussetzt. dass die in Frage kommenden Lösungskomponenten bekannt sind. Somit beeinflusst die Auswahl der Parameter bereits das mögliche Lösungsspektrum in hohem Maße und ohne eine derartige Parametersetzung erscheint die Methode auch kaum geeignet.

Ein wichtiges **Anwendungsgebiet** der Morphologischen Analyse ist die Neuentwicklung von Leistungen oder Produkten. Sie eignet sich aber auch zum Finden von Problemlösungen, indem bekannte Lösungsmerkmale und deren Ausprägungen auf alle erdenklichen Arten miteinander kombiniert werden.

Ausgangspunkt bei der **Vorgehensweise** zur Durchführung einer Morphologischen Analyse nach *F. Zwicky* ist der Morphologische Kasten, mit dessen Hilfe die Lösungsmerkmale, -parameter oder dimensionen festgelegt und miteinander kombiniert werden. Dazu werden beispielweise in einer zweidimensionalen Tabelle in der ersten Spalte die Merkmale dargestellt und in den weiteren Spalten die verschiedenen Ausführungsmöglichkeiten oder Ausprägungen. Dadurch entsteht eine Matrix, die die Kombination aller Ausprägungen ermöglicht. Ziel ist es dabei, alle nur denkbaren Problemlösungen darzustellen und diese möglichst miteinander zu verbinden. Dabei sollte darauf geachtet werden, dass die einzelnen Merkmale voneinander abgrenzbar, unabhängig und auch umsetzbar sind. Nach Auswahl einer Ausprägung aus jeder Zeile werden die ausgewählten Angaben miteinander verbunden, wodurch eine Kombination von Ausprägungen entsteht. Die Auswahl kann

- vollständig durch die Berücksichtigung aller möglichen Kombinationen,
- systematisch durch die Berücksichtigung einer beschränkten Anzahl von Kombinationen oder
- intuitiv durch willkürliche Auswahl je einer Ausprägung pro Zeile erfolgen.

Durch die Integration von zunächst geringwertig oder auch fremdartig erscheinenden Parametern entstehen möglicherweise interessante Lösungsvariationen oder auch Alternativen, die zunächst nicht nachvollziehbar erscheinen, sich bei näherer Betrachtung aber als durchaus erfolgreich umsetzbar erweisen.

Der wesentliche **Vorteil** einer Morphologischen Analyse ist in der vorurteilsfreien Ideensuche zu sehen und in der systematischen Erarbeitung von Alternativen, aus denen sich konkrete Pläne ableiten lassen. Die **Nachteile** bestehen vor allen Dingen darin, dass eine größere Anzahl von Merkmalen und Ausprägungen zur Unübersichtlichkeit führt und mengenmäßig im Sinne der Berücksichtigung aller möglichen Kombinationen nicht mehr handhabbar ist. Auch können durch eine Verminderung der Detaillierung oder eine Gewichtung der Merkmale wichtige, denkbare Lösungsalternativen aus dem Blickfeld geraten.

**Beispiel Morphologische Analyse**

Tab. 6.7: Ausstattungsmerkmale und morphologischer Kasten Behandlungsstuhl Zahnarztpraxis.

| Merkmale | Ausprägungen | | |
|---|---|---|---|
| Polsterfarbe | blau (1) | orange (2) | hellgrün (3) |
| Bedienbarkeit | Fußschalter (4) | Touch-Screen-Display (5) | Tastenschalter (6) |
| Behandlungsposition | vollständig programmierbar (7) | nicht programmierbar (8) | teilweise programmierbar (9) |

| Kombinationsmöglichkeiten | | | | | | | | |
|---|---|---|---|---|---|---|---|---|
| 147 | 157 | 167 | 247 | 257 | 267 | 347 | 357 | 367 |
| 148 | 158 | 168 | 248 | 258 | 268 | 348 | 358 | 368 |
| 149 | 159 | 169 | 249 | 259 | 269 | 349 | 359 | 369 |

Quelle: Eigene Darstellung.

### 6.3.4 Prognose

Die Prognose versucht mit unterschiedlichen Methoden Aussagen über Zustände, Ereignisse oder Verhältnisse zu treffen, die in der Zukunft liegen. Häufig handelt es sich dabei um quantitative Vorhersagen, die auf Vergangenheitsdaten basieren und mit mathematischen Verfahren ermittelt werden. Es wird dabei davon ausgegangen, dass in der Vergangenheit liegende Rahmenbedingungen und Strukturen auch in der Zukunft wirken, so dass auf ihrer Grundlage eine prognostische Aussage möglich ist.

Ein wichtiges **Anwendungsgebiet** von Prognosen sind beispielsweise alle Arten von Planungsaufgaben in einer Gesundheitseinrichtung. Die zukünftige Entwicklung von ambulanten und stationären Fallzahlen, Personalständen, Erlösmöglichkeiten oder Kostensituationen ist wesentliche Grundlage für die operative und strategische betriebliche Planung.

Die **Vorgehensweise** bei der Erstellung einer Prognose richtet sich nach der Prognoseart: Es gibt neben quantitativen Prognosen auch qualitative Vorhersagen, abhängige „Wenn-Dann-Prognosen“, Prognosen bei denen keine genauen Werte, sondern Wertintervalle vorhergesagt werden und vieles andere mehr. Oft werden quantitative Prognosen verwendet, die mit Hilfe von mathematischen Formeln erstellt werden und Vergangenheitswerte einbeziehen, wie beispielsweise:

**Beispiel Prognose**

Tab. 6.8: Prognose von stationären Fallzahlen mit Hilfe der Mittelwertbildung und der Exponentiellen Glättung.

| Perioden n | 2015 | 2014 | 2013 | 2012 | 2011 | 2010 |
|---|---|---|---|---|---|---|
| Fallzahlen F | 8.500 | 9.000 | 9.100 | 8.800 | 8.600 | 8.200 |
| 1. Arithmetisches Mittel: | | | | | | |
| Formel | P = (F1 + F2 + ... + Fn) ÷ n | | | | | |
| Berechnung | 52200 ÷ 6 | | | | | |
| Prognosewert 2016 | 8.700 | | | | | |
| 2. Gewichtetes Arithmetisches Mittel: | | | | | | |
| Gewichte G | 6 | 5 | 4 | 3 | 2 | 1 |
| Formel | P = (F1G1 + F2G2 + ... + FnGn) ÷ (G1 + G2 + ... Gn) | | | | | |
| Berechnung | (51.000 + 45.000 + 36.400 + 26.400 + 17.200 + 8.200) ÷ 21 | | | | | |
| Prognosewert 2016 | 8.800 | | | | | |
| 3. Exponentielle Glättung: | | | | | | |
| Prognosewert alt Pa 2015 | 8.300 | | | | | |
| Glättungsfaktor $\alpha$ | 0,3 | | | | | |
| Formel | Pn = Pa + $\alpha$ × (Fi − Pa) | | | | | |
| Berechnung | 8.300 + 0,3 × (8.500 − 8.300) | | | | | |
| Prognosewert Pn 2016 | 8.400 | | | | | |

Quelle: Eigene Darstellung.

- Gleitender Mittelwert: Prognose durch Addition der Vergangenheitswerte und Teilung durch die Summe der Perioden.
- Gewichteter gleitender Mittelwert: Prognose durch Addition gewichteter Vergangenheitswerte und Teilung durch die Summe der Perioden.
- Exponentielle Glättung: Prognose durch Fortschreibung des Mittelwertes, wobei die Gewichtung mit Hilfe eines Glättungsfaktors mit fortschreitender Vergangenheit abnimmt.

Bei der Auswahl einer Prognoseart sollte darauf geachtet werden, dass es sich um ein fundiertes Verfahren handelt, das eine zuverlässige Aussage zulässt. Auch wenn unterschiedliche Verfahren zu verschiedenen Ergebnissen führen, so müssen sie in sich valide und nachvollziehbar sein. Auch richtet sich die Auswahl des Verfahrens nach der Verfügbarkeit von geeigneten Vergangenheitsdaten. Die Daten müssen auch gegebenenfalls für einen ausreichend lang zurückliegenden Zeitraum zur Verfügung stehen und dürfen nicht mit unterschiedlichen Methoden erhoben worden sein, um aus ihnen abgeleitete Prognoseergebnisse nicht zu verfälschen.

Der **Vorteil** von Prognosen liegt in der damit verbundenen Absicherungsmöglichkeit von Planungen und Entscheidungen. Werden sie ordnungsgemäß durchgeführt und eingesetzt, so lassen sich die damit beurteilten Entwicklungen mit entsprechenden Eintrittswahrscheinlichkeiten und Näherungswerten ermitteln. Ein **Nachteil** kann das Auftreten von Prognosefehlern sein, die mitunter auch unentdeckt bleiben und womöglich als Grundlage von Entscheidungen zu falschen Schlussfolgerungen führen. Prognosen sollten daher immer auch auf mögliche Vorhersagefehler untersucht und deren Ursachen analysiert werden. Einen weiteren Nachteil kann die ausschließlich quantitativ erfolgende Beurteilung zukünftiger Ereignisse darstellen. Auch das Abstellen auf Vergangenheitsdaten und das Ausblenden der Dynamik von Entwicklungen im Zeitablauf können Vorhersageergebnisse in Frage stellen.

### 6.3.5 Nutzwertanalyse

Mit Hilfe der Nutzwertanalyse (NWA) lassen sich (Entscheidungs-)Alternativen nach mehreren verschiedenen Zielkriterien bewerten und vergleichen, wobei auch qualitative Bewertungskriterien einbezogen werden. Dazu wird eine Menge komplexer Entscheidungsalternativen entsprechend den Präferenzen des Entscheidungsträgers anhand eines multidimensionalen Zielsystems quantitativ bewertet. Der Alternativenvergleich erfolgt über die Ermittlung von Nutzwerten, wobei ein Nutzwert einen quantitativen Ausdruck für den subjektiven Wert darstellt, den eine Entscheidungsalternative für die Zielerreichung hat. Die NWA geht davon aus, dass der Entscheidungsträger die Alternativen bevorzugt, die ihm den größten Nutzen bringen.

Ihre **Anwendung** erscheint insbesondere dann geeignet, wenn unter mehreren, miteinander schwer vergleichbaren Alternativen ausgewählt werden soll, was anhand

**Beispiel Nutzwertanalyse (NWA)**

Tab. 6.9: Bewertung von Lieferanten für medizinisches Verbrauchsmaterial mit Hilfe der Nutzwertanalyse (NWA).

| Kriterium | Gewicht | Lieferant A | Lieferant B |
|---|---|---|---|
| Preise | 40 | Skontoabzug möglich | Keine Rabatte |
| Qualität | 30 | Ausreichende Qualität | Hervorragende Qualität |
| Lieferzuverlässigkeit | 10 | ausreichend | hoch |
| Lieferzeit | 10 | innerhalb von 24 Stunden | maximal 48 Stunden |
| Lieferflexibilität | 10 | gering | ausreichend |

| Kriterium | 0 Punkte | 2 Punkte | 5 Punkte | 8 Punkte | 10 Punkte | Gewicht | Zielerfüllung A | Nutzwert A | Zielerfüllung B | Nutzwert B |
|---|---|---|---|---|---|---|---|---|---|---|
| Preise | hoch | | mittel | | niedrig | 40 | 8 | 320 | 2 | 160 |
| Qualität | minderwertig | | ausreichend | | hervorragend | 30 | 5 | 150 | 10 | 300 |
| Liefer zuver lässig keit | unzuverlässig | | ausreichend | | hoch | 10 | 5 | 50 | 10 | 100 |
| Liefer zeit | > 3 Tage | 3 Tage | 48 Std. | 36 Std. | 24 Std. | 10 | 10 | 100 | 5 | 50 |
| Lieferflexibilität | gering | | ausreichend | | hoch | 10 | 0 | 0 | 5 | 50 |
| Σ | | | | | | | | 620 | | 660 |

Quelle: Eigene Darstellung.

der Nutzwerte einzelner Alternativen erleichtert wird. Die Nutzwertanalyse lässt sich somit als Hilfestellung für Mehrzielentscheidungen einsetzen. Sie ist auch in Ergänzung zu herkömmlichen Instrumenten der Investitionsrechnung einsetzbar, um zunächst nicht-quantifizierbare Investitionskriterien einzubeziehen. Die NWA ist somit ein Verfahren zur systematischen Erfassung und Beurteilung komplexer, vorzugsweise nichtquantifizierbarer Alternativeigenschaften mit dem Ziel, die relative Vorteilhaftigkeit der Entscheidungsalternativen zu bestimmen.

Die **Vorgehensweise** zur Durchführung einer NWA setzt zunächst das Festlegen geeigneter Bewertungskriterien voraus. In einer einfachen Tabelle werden die verschiedenen Alternativen, ihre Bewertungskriterien sowie individuelle Gewichtungsfaktoren für das jeweilige Kriterium einander gegenübergestellt. In einer Skala werden Punktwerte für die anschließend durchzuführende Bewertung festgelegt. Jeder Alternative wird die Kriteriumserfüllung durch eine isolierte, subjektive Beurteilung der Entscheidungsalternativen im Hinblick auf jedes einzelne Zielkriterium sowie die jeweilige Gewichtung mit Punktwerten zugewiesen und die Bewertung am Ende ausmultipliziert. Das Ergebnis pro Zeile ergibt einen quantifizierten Nutzenbeitrag. Abschließend ist die Berechnung der Gesamtnutzwerte und Ermittlung der Rangfolge durchzuführen: Die Alternative mit den in der Summe höchsten Nutzenbeiträgen erscheint nach der subjektiven Bewertung der Kriterien als diejenige, die im Rahmen einer Entscheidung vorzuziehen wäre.

Ein wesentlicher **Vorteil** der Nutzwertanalyse liegt darin, dass sie Bewertung von Handlungsmöglichkeiten durch Bewertungskriterien ermöglicht, die nicht quantifizierbar sind. Sie bringt zudem die Bestimmungsgründe einer Entscheidung in eine übersichtliche, nachvollziehbare Form, so dass ihr Zustandekommen diskutiert werden kann. Ein **Nachteil** kann darin gesehen werden, dass die Ermittlung des Gesamtnutzwerts das Ergebnis einer letztendlich subjektiven Beurteilung ist. Zudem kann unter dem Nutzen das Ausmaß der Eignung eines Gutes zur Bedürfnisbefriedigung verstanden werden, der Nutzwert ist aber nicht mit der Nutzenfunktion gleichzusetzen. Da der Funktionswert alleinig zur Rangbildung der Alternativen dient, ist es nicht zulässig zu behaupten, dass eine Alternative doppelt so gut sei wie eine andere, nur weil sich rechnerisch ein doppelt so hoher Nutzwert ergibt. Ohne ausdrücklich auf Nutzentheorien abzustellen, nehmen einfache NWA in der betrieblichen Praxis die Existenz einer multilinearen Nutzenfunktion an, ohne diese zu beweisen.

### 6.3.6 Multimomentverfahren

Das Multimomentverfahren ist eine Erhebungstechnik, die mittels Stichproben aus einer Vielzahl von Augenblickbeobachtungen statistisch gesicherte Mengen- oder Zeitangaben ableitbar macht. Für diese auf Häufigkeitsstudien basierende Technik der Tätigkeitsbeobachtung sind zunächst die Beobachtungsobjekte festzulegen, wie beispielsweise:
- Arbeitsplätze,
- Arbeitsabläufe,
- Sachmittel,
- Tätigkeiten.

In Form einer Zeitstudie wird zum festgelegten Zeitpunkt die jeweilige Beobachtung der Leistung von Mitarbeitern, medizintechnischen Einrichtungen oder Abläufen in einer Gesundheitseinrichtung analysiert und in eine Strichliste eingetragen, um daraus im Rahmen der Auswertung Häufigkeiten hinsichtlich des Zeitbedarfs, der Arbeitsauslastung oder der Arbeitsstruktur ermitteln zu können. Aus der Art der Erhebung können mögliche Akzeptanzprobleme resultieren, da bei den Mitarbeitern der Eindruck ent-

**Beispiel Multimomentverfahren**

Tab. 6.10: Beobachtungsbogen für eine Patientenaufnahme.

| **Einrichtung** | | **Datum:**<br>**Uhrzeit:** | | **Beobachter:** | | | **Rundgang-Nr.** |
|---|---|---|---|---|---|---|---|
| Lfd.Nr. | Vorgang: | Person:<br>Fr. Kunz | Fr. Bach | Dr. Voss | Fr. Vogel | ... | Summe: |
| 1 | Personalien | | | | | | |
| 2 | Überweisungsschein | | | | | | |
| 3 | KV-Karte | | | | | | |
| 4 | Angehörige | | | | | | |
| 5 | Medikamente | | | | | | |
| 6 | Behandlungsvertr. | | | | | | |
| 7 | Wahlleistungsvertr. | | | | | | |
| 8 | Stationsaufnahme | | | | | | |
| ... | ... | | | | | | |

Quelle: Eigene Darstellung.

stehen kann, ihr Leistungsvermögen würde gemessen. Tatsächlich geht es jedoch im Multimomentverfahren zunächst um stichprobenartige Beobachtungen der Zeitspanne, die für eine bestimmte Aktivität über einen festgelegten Zeitraum hinweg aufgewendet wird.

Wichtige **Anwendungsgebiete** des Multimomentverfahrens sind die Organisationsentwicklung und die Prozessoptimierung, da sich mit ihren Ergebnissen die Arbeitszeiten bestimmen lassen, die für bestimmte Aktivitäten nötig sind, und die Bereiche herausstellen, in denen Ansätze für Verbesserungen in Qualität, Effizienz oder Effektivität gefunden werden können.

Die **Vorgehensweise** zur Anwendung des Multimomentverfahrens umfasst im Wesentlichen folgende Aufgaben:
- Beobachtungsumfang und Ablaufart festlegen,
- Zahl der Beobachtungen, Beobachtungspunkte und -zeiten definieren,
- Beobachtungsbögen ausarbeiten,
- Beobachtungsbögen mit Probedurchlauf testen,
- Beobachtungen und deren Auswertungen durchführen.

Wichtig bei der Durchführung ist, dass die Aufnahme bei für die Arbeitssituation typischen Verhältnissen und zu normalen Zeiten stattfindet und nicht in ungewöhnlichen Arbeitsphasen, die das Ergebnis verfälschen würden. Die erforderliche Beobachtungsanzahl hängt von der gewünschten Genauigkeit ab. Auch ist festzulegen, wie viele Beobachtungen pro Tag durchgeführt werden sollen, was davon abhängt, wie häufig sich einzelne Ablaufarten verändern. Im Rahmen der Auswertung ist zu prüfen, ob die Anzahl der Beobachtungen ausreicht, um die gewünschte Genauigkeit zu erzielen.

Zu den wesentlichen **Vorteilen** des Multimomentverfahrens zählt, dass es kaum zu Störungen im betrieblichen Geschehen kommt, konkrete, verwertbare Ergebnisse damit erreicht werden und sich der Erhebungsaufwand insbesondere im Vergleich zu anderen Verfahren als eher gering erweist. Als **Nachteil** kann angesehen werden, dass die festgehaltenen Daten auf einmaligen Beobachtungen basieren und später nicht mehr überprüft werden können. Auch können die Notierungen manipuliert oder durch Fehleintragungen verfälscht werden.

### 6.3.7 Relevanzbaum-Analyse

Die Relevanzbaum-Analyse zählt zu den Kreativitätstechniken und eignet sich zugleich als Bewertungsmethode, indem sie dazu beiträgt, Ziele, Alternativen, komplexe Systeme oder Probleme übersichtlich zu strukturieren. Sie visualisiert die Zusammenhänge von Elementen eines Systems in einem aus mehreren, unterschiedlichen hierarchisch angeordneten Ebenen bestehenden Netzwerk, durch eine übersichtliche grafische Darstellung der im Relevanzbaum enthaltenen Elemente und deren Beziehung untereinander. Ein übergeordnetes Ziel oder Problem an der „Baumspitze" wird durch immer wieder neue Äste soweit zerlegt und übersichtlich dargestellt, bis alle relevanten Details dargestellt sind. Die Relevanzbaum-Analyse eignet sich damit zur systematischen Differenzierung von Problemen und Alternativen sowie dadurch auch zum Aufzeigen von Chancen und Risiken.

Ein wichtiges **Anwendungsgebiet** der Relevanzbaum-Analyse ist die Suche und Bewertung von Alternativen, die durch die Strukturbildung erheblich vereinfacht wird.

Die **Vorgehensweise** bei der Relevanzbaum-Analyse basiert auf den Beziehungen zwischen den einzelnen Elementen auf den unterschiedlichen Ebenen. Die Relevanz ergibt sich aus der Eignung eines Elements, das übergeordnete Ziel zu erreichen und gleichzeitig aus seiner Aufsplittung in ihm unmittelbar untergeordnete Elemente. Aus der grafischen Darstellung ergibt sich in der Regel ein Baumstamm mit Verästelungen, die die Mittel- und Zweckbeziehungen der Relevanzzusammenhänge darstellen und durch das Aufsplitten aller vorhandenen Informationen zustande kommen. Die sich immer weiter verzweigende Baumstruktur spiegelt den Detaillierungsgrad der einzelnen Probleme und ihrer Informationen wider. Auf diese Weise ist es möglich, für jede Problemstellung einzelne Lösungsschritte und kleine Teilziele zu entwickeln, die in ihrer Gesamtheit zur Lösung des Gesamtproblems beitragen. Aus den einzelnen Verästelungen lassen sich überschaubare Aufgaben und konkrete Handlungsanweisungen ableiten, sodass kleinere Ziele rascher und einfacher zu erreichen sind.

Es ist dabei darauf zu achten, dass der Relevanzbaum nicht über mehr als 4–5 Ebenen zu stark verzweigt wird, da ansonsten die Übersichtlichkeit verloren geht. Derartige Fälle lassen sich über mehrere Relevanzbäume verbessert darstellen. Auch ist es

**Beispiel Relevanzbaum-Analyse**

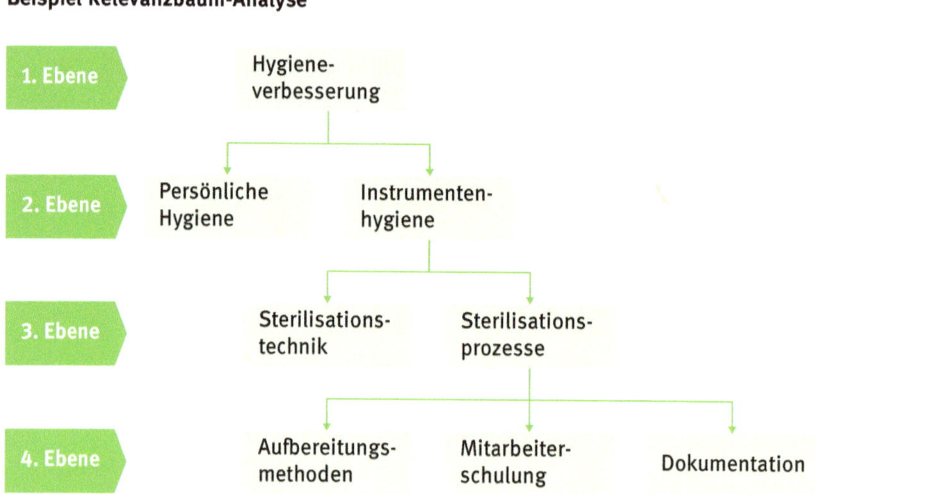


Abb. 6.6: Beispielhafter Relevanzbaum des Ziels Hygieneverbesserung.

Quelle: Eigene Darstellung.

wichtig über ausreichend Sachkenntnis in Bezug auf die dargestellten Sachverhalte, die Relevanz der Elemente und die hierarchische Zuordnung zu verfügen.

Die Relevanzbaum-Analyse bietet eine ganze Reihe von **Vorteilen**: Mit der Methode lassen sich komplexe Zusammenhänge relativ einfach darstellen, so dass auch Sachfremde sich rasch in die Thematik einarbeiten können. Auch eignet sie sich gut zur Findung und Entwicklung von Alternativen, der Strukturierung von komplexen Systemen, Problemen und Zielen, weswegen die Relevanzbaum-Analyse insbesondere auch für Planungsprozesse gut einsetzbar erscheint. Mögliche Unzulänglichkeiten bei Problemlösungen und fehlende Elemente werden rasch erkennbar. Auch für die Mitarbeiter ist es eine schnell zu erlernende Methodik, die durch ihre Übersichtlichkeit und Detaillierungsmöglichkeit zum besseren Verständnis beiträgt. **Nachteile** sind möglicherweise darin zu sehen, dass alle an der Analyse Beteiligten über gute Kenntnisse zur Fragestellung verfügen müssen, damit es nicht zu fehlerhaften Darstellungen und daraus resultierenden Entscheidungen kommt. Auch wird die Kreativität dahingehend eingeschränkt, dass durch die Strukturierung abweichende Ideen und Gedanken nicht in der Baumstruktur abbildbar sind und dadurch nicht einfließen können.

# 7 Beispiele aus dem Bereich „Personalmanagement“

## 7.1 Arbeitsrecht

### 7.1.1 Abmahnung

Die Abmahnung ist ein arbeitsrechtliches Instrument, das ausgesprochen wird, um den Mitarbeiter nachdrücklich auf ein Fehlverhalten hinzuweisen und ihn aufzufordern, dieses abzustellen. Sie hat ihre Grundlage im Kündigungsschutzrecht, wonach die Kündigung das letzte und zugleich schwerwiegendste Mittel der Rechtsdurchsetzung ist. Die Abmahnung gilt hingegen als vergleichsweise mildes Mittel, das den Mitarbeiter erfolgversprechend darauf hinweist, sich falsch verhalten zu haben.

Häufige Abmahnungsgründe sind:
- Störung des Betriebsfriedens,
- häufig vorkommende Arbeitsfehler,
- Unfreundlichkeit gegenüber Patienten,
- Unpünktlichkeit,
- verbotener Alkoholgenuss während der Arbeitszeit.

Neben dem Hinweis auf ein Fehlverhalten des Mitarbeiters findet die Abmahnung häufig auch im Rahmen einer wirksamen verhaltensbedingten Kündigung **Anwendung**. Vor der Kündigung sollte in der Regel mindestens eine Abmahnung erfolgt sein, um dem Mitarbeiter die Möglichkeit zu einer Verbesserung zu geben.

Die **Vorgehensweise** bei der Erteilung einer Abmahnung muss einige grundsätzliche Anforderungen berücksichtigen: Die Abmahnung kann mündlich oder schriftlich erfolgen und
- muss das Fehlverhalten genau bezeichnen,
- die Missbilligung dieses Verhaltens und, dass man es zukünftig nicht mehr hinzunehmen bereit ist, deutlich aussprechen und
- einen Hinweis auf die Gefährdung des Arbeitsverhältnisses und die drohende Kündigung im Wiederholungsfall geben.

Bei einem Fehlverhalten, das die Fortführung des Arbeitsverhältnisses unzumutbar macht, schwerwiegend ist oder keine Besserung erwarten lässt, ist eine Abmahnung entbehrlich und häufig auch eine außerordentliche, fristlose Kündigung gerechtfertigt. Werden gleich mehrere Verstöße gegen den Arbeitsvertrag gerügt, so ist dies in Form einer Sammelabmahnung möglich. Die Abmahnung wird der Personalakte zugefügt und ist aufgrund einer Klage vor dem zuständigen Arbeitsgericht aus dieser wieder zu entfernen. Der Arbeitskraft ist zwischen zwei Abmahnungen oder einer Abmahnung und der Kündigung ausreichend Zeit und Gelegenheit einzuräumen, das Fehlverhalten zu korrigieren. Auch der Arbeitnehmer kann abmahnen und für den Wiederholungsfall

**Beispiel Abmahnung**

Beispiel für einen Abmahnungstext bei Unfreundlichkeit gegenüber Patienten.

W. Färber
– Per persönlicher Übergabe –

Abmahnung

Sehr geehrte Frau Färber,
leider sehen wir uns gezwungen, Sie aus folgendem Grund abzumahnen:

Am 21.1.2015 haben Sie gegen 15.30 Uhr zum Patienten Herrn Klaus in Anwesenheit von dessen Angehörigen gesagt: „Sie sind zu dumm um zu kapieren, was mit Ihnen los ist. Am besten Sie suchen sich ein anderes Krankenhaus. Unsere Zeit ist für Sie zu kostbar.“

Dieses Verhalten ist nicht hinnehmbar.
Wir fordern Sie auf, derartige Äußerungen in Zukunft zu unterlassen.
Sollten Sie noch einmal zu Herrn Klaus oder zu anderen Patienten unfreundlich sein, müssen Sie mit arbeitsrechtlichen Konsequenzen rechnen, die bis zum Ausspruch einer Kündigung reichen.

Ort, Datum, Unterschrift Klinikleitung

Hiermit bestätige ich, Frau W. Färber, diese Abmahnung erhalten zu haben

Ort, Datum, Unterschrift W. Färber

Quelle: Eigene Darstellung.

mit der außerordentlichen Kündigung drohen, wenn der Arbeitgeber beispielsweise das Gehalt nicht rechtzeitig oder vollständig zahlt.

Der **Vorteil** der Abmahnung liegt in der Möglichkeit, den Arbeitnehmer auf sein konkretes Fehlverhalten eindeutig hinzuweisen und ihm die Kündigung für den Fall der Wiederholung anzudrohen, ohne schärfere arbeitsrechtliche Maßnahmen ergreifen zu müssen. Im Falle einer beabsichtigten Trennung von einem Mitarbeiter kann beispielsweise aus einer nicht ausdrücklich benannten Vertragsverletzung oder angedrohten Kündigung als Folge auch ein **Nachteil** entstehen, wenn die arbeitsrechtliche Abmahnung als Kündigungsvoraussetzung fehlerhaft und nicht ordnungsgemäß erfolgt ist.

### 7.1.2 Arbeitsvertrag

Der Arbeitsvertrag ist ein Unterfall des Dienstvertrages, der weitgehend eigenen Regeln folgt, auf den die Bestimmungen des Dienstvertrages jedoch ergänzend Anwendung finden. Im Dienstvertrag verpflichtet sich eine Person zur Leistung von vereinbarten Diensten und der Auftraggeber zur Zahlung der vereinbarten Vergütung. Gesetzlich erlaubte Dienste jeglicher Art können Gegenstand eines Dienstvertrages sein. Der Dienstpflichtige hat dabei in der Regel die Leistungen persönlich zu erbringen, soweit nicht etwas anderes vereinbart wurde. Er endet durch Erfüllung, Aufhebung oder Kündigung.

Wichtiges **Anwendungsgebiet** des Arbeitsvertrags ist das individuelle Arbeitsverhältnis, das durch ihn geregelt wird. Er stellt eine privatrechtliche Vereinbarung dar, durch die sich ein Arbeitnehmer zur Leistung von Arbeit und der Arbeitgeber zur Zahlung der Arbeitsvergütung und anderer Leistungen verpflichten.

Die **Vorgehensweise** zum Abschluss eines Arbeitsvertrags wird durch die Festlegung von Rechten und Pflichten von Arbeitgeber und -nehmer bestimmt. Zu seinen wichtigsten Inhalten zählen:
- Vertragsparteien: Arbeitgeber und Arbeitnehmer mit Vorname, Name und Anschrift.
- Beginn: Vertragsbeginn.
- Probezeit: Dauer und Kündigungsfrist während der Probezeit.
- Tätigkeit: Berufs-/Tätigkeitsbezeichnung, Tätigkeitsbeschreibung mit Aufführung aller Tätigkeiten und eventuellen Vollmachten.
- Vergütung: Vergütung mit Höhe, Steigerung, Art, Fälligkeit und Auszahlungsweise des Gehaltes, zusätzliche Leistungen, wie bspw. Beiträge zur Vermögensbildung, Unfallversicherung, Verpflegungszuschuss, Gratifikationen, Arbeitskleidung etc.
- Arbeitszeit: Überstundenregelung, regelmäßige Arbeitszeit.
- Urlaub: Urlaubsregelung.
- Kündigungsfristen: Kündigungsfrist des Arbeitsverhältnisses, die sich an der gesetzlichen Kündigungsfrist orientiert.
- Unterschriften: Ort, Datum und Unterschrift von Arbeitgeber und -nehmer.

Jeder voll Geschäftsfähige besitzt die Fähigkeit zum Abschluss von Arbeitsverträgen. Gesetzliche Vertreter können für Geschäftsunfähige einen Arbeitsvertrag abschließen. Beschränkt Geschäftsfähige können entweder selbst mit Zustimmung ihres gesetzlichen Vertreters einen Arbeitsvertrag abschließen oder der gesetzliche Vertreter handelt für sie und schließt einen Arbeitsvertrag ab.

Da der Arbeitsvertrag grundsätzlich formlos ist, kann er durch die formlose Willenserklärung von Arbeitgeber und -nehmer durch das Vertragsangebot und dessen Annahme auch mündlich zustande kommen. Bei Ausbildungsverträgen ist zu deren Wirksamkeit zwar ebenfalls keine Schriftform vorgeschrieben. Allerdings ist die Ausbildungseinrichtung nach dem *Berufsbildungsgesetz (BBiG)* jedoch verpflichtet, nach Vertragsabschluss den wesentlichen Inhalt des Arbeitsvertrages schriftlich niederzulegen.

Tarifverträge und Betriebsvereinbarungen gelten ergänzend zum Arbeitsvertrag. Nach ihnen hat bei einem nicht schriftlich abgeschlossenen Arbeitsvertrag der Arbeitgeber mindestens die wesentlichen Arbeitsbedingungen schriftlich zu fixieren und die Niederschrift dem Arbeitnehmer auszuhändigen, soweit nicht nur eine vorübergehende Beschäftigung vorliegt.

**Beispiel Arbeitsvertrag**

Tab. 7.1: Formulierungsbeispiele eines Musterarbeitsvertrags für Medizinische Fachangestellte.

| Inhalte | Formulierungsbeispiele |
|---|---|
| Vertragspartner | „Zwischen ... und ... wird folgender Vertrag geschlossen:“ |
| Beginn | „... wird mit Wirkung vom ... in der Praxis des Arbeitgebers als Medizinische/r Fachangestellte/r eingestellt.“ |
| Befristung | „Der Arbeitsvertrag wird bis zum .../auf unbestimmte Zeit abgeschlossen.“ |
| Probezeit | „Die Probezeit beträgt 6 Monate.“ |
| Arbeitsbereich | „Der Arbeitsbereich richtet sich nach dem geltenden Berufsbild der/des Medizinischen Fachangestellten.“ |
| Arbeitnehmerpflichten | „Die/der Medizinische Fachangestellte hat die übertragenen Obliegenheiten gewissenhaft wahrzunehmen und das Verhalten den besonderen Aufgaben der ärztlichen Praxis anzupassen.“ |
| Nebentätigkeit | „Eine Nebentätigkeit bedarf der Genehmigung des Arbeitgebers.“ |
| Arbeitszeit | „Die durchschnittliche wöchentliche Arbeitszeit richtet sich nach dem für Medizinische Fachangestellte geltenden Tarifvertrag. Die übliche Arbeitszeit wird wie folgt festgelegt:...“ |
| Arbeitsunfähigkeit | „Arbeitsunfähigkeit ist unverzüglich mitzuteilen.“ |
| Urlaub | „Die/der Medizinische Fachangestellte hat in jedem Kalenderjahr Anspruch auf bezahlten Urlaub. Er beträgt derzeit jährlich ... Arbeitstage.“ |
| Gehalt | „Die/der Medizinische Fachangestellte befindet sich im ... Berufsjahr und wird in die Tätigkeitsgruppe ... eingruppiert. Das Gehalt beträgt z. Zt. ... EUR brutto und wird monatlich am ... des laufenden Kalendermonats gezahlt.“ |
| Kündigung | „Die Kündigung bedarf der Schriftform.“ |
| Zeugnis | „Die/der Medizinische Fachangestellte hat nach Kündigung des Arbeitsverhältnisses Anspruch auf umgehende Aushändigung eines Zeugnisses.“ |
| Vertragsänderung | „Änderungen dieses Arbeitsvertrages und zusätzliche oder nachträgliche Vereinbarungen bedürfen der Schriftform.“ |
| Tarifvertrag | „Im Übrigen finden die Bestimmungen der von der Arbeitsgemeinschaft zur Regelung der Arbeitsbedingungen der Medizinischen Fachangestellten mit den Gewerkschaften abgeschlossenen Tarifverträge in der jeweils gültigen Fassung Anwendung.“ |

Quelle: In Anlehnung an Ärztekammer Niedersachsen (Hrsg., 2015): Musterarbeitsvertrag für Medizinische Angestellte. Online im Internet: https://www.aekn.de/assets/downloadcenter/files/MFA/Fort--und-Weiterbildung/Arbeitsvertraginteraktiv.pdf. Hannover. Abfrage: 25.1.2015.

### 7.1.3 Betriebsvereinbarung

Bei der Betriebsvereinbarung handelt es sich um eine Vereinbarung zwischen Arbeitgeber und Betriebsrat über eine betriebliche Angelegenheit, die betriebsverfassungsrechtlich zu regeln ist. Sie gilt somit für alle Mitarbeiter unmittelbar, wird in der Regel in einer Niederschrift festgehalten und ist im Vergleich zu Gesetzen und Tarifvertrag nachrangig. Sie endet durch Zeitablauf oder durch Kündigung. Oft werden einzelne Regelungen zur Arbeitszeit oder Arbeitszeiterfassung durch eine Betriebsvereinbarung fixiert. In medizinischen Einrichtungen mit öffentlich-rechtlicher Trägerschaft tritt an die Stelle der Betriebsvereinbarung die Dienstvereinbarung. Betriebsvereinbarungen gelten üblicherweise nur für einzelne Betriebsteile oder Standorte, wodurch unterschiedliche betriebliche oder auch ortsabhängige Bedürfnisse besser berücksichtigt werden können.

Wichtige **Anwendungsgebiete** von Betriebsvereinbarungen sind hauptsächlich mitbestimmungspflichtige Angelegenheiten, wie beispielsweise die betrieblichen Arbeitsbedingungen.

Die **Vorgehensweise** zur Erstellung einer Betriebsvereinbarung sieht die Erarbeitung eines Vertrags zwischen Arbeitgeber und durch einen Betriebsrat vertretene Arbeitnehmer vor, der der Schriftform bedarf. Er regelt Rechte und Pflichten der Vertragsparteien und schafft auf der Grundlage des *Betriebsverfassungsgesetzes (BetrVG)* verbindliche Normen für alle Mitarbeiter einer Gesundheitseinrichtung. Leitende Angestellte im Sinne des Betriebsverfassungsgesetzes werden hingegen davon nicht erfasst. Sind diese Normen bereits in einem Tarifvertrag geregelt, so sind sie nicht zusätzlich Gegenstand einer Betriebsvereinbarung. Ihr Inhalt erstreckt sich somit über Angelegenheiten, die nach dem Betriebsverfassungsgesetz zum gesetzlichen Aufgabenbereich des Betriebsrats gehören. Danach können in einer Betriebsvereinbarung zu regelnde Themen beispielsweise sein:
- Soziale Angelegenheiten,
- betriebsinterne Leistungen,
- Beschwerdeeinrichtungen,
- betriebliche Ordnung,
- Arbeitsschutz und Vermeidung von Arbeitsunfällen,
- Einführung und Anwendung von Systemen mit Überwachungsfunktionen,
- betriebliches Vorschlagswesen,
- Arbeitsplatzänderungen,
- Beurteilungsgrundsätze,
- personelle Auswahlbestimmungen.

Freiwillige Betriebsvereinbarungen können bei Angelegenheiten, die nicht der Mitbestimmung des Betriebsrats unterliegen, auch in beiderseitigem Einvernehmen geschlossen werden. Die Betriebsvereinbarung gilt auch für Leiharbeitnehmer und endet mit dem Ersatz durch befristete Gültigkeitsdauer, Kündigung, einen Aufhebungsver-

**Beispiel Betriebsvereinbarung**

Tab. 7.2: Formulierungsbeispiele einer Betriebsvereinbarung für flexible Schichtsysteme in einer Pflegeeinrichtung.

| Inhalte | Formulierungsbeispiele |
|---|---|
| Ziel | „Ziel dieser Vereinbarung ist die Schaffung eines Schichtsystems, das auf die Anforderungen von Mitarbeitern und Pflegeeinrichtung eingeht." |
| Einsatzplanung | „Die Personaleinsatzplanung erfolgt auf Stationsebene unter weitestgehender Berücksichtigung der Mitarbeiterwünsche." |
| Arbeitszeitkonto | „Auf- und Abbau des Arbeitszeitkontos ist nach Vereinbarung mit dem Vorgesetzten in einzelnen Stunden oder in ganzen Tagen möglich." |
| Freischichten | „Die Verteilung von Freischichten wird im Voraus festgelegt und dem Mitarbeiter monatlich mitgeteilt." |
| Schichtübergabe | „Soweit es möglich bzw. erforderlich ist, können der Schichtbeginn und das Schichtende nach dem Rahmenschichtplan mit entsprechend angepassten Gleitzeiträumen vereinbart werden. Dabei ist eine ordnungsgemäße Übergabe an die folgende Schicht sicherzustellen." |
| Planänderung | „Bei Einführung neuer Schichtpläne ist der Termin der Einführung möglichst so festzulegen, dass der neue Plan unmittelbar nach Abschluss einer Turnuszeit des alten Planes beginnt. Damit ist die tarifliche Arbeitszeit in jedem Fall sichergestellt." |
| Eignung | „Mitarbeiter, die nachweislich aus gesundheitlichen Gründen nicht mehr in Wechselschichten tätig sein können, haben im Rahmen der vorhandenen Möglichkeiten einen Anspruch auf einen gleichwertigen Arbeitsplatz am selben Standort im Rahmen der üblichen Normalarbeitszeit." |
| Beteiligung | „Bei Einführung eines neuen Schichtrahmenmodells haben die Mitarbeiter die Möglichkeit, ein Schichtrahmenmodell aus einer Reihe von Vorschlägen zu wählen." |

Quelle: In Anlehnung an Hans Böckler Stiftung (Hrsg., 2015): Datenbank Betriebsvereinbarungen – Flexible Schichtsysteme. Online im Internet: http://www.boeckler.de/cps/rde/xchg/hbs/hs.xsl/4129.htm?bvdoku.theme=25#bvdoku_all. Düsseldorf. Abfrage: 27.1.2015.

trag oder eine neue Betriebsvereinbarung, die die alte ersetzt. Sie ist für jeden Mitarbeiter durch Aushang oder anderweitige Bekanntmachung zugänglich zu machen.

Wegen ihrer einheitlichen und einvernehmlichen Regelungswirkung ist die Betriebsvereinbarung von **Vorteil** und ist verbindlich nicht nur für Arbeitnehmer, sondern auch für Arbeitgeber, was diese bisweilen auch als **Nachteil** ansehen könnten.

### 7.1.4 Kündigung

Die Kündigung ist eine einseitige, empfangsbedürftige Willenserklärung, durch die das Arbeitsverhältnis von einem bestimmten Zeitpunkt an aufgehoben wird. Sie kann sowohl vom Arbeitgeber als auch vom Arbeitnehmer ausgesprochen werden und muss dem jeweils anderen zugegangen sein, damit sie rechtswirksam ist. Mündliche Kündigungen sind grundsätzlich ebenfalls gültig, jedoch kann aufgrund besonderer Vereinbarungen im Arbeitsvertrag, in einer Betriebsvereinbarung oder in dem jeweils gültigen Tarifvertrag die Schriftform vorgeschrieben sein. Zu den wesentlichen Kündigungsarten zählen die ordentliche und außerordentliche Kündigung, sowie die Änderungskündigung.

Kündigungen finden nicht nur bei beabsichtigten Beendigungen von Arbeitsverhältnissen **Anwendung**. Sie können auch, wie im Falle der Änderungskündigung, die Fortsetzung des Arbeitsverhältnisses unter anderen arbeitsvertraglichen Bedingungen zum Ziel haben.

Die **Vorgehensweise** zur Durchführung einer Kündigung richtet sich nach der Kündigungsart. Die ordentliche Kündigung stellt die Auflösung von auf unbestimmte Zeit abgeschlossenen Arbeitsverträgen unter Berücksichtigung wichtiger Kündigungsbedingungen dar, wie beispielsweise
- Einhaltung der Kündigungsfristen und
- Einhaltung der Bestimmungen des Kündigungsschutzes.

Wichtige Kündigungsvoraussetzungen sind:
- Kündigungen aus einem geringfügigen Grund sind nach dem Grundsatz der Verhältnismäßigkeit des Arbeitsrechts unzulässig,
- vor jeder Kündigung ist eine Anhörung des Betriebsrates durchzuführen, ansonsten ist die Kündigung rechtsunwirksam,
- vor der ordentlichen Kündigung muss in der Regel eine Abmahnung erfolgt sein.

Der ordentlichen Kündigung kann durch den Betriebsrat widersprochen werden, wenn bei der Auswahl der zu Kündigenden soziale Gesichtspunkte nicht berücksichtigt wurden, sie an einem anderen Arbeitsplatz weiterbeschäftigt werden können oder nach zumutbaren Weiterbildungsmaßnahmen bzw. unter geänderten Vertragsbedingungen eine Weiterbeschäftigung mit Einverständnis der betroffenen Arbeitskraft möglich ist. Wird die ordentliche Kündigung trotz Widerspruch ausgesprochen, besteht eine Weiterbeschäftigungsverpflichtung bis zu einem rechtskräftigen Abschluss vor dem Arbeitsgericht.

Für die außerordentliche Kündigung muss ein wichtiger Grund vorliegen, da sie eine fristlose Kündigung darstellt. Sie ist innerhalb von 2 Wochen nach Kenntnis dieses Grundes in schriftlicher Form und unter dessen Angabe auszusprechen, ansonsten ist sie ausgeschlossen. Sie kann in der Regel ausgesprochen werden bei Diebstahl, Preisgabe von Patientendatendaten und -geheimnissen, unerlaubtem Verlassen des

**Beispiel Kündigung**

Beispielformulierung einer ordentlichen Kündigung des Arbeitsverhältnisses.

W. Färber
– Per persönlicher Übergabe –

Kündigung des Arbeitsverhältnisses

Sehr geehrte Frau Färber,
hiermit kündigen wir das mit Ihnen bestehende Arbeitsverhältnis fristgerecht zum ...

Bis zum Ablauf der Kündigungsfrist stellen wir Sie unter Fortzahlung der vertraglich vereinbarten Vergütung unwiderruflich von der Arbeitsleistung frei. Diese Freistellung erfolgt unter Anrechnung der Ihnen noch zustehenden Resturlaubsansprüche.

Auf die Verpflichtung, selbst aktiv nach einer anderen Beschäftigung zu suchen und sich innerhalb der dafür vorgesehenen Fristen bei der Agentur für Arbeit arbeitssuchend zu melden, weisen wir ausdrücklich hin. Die Nichteinhaltung dieser Verpflichtung kann zu einer Sperrzeit beim Arbeitslosengeld führen.

Mit freundlichen Grüßen

Ort, Datum, Unterschrift Klinikleitung

Hiermit bestätige ich, Frau W. Färber, diese Kündigung erhalten zu haben.

Ort, Datum, Unterschrift W. Färber

Quelle: Eigene Darstellung.

Arbeitsplatzes, groben Fahrlässigkeiten, Tätlichkeiten, Beleidigungen, Unehrlichkeit und Untreue im Arbeitsverhältnis, Arbeitsverweigerung. Auch vor einer außerordentlichen Kündigung ist der Betriebsrat anzuhören, der sich innerhalb von 3 Tagen äußern muss, ansonsten gilt seine Zustimmung als erteilt.

Die Änderungskündigung hat die Fortsetzung des Arbeitsverhältnisses unter anderen arbeitsvertraglichen Bedingungen zum Ziel. Gegen ihre Wirksamkeit kann beim Arbeitsgericht geklagt werden. Finden die neuen Bedingungen auf der Arbeitgeber- oder -nehmerseite keine Akzeptanz, kann die Auflösung nur über eine ordentliche Kündigung angestrebt werden.

### 7.1.5 Personalakte

In der Personalakte werden alle Unterlagen gesammelt und geordnet aufbewahrt, die für den betreffenden Mitarbeiter und sein Arbeitsverhältnis von Bedeutung sind. Diese dürfen nur im Rahmen des Arbeitsverhältnisses und nach berechtigtem sachlichem Interesse des Arbeitgebers angelegt werden. Auch besteht keine Pflicht, Personalakten anzulegen und zu führen. Ihr hauptsächlicher Zweck besteht darin, möglichst vollständig über die Person des Arbeitnehmers und seine beruflichen Werdegang Aufschluss zu geben, denn viele arbeitsrechtliche und sozialversicherungsrechtliche Vorschriften verpflichten den Arbeitgeber, eine Personaldokumentation als Grundlage für einen sachgemäßen Personaleinsatz zu führen. Die Lohn- und Gehaltsunterlagen werden aus Gründen ordnungsgemäßer Buchführung üblicherweise in der Lohn- und Gehaltsabrechnung aufbewahrt. In der Personalakte sollten alle wesentlichen Daten und Veränderungen des Mitarbeiters vollständig, aktuell und schriftlich festgehalten sein, sie darf nicht für jedermann zugänglich aufbewahrt werden und neben ihr darf keine weitere „inoffizielle" Personalakte geführt werden, da die Mitarbeiter hierauf Einsichtsrechte, jedoch keine Überlassungsrechte haben. Die elektronische Personalakte ersetzt heutzutage häufig die konventionelle Papierakte durch die Eingabe oder das Scannen der Personaldaten in digitale Speichermedien.

Die Führung von Personalakten findet im Rahmen der Personaladministration (Personalverwaltung) ihre **Anwendung**, die die Abwicklung der administrativen, routinemäßigen Aufgaben innerhalb des Personalwesens umfasst.

Die **Vorgehensweise** bei der Führung der Personalakten wird maßgeblich durch die Vorgaben des *Bundesdatenschutzgesetzes (BDSG)* beeinflusst. Danach unterliegen personenbezogene Daten, die maschinell verarbeitet und gespeichert werden, zur Sicherung der Privatsphäre der Mitarbeiter, der Vertraulichkeit ihrer persönlichen Daten sowie der Verhütung des Missbrauchs dieser Daten dem Datenschutz. Dies bedeutet, dass Unbefugte keinen Zugang zu Datenverarbeitungsanlagen haben dürfen, auf denen personenbezogene Daten verarbeitet werden, dass die unbefugte Eingabe, Speicherung und Löschung personenbezogener Daten verhindert wird und dass jederzeit nachvollziehbar ist, wer welche personenbezogenen Daten wann eingegeben oder verändert hat.

Personalakten dürfen nur Informationen enthalten, die der Arbeitgeber rechtmäßig erworben hat und für die er ein sachliches Interesse nachweisen kann. Zulässige Inhalte einer Personalakte sind dementsprechend beispielsweise Bewerbungsunterlagen, Arbeitsvertrag, Beurteilungen und Arbeitszeugnisse, Angaben zur Sozialversicherung, Qualifizierungs- und Fortbildungsunterlagen, Ergebnisse von Auswahlverfahren eventuelle Abmahnungen und anderes mehr. Betriebsärztliche Untersuchungsergebnisse sind unter Wahrung der ärztlichen Schweigepflicht vom Betriebsarzt aufzubewahren. Auch nicht hinein gehören Unterlagen, die keinen Bezug zum Arbeitsverhältnis aufweisen. Der Arbeitnehmer ist davon zu unterrichten, wenn beispielsweise standortbezogen Personalnebenakten geführt werden. Der Arbeitnehmer darf sich vom vollständigen Inhalt der Personalakte Notizen machen oder auch Kopien anfertigen. Auch darf er die Entfernung von unrichtigen Angaben und entsprechende Berichtigungen in seiner Personalakte vom Arbeitgeber verlangen. Seine Stellungnahmen zu bestimmten Sachverhalten in Form schriftlicher Gegendarstellungen sind in die Personalakte aufzunehmen. Durch eine Betriebsvereinbarung kann beispielsweise geregelt werden, wie oft und wo die Einsichtnahme

**Beispiel Personalakte**

Beispiele für datenschutzrechtliche Hinweise zur Einführung einer elektronischen Personalakte in öffentlichen Einrichtungen:

„Eine elektronische Akte muss dieselben Anforderungen an die Nachvollziehbarkeit und Vollständigkeit erfüllen, wie eine Papierakte (Dokumentation).

Eine parallele oder doppelte Aktenführung ist im Hinblick auf das datenschutzrechtliche Gebot der Datensparsamkeit und Datenvermeidung zu vermeiden.

Grundsätzlich ist eine Verarbeitung sog. ‚Echtdaten‘ zu Testzwecken unzulässig, da regelmäßig Tests auch mit zu diesem Zweck generierten fiktiven Daten möglich sind. Sollte ausnahmsweise ein abschließender Test eines neuen Systems im Rahmen der Systementwicklung die Verarbeitung personenbezogener Daten erforderlich machen, ist zu beachten, dass dies einen Verarbeitungszweck darstellt, der regelmäßig nicht durch eine entsprechende Erlaubnisvorschrift normiert ist und daher der Einwilligung des Betroffenen bedarf. Echtdaten sind erst bei fertig entwickelten und ausgetesteten Systemen zu verwenden.

Die Umstellung auf eine elektronische Personalaktenführung darf nicht zu einer Einschränkung der Auskunfts- und Einsichtsrechte der Betroffenen führen.“

Quelle: Landesbeauftragter für den Datenschutz Niedersachsen (Hrsg., 2015): Datenschutzrechtliche Hinweise zur Einführung der elektronischen Personalakte im öffentlichen Dienst in Niedersachsen. Stand: 2.1.2015. Hannover.

durch die Mitarbeiter in ihre Akte erfolgen kann, wo die Akten aufbewahrt werden und welche einheitlichen Löschungsfristen es für bestimmte Vorgänge gibt.

## 7.2 Führung

### 7.2.1 Mitarbeitercoaching

Das Mitarbeitercoaching hat zur Aufgabe, längerfristige Entwicklungsprozesse zur Förderung der Anlagen und Fähigkeiten bei den Mitarbeitern auszulösen und aus der eigenen Überzeugung heraus Verhaltensweisen zu entwickeln, die eine engagierte und eigenverantwortliche Aufgabenerfüllung ermöglicht. Es stellt in diesem Zusammenhang eine intensive Beratung, Analyse und Begleitung des Mitarbeiters durch die Führungskraft dar.

Die Personalentwicklung ist ein wesentliches **Anwendungsgebiet** des Mitarbeitercoachings. Ihr Ziel ist es, sich abzeichnende Trends zu erkennen und zukünftige Herausforderungen zu meistern, um die Zukunftsfähigkeit der Gesundheitseinrichtung mit zu sichern und sich für die Einrichtung ergebende Chancen zu nutzen. Mitdenken, Mithandeln und ein gemeinsames Aufgabenverständnis mitzutragen, sind dabei wichtige Eigenschaften, die es zu entwickeln gilt.

Grundlage der **Vorgehensweise** beim Mitarbeitercoaching ist ein kooperativer Führungsstil, bei dem nicht die operativen Führungsziele alleine im Vordergrund ste-

**Beispiel Mitarbeitercoaching**

Coaching von Ärzten in Kliniken

„Ein anderes Beispiel für ein effektives Coaching zeigt die Erfahrung des 51-jährigen Prof. P., Erwachsenenpsychiater und Chefarzt. Ihm stellt sich die Herausforderung in Form der Neubesetzung einer Oberarztstelle, die aufgrund vorhersehbarer persönlicher Gründe vakant wird. Es gilt, die Position neu zu besetzen und einen Übergabeprozess zu initiieren. Zugute kommt Prof. P., dass er in den letzten drei Jahren mit Unterstützung seines Coachs die langfristige Klinikentwicklung im Blick hatte und er daher eine konsequente Förderung des Leitungsnachwuchses, unter anderem durch Schulungen in Führungsfragen, betrieb.

Um den anstehenden Führungswechsel ohne Reibungsverluste zu bewältigen, erarbeitet Prof. P. mit seinem Coach einen Maßnahmenkatalog. Nach der Analyse der vakanten Stelle und Definition der Aufgabenstellung und Ziele, entwickelt er ein Anforderungsprofil und gleicht mit Unterstützung des Coachs die Profile der zur Verfügung stehenden Kandidaten entsprechend ab. Eine Entscheidung ist dadurch schnell getroffen, und Prof. P. wird in der nächsten Sitzung des Leitungsteams seine Entscheidungsgründe transparent vortragen und abstimmen. Erst dann wird die ausgewählte Bewerberin informiert. Durch diese strategische Vorgehensweise wird das gute Klima im Leitungsteam gestärkt und der Nachfolgerin ein kollegiales Umfeld eröffnet."

Quelle: Fleischer, W. (2004): Ärztliche Führungskräfte – Coaching on the Job. In: Deutsches Ärzteblatt. 101. Jahrgang. Ausgabe 25/2004. Köln. S. A 1834.

hen, sondern vor allen Dingen auch der Mitarbeiter. Es geht darum zu klären, wie er welchen Beitrag zur Gesamtzielerreichung leisten kann und wo er mit welchen Aufgaben bestmöglich eingesetzt ist, um an dieser Stelle seine Stärken gezielt nutzen und weiter entwickeln zu können. Die Mitarbeiter in ihrer Entwicklung zielgerichtet zu unterstützen bedeutet mehr, als sie nur auf Seminare zu schicken. Ihre Potenziale, ihre Stärken und Schwächen werden allerdings oft von ihnen selbst gar nicht erkannt und können auch nur festgestellt werden, wenn man sich für sie interessiert und mit ihrer Person befasst.

Ein autoritärer Führungsstil vermag dies nicht zu leisten. Er mag zwar für Vorgaben einer exakten Aufgabenerfüllung geeignet sein, aber nicht für komplexe Aufgabenstellungen, die über die Bewältigungsmöglichkeiten der Führungskraft hinausgehen.

Die Führungskraft in einer Gesundheitseinrichtung muss vom Leistungsbeurteiler zum Entwicklungspartner seiner Mitarbeiter werden. Dazu gehört, dass sie selbst auch in der Lage ist, sich gegenüber dem ihr anvertrauten Personal zu öffnen, um die notwendige Glaubwürdigkeit zu erlangen. Die vorbereitende Entwicklung gemeinsamer Wege zu einer optimalen Aufgabenerfüllung sollte von Verantwortung und Fairness geprägt sein. Vertrauen, Respekt und Verbindlichkeit zählen, wie bereits erwähnt, zu den wichtigsten Grundlagen einer positiven und erfolgreichen Zusammenarbeit. „Von oben herab" geführte Gespräche, einseitige Zieldiktate und geringe Wertschätzung oder gar Verletzungen vermitteln Interessenlosigkeit am Mitarbeiter und sind kontraproduktiv. Stattdessen sollten die gemeinsame Festlegung von Zielen, realistische Entwicklungsmöglichkeiten, aktive Beteiligung, Übertragung von Verantwortung und keine Unter-

oder Überforderung im Vordergrund eines begleitenden Coaching für den Mitarbeiter stehen.

**Vorteil** eines Mitarbeitercoachings ist sicherlich die professionelle Distanz, die ein guter Coach dem Mitarbeiter gegenüber wahrt, und die es diesem hilft, eigene, zu ihm passende und damit für ihn akzeptable Lösungswege zu finden. Als **Nachteil** mag zu sehen sein, dass man mit einem Außenstehenden berufliche Fragen und auch persönliche Dinge bespricht, um Lösungen zu finden, auf die man auch auf anderen Wegen und mit weniger Aufwand kommen könnte.

### 7.2.2 Führungsstil/Führungsprinzip

Der Führungsstil zählt zu den wichtigen Führungsinstrumenten und bewegt sich als dauerhaftes, häufig zu beobachtendes Verhaltungsmuster führender Personen überwiegend zwischen zwei extremen Ausprägungsgruppen: Je nachdem, ob die vorgesetzte Person mehr mit den Mitteln des Drucks, der Autorität und des Zwangs oder mehr mit den Mitteln der Überzeugung, der Kooperation und Partizipation am Führungsprozess vorgeht, wendet sie einen eher autoritären oder einen eher kooperativen Führungsstil an. Eng verknüpft mit der Anwendung eines bestimmten Führungsstils als Führungsinstrument ist die Verwirklichung von Führungsprinzipien (Führungsmodellen). Sie bauen in der Regel alle auf dem kooperativen Führungsstil auf. Führungserfolge hängen somit von den spezifischen Wertorientierungen, Zielen und Aufgaben sowie von der Struktur und dem soziokulturellen Umfeld des zu führenden Unternehmens ab. Eine Vielzahl von Führungsmodellen belegt meist unter der Bezeichnung „Management by ...“ zum Teil längst bekannte Prinzipien mit neuen Namen. Andererseits sind im Laufe der letzten Jahre aber auch neue Konzepte erstellt worden. In ihrem Mittelpunkt stehen dabei oft organisatorische Probleme und ihre Lösung im Rahmen der Führungsaufgabe.

Die **Anwendung** von Führungsstilen und -prinzipien geschieht im Rahmen der Personalführung als Prozess der steuernden Einflussnahme von Personen (Führer, Führende) auf das Verhalten anderer Personen (Geführte) zum Zweck der Erreichung bestimmter Ziele. Es geht dabei zum einen um die positive Beeinflussung des Leistungsverhaltens der Mitarbeiter zur Erfüllung der betrieblichen Ziele. Ferner geht es um die Förderung ihrer persönlichen, sozialen Ziele zur Herbeiführung von Arbeitszufriedenheit.

Die **Vorgehensweise** bei der Anwendung von Führungsstilen und -prinzipien geht bei kooperativen Führungsstilen von einer Beteiligung der Mitarbeiter an den Entscheidungen des Vorgesetzten aus. Sie kann so weit gehen, dass der Führende nur den Entscheidungsrahmen absteckt. Dadurch wächst der persönliche Freiheitsbereich der Mitarbeiter und die Übernahme von Verantwortung wird auf sie delegiert. Wichtige Kennzeichen für kooperative Führungsstile sind daher Delegation, verstärkte Kommunikation und Information, Partizipation, Kollegialität sowie ein Verhält-

**Beispiel Führungsstil**

Tab. 7.3: Beispiele für Führungsstile und deren mögliche Ausprägungen.

| Stil | Ausprägungen |
|---|---|
| Despotisch | Absoluter Machtanspruch, Einschüchterungen, Willkür. |
| Patriarchalisch | Absolutheitsanspruch, väterliches Leitbild, Treue- und Versorgungspflicht gegenüber Mitarbeitern. |
| Charismatisch | Ausstrahlungskraft gegenüber Mitarbeitern als prägende Komponente und Quelle der Macht. |
| Konsultativ | Einholung von Rat bei Mitarbeitern, Entscheidung trifft die Führungsperson. |
| Partizipativ | Mitentscheiden der Geführten, Entscheidungsvorbehalt im Zweifel bei Führungsperson. |
| Demokratisch | Entscheidung der Mitarbeiter auch gegen den Willen der Führungsperson. |
| Laissez-faire | Führungsperson bleibt weitestgehend passiv und lässt die Dinge laufen. |
| Bürokratisch | Starke Orientierung an Anträgen, Formularen, Akten. |

Quelle: Eigene Darstellung.

nis gegenseitiger Achtung und Anerkennung zwischen Vorgesetzten und Mitarbeitern.

Bei den Führungsprinzipien unterscheidet man beispielsweise folgende Ausrichtungen:

- Bei dem Prinzip Führung durch Aufgabendelegation (Management by delegation) werden Entscheidungsfreiheit und Verantwortung konsequent auf die Mitarbeiter übertragen.
- Das System der Führung nach dem Ausnahmeprinzip (Management by exception) ist dadurch geprägt, dass der Vorgesetzte nur bei unvorhergesehenen Ausnahmesituationen und in ungewöhnlichen Fällen eingreift.
- Vorgesetze und Unterstellte legen beim Führungsprinzip Führen durch Zielvereinbarung (Management by objectives) gemeinsam bestimmte Ziele fest, die der Mitarbeiter in seinem Arbeitsbereich realisieren soll.
- Das Prinzip Führung durch Ergebnisorientierung (Management by results) stellt die stärker autoritäre Ausrichtung der Führung durch Zielvereinbarung dar.

Ein **Vorteil** kooperativer Führungsstile liegt in der Betonung des Vertrauensverhältnisses zwischen Führungskraft und Mitarbeiter: Fehlendes Vertrauen führt zu Reibungsverlusten und kann gravierende Auswirkungen auf betriebliche Abläufe haben.

### 7.2.3 Leitbild

Mit einem Leitbild sollen in zusammenfassender Form Aufgaben, Ziele und Werte einer Gesundheitseinrichtung für die Mitarbeiter, Patienten und Interessengruppen wiedergegeben werden. Es dient als einheitliche Orientierung für das Handeln und soll die Mitarbeiter bei der Identifikation mit ihren Aufgaben unterstützen. Im Leitbild werden daher allgemeingültige Vorstellungen, angestrebte Ziele und Verhaltensweisen formuliert, um mit ihrer Veröffentlichung sowohl nach innen als auch nach außen zu informieren, zu werben und zu motivieren: Für die Mitarbeiter soll es eine übergreifende Werteorientierung im Arbeitsalltag, eine Ausrichtung aller Aktivitäten auf gemeinsame Ziele und den Sinnzusammenhang darstellen, wofür es sich lohnt, erfolgreich zu arbeiten. An Patienten und Interessenten richtet es sich, um bei ihnen ein möglichst positives Bild über Aufgaben, Werte und gesellschaftliche Verantwortung der Einrichtung zu erzeugen.

Die Entwicklung eines Leitbildes ist Aufgabe der Leitung einer Gesundheitseinrichtung und daher immer eine Führungsaufgabe. Es unterstützt gleichzeitig die Personalführung, indem es für die Führungskräfte und Mitarbeiter Regeln und Rahmenbedingungen für den Umgang miteinander vorgibt. Die Veröffentlichung eines Leitbildes nur zu Werbezwecken für die Öffentlichkeit wird seiner eigentlichen Funktion nicht gerecht.

Typische **Anwendungsfelder** und Ausprägungen im Gesundheitswesen sind
- Praxis-Leitbilder,
- Krankenhaus- und Klinikleitbilder,
- Leitbilder von Pflegeeinrichtungen,

aber auch fachliche Leitbilder, wie
- Pflegeleitbilder
- ethische Leitbilder,
- Nachhaltigkeits- und Umweltschutzleitbilder etc.

Die **Vorgehensweise** bei der Entwicklung eines Leitbildes richtet sich insbesondere nach den beabsichtigten Inhalten und der Formulierung von Antworten auf die Fragen, wozu die Einrichtung da ist (Auftrag), was erreicht werden soll (Ziele) und wie dies zu geschehen hat (Werte). Zur Verbesserung der Akzeptanz sind nicht nur bei der Entwicklung, Einführung und Umsetzung die Mitarbeiter einzubeziehen, sondern auch bei der regelmäßigen Überprüfung des Leitbildes und seiner Wirkungen, beispielweise durch Mitarbeiterbefragungen.

Die wesentlichen **Vorteile** von Leitbildern sind in ihrer Vermittlung von einheitlichen, grundlegenden Orientierungen und Aussagen über Führung, Mitarbeiterförderung oder Wahrnehmung sozialer, gesellschaftlicher und ökologischer Verantwortung zu sehen. Als **Nachteile** können sich das dadurch möglicherweise eingeschränkte Denken in Alternativen, fehlende Handlungsfreiräume oder mit der Realität nicht übereinstimmende Ziele und Werte von den Beschäftigten wahrgenommen werden.

**Beispiel Leitbild**

„Leitbild des Klinikums Nürnberg

Unter dem Motto ‚Wir sind für Sie da!'
Das Klinikum Nürnberg erbringt auf höchstem Niveau medizinische und pflegerische Leistungen zur Behandlung, Begleitung, Betreuung und Beratung aller Patientinnen und Patienten.
Kompetente und engagierte Mitarbeiterinnen und Mitarbeiter leisten dies gemeinsam. Inhalte und Formen der Leistungen werden kontinuierlich und zukunftsorientiert weiterentwickelt.
Die Vereinbarkeit von Beruf und Familie ist uns ein Anliegen.
Wir arbeiten unter Beachtung wirtschaftlicher und rechtlicher Rahmenbedingungen zur langfristigen Sicherung und Weiterentwicklung des Klinikums.

Leitsätze für das Klinikum Nürnberg

WIR SIND PATIENTENORIENTIERT
Unsere vordringlichste Aufgabe ist die Behandlung, Begleitung, Betreuung und Beratung unserer Patientinnen und Patienten. Wir sehen den Menschen ganzheitlich und berücksichtigen seine individuellen physischen, psychischen, kulturellen und geistigen Bedürfnisse. Wir respektieren die Würde des Menschen und sein Recht auf Selbstbestimmung.

WIR BIETEN QUALITÄT
Wir arbeiten in allen Leistungsbereichen des Klinikums auf einem hohen Qualitätsniveau. Dieser Verantwortung sind wir uns in unserer täglichen Arbeit bewusst. Zur Erfüllung dieser Aufgabe nutzen wir ein integriertes Qualitätsmanagement. Anregungen und Kritik sehen wir als Chance, unsere Leistungen zu überprüfen und kontinuierlich weiterzuentwickeln.

WIR SIND KOMPETENT
Wir sind fachlich und sozial kompetent. Durch ein breites Angebot an Fort- und Weiterbildung fördern wir gezielt die Fähigkeiten und Kenntnisse unserer Mitarbeiterinnen und Mitarbeiter. In der täglichen gemeinsamen Arbeit ist die Weitergabe von Wissen an Kolleginnen und Kollegen selbstverständlich.

WIR SIND MITARBEITERORIENTIERT
Wir fördern die Selbständigkeit und Eigeninitiative des Einzelnen durch Übertragung von Verantwortung und Kompetenz in klar definierten Arbeitsbereichen. Entscheidungen machen wir transparent und nehmen die Einwände der Mitarbeiterinnen und Mitarbeiter ernst. Konflikte begreifen wir als Chance zur kontinuierlichen Verbesserung der Zusammenarbeit.
Als auditiertes Unternehmen entwickeln wir fortlaufend Maßnahmen, die eine Balance zwischen Beruf und Familie ermöglichen.
Der Prozess der Behandlung, Begleitung, Betreuung und Beratung ist Richtschnur für die Gestaltung der Zusammenarbeit.

WIR SIND ENGAGIERT
Wir engagieren uns für unsere Patientinnen und Patienten. Wir achten stets auf respektvollen, höflichen und einfühlsamen Umgang mit ihnen sowie ihren Angehörigen und Besuchern. Ihre Belange werden von uns stets vertrauensvoll behandelt.

WIR ARBEITEN EFFEKTIV
Unsere Aufbau- und Ablauforganisation orientiert sich am Prozess der Behandlung, Begleitung, Betreuung und Beratung unserer Patientinnen und Patienten. Die Tätigkeiten aller daran mittelbar und unmittelbar beteiligten Mitarbeiterinnen und Mitarbeiter des Klinikums sind allein hierauf ausgerichtet. Wesentliches Merkmal unserer täglichen Arbeit ist der Informationsaustausch zwischen allen beteiligten Mitarbeiterinnen und Mitarbeitern des Klinikums.

WIR HANDELN WIRTSCHAFTLICH
Wir entwickeln unsere Stärken ständig weiter.
Wir wissen, dass eine qualitativ hochwertige Arbeit langfristig nur bei wirtschaftlicher Betriebsführung möglich ist, die unser Klinikum im Wettbewerb konkurrenzfähig erhält. Aus diesem Grund überprüfen wir regelmäßig das Kosten-Nutzen-Verhältnis unserer Leistungen und erschließen Verbesserungspotenziale.

WIR SORGEN VOR
Wir engagieren uns für die Gesundheit des Menschen. Unser Ziel ist es, das Gesundheitsbewusstsein zu stärken. Daher zählen wir neben der Behandlung, Begleitung, Betreuung und Beratung der Patientinnen und Patienten noch Prävention und Rehabilitation zu unseren Schwerpunkten.
Wir koordinieren unsere Leistungen und Angebote auch über den Klinikaufenthalt hinaus.“

Quelle: Klinikum Nürnberg (Hrsg., 2014b): Leitbild des Klinikums Nürnberg- Unter dem Motto „Wir sind für Sie da!“. Online im Internet: http://www.klinikum-nuernberg.de/DE/ueber_uns/daten_und_fakten/leitbild.html. Nürnberg. Abfrage: 21.05.2014.

### 7.2.4 Mitarbeiterbefragung

Die Mitarbeiterbefragung ist ein personalwirtschaftliches Instrument zur systematischen Erhebung von Stimmungen, Einschätzungen, Bedürfnissen und Erwartungen der Beschäftigten. Sie dient dazu, dass Meinungsbild in der Belegschaft zu bestimmten Themen zu erfassen, um es beispielsweise in wichtige Entscheidungen einfließen zu lassen oder gezielte Personal- und Organisationsentwicklungsmaßnahmen danach auszurichten. Eine Mitarbeiterbefragung ermöglicht auch das Erkennen von Schwachstellen in Gesundheitseinrichtungen, da die Mitarbeiter von bestehenden Problemen häufig selbst betroffen sind. Gleichzeitig verhilft sie aufgrund des Fachwissens der Mitarbeiter auch zu neuen Erkenntnissen und Lösungsmöglichkeiten.

Wichtige **Anwendungsgebiete** von Mitarbeiterbefragungen sind die strategische Betriebsführung von Gesundheitseinrichtungen und Veränderungsmaßnahmen, häufig im Rahmen des Change Managements bei langfristigen Neuausrichtungen. Dabei geht es insbesondere um das frühzeitige Erkennen von Hemmnissen und Befürchtungen der Mitarbeiter, aber auch um ihre Ideen, Beiträge und Unterstützungsbereitschaft bei großen Veränderungsprojekten.

Die **Vorgehensweise** bei Mitarbeiterbefragungen richtet sich beispielsweise nach der Art und Weise, wie das Meinungsbild erhoben wird:
- Abfrage der allgemeinen Mitarbeiterzufriedenheit mit zahlreichen Themen,
- Begrenzung auf ein konkretes Themengebiet,
- Vollbefragung aller Mitarbeiter,
- stichprobenweise Befragung einzelner Mitarbeitergruppen,
- Online-Befragungen,
- Einzel- oder Gruppeninterviews,
- schriftliches Ausfüllen von Fragebögen,
- gelegentliche, anlassbezogene Befragung,
- systematische, regelmäßige Befragung.

**Beispiel Mitarbeiterbefragung**

Fragebogen für eine Pflegeeinrichtung

Liebe Mitarbeiterinnen und Mitarbeiter!
Ihre Meinung ist uns wichtig. Teilen Sie uns mit, welche Stärken und Schwächen Sie in unserer Pflegeeinrichtung sehen. Wir bitten Sie daher, den beigefügten Fragebogen auszufüllen.
Wir versichern Ihnen ausdrücklich, dass der umfassende Schutz aller Daten und Ihre Anonymität gewährleistet ist. Geben Sie daher auch in keinem der Kommentarfelder Ihren Namen an. Kreuzen Sie bitte an bzw. füllen Sie bei Bedarf die Kommentarfelder aus.

| | | Trifft zu | Trifft teilweise zu | Trifft nicht zu |
|---|---|---|---|---|
| 1. | Beruf und Familie lassen sich gut vereinbaren. | ☐ | ☐ | ☐ |
| 2. | Die Arbeitsumgebung trägt zum Wohlbefinden bei. | ☐ | ☐ | ☐ |
| 3. | Die Entlohnung ist angemessen. | ☐ | ☐ | ☐ |
| 4. | Gute Arbeit wird anerkannt. | ☐ | ☐ | ☐ |
| 5. | Eigenverantwortliches Handeln wird gefördert. | ☐ | ☐ | ☐ |
| 6. | Es findet eine Einbeziehung in Entscheidungen statt. | ☐ | ☐ | ☐ |
| 7. | Es gibt keine Störfaktoren bei der Arbeit. | ☐ | ☐ | ☐ |
| 8. | Es gibt folgende Störfaktoren:________________ ________________ | | | |
| 9. | Der Informationsfluss funktioniert gut. | ☐ | ☐ | ☐ |
| 10. | Der Informationsfluss funktioniert nicht gut, weil: ________________ | | | |
| 11. | Die Informationen über die Entwicklung unserer Einrichtung sind ausreichend. | ☐ | ☐ | ☐ |
| 12. | Es herrscht eine positive Arbeitsatmosphäre. | ☐ | ☐ | ☐ |
| 13. | Die Zusammenarbeit funktioniert insgesamt gut. | ☐ | ☐ | ☐ |
| 14. | Die Zusammenarbeit funktioniert nicht gut, weil: ________________ | | | |
| 15. | Durch folgende Maßnahmen könnten Zusammenarbeit und Arbeitsatmosphäre noch verbessert werden:________________ | | | |
| 16. | Das Führungsverhalten der Vorgesetzten ist in Ordnung. | ☐ | ☐ | ☐ |
| 17. | Folgendes sollte sich am Führungsverhalten verbessern:________________ | | | |
| 18. | Bei neuen Anforderungen wird ausreichend unterstützt. | ☐ | ☐ | ☐ |
| 19. | Die Weiterbildungsmöglichkeiten sind ausreichend. | ☐ | ☐ | ☐ |
| 20. | Ideen und Vorschläge der Mitarbeiter werden berücksichtigt. | ☐ | ☐ | ☐ |
| 21. | Folgende Verbesserungen in den Arbeitsabläufen sind nötig:________________ | | | |
| 22. | Die Einrichtung ist als Arbeitgeber weiterzuempfehlen. | ☐ | ☐ | ☐ |

Quelle: In Anlehnung an: Bundesministerium für Wirtschaft und Technologie (Hrsg., 2012): Fachkräfte sichern – Mitarbeiterbefragung. Broschüre. Berlin. S. 10ff.

Der Erfolg oder Misserfolg einer Mitarbeiterbefragung hängt maßgeblich von der Gestaltung der Fragen ab. Wichtig sind Hinweise zum Ziel der Befragung, zu ihrer Freiwilligkeit und die Zusicherung der Anonymität der erhobenen Daten. Für jede Mitarbeiterbefragung sind Regelungen zur Sicherung des Datenschutzes zu stellen und die Daten vor Missbrauch zu schützen. Auch ist es von Bedeutung, dass die Fragestellungen von allen Mitarbeitern richtig verstandenen werden und nicht unterschiedlich interpretierbar sind. Eine Mischung aus offenen und geschlossenen Fragen erhöht die Aufmerksamkeit bei der Beantwortung. Zu viele Fragen, suggestive Fragestellungen, mehrdeutige Begriffe oder auch verschachtelte Fragesätze sollten vermeiden werden. Um eine möglichst hohe Rücklaufquote zu erreichen, ist der Zeitraum der Befragung unter Berücksichtigung von Urlaubszeiten etc. möglichst gut zu planen. Auch sollten die Mitarbeiter über die Konsequenzen aus den Befragungsergebnissen und eingeleitete Veränderungen unterrichtet werden, damit nicht der Eindruck einer vergeblichen Beteiligung entsteht und auch bei zukünftigen Mitarbeiterbefragungen die Teilnahmequote möglichst hoch ist.

Ein **Vorteil** der Mitarbeiterbefragung liegt in einer Erhöhung der Veränderungsbereitschaft der Mitarbeiter durch die Teilhabe bei der Bewertung von Veränderungsprozessen. Werden nur ein Teil der Mitarbeiter befragt und diese auch nicht zufällig ausgewählt, so kann eine ungerecht empfundene Auswahl als **Nachteil** wirken.

### 7.2.5 Mitarbeitermotivation

Bei der Mitarbeitermotivation ist davon auszugehen, dass kein aktives „Motivieren" durch eine Führungskraft erforderlich ist, sondern dass das mit Motivation beschriebene Wollen und Streben eines Mitarbeiters grundsätzlich als eigener Antrieb vorhanden ist. Die eigentliche Aufgabe ist es vielmehr, diesem Antrieb genügend Freiraum zu lassen und ihn in die richtigen Bahnen zu lenken.

Die **Anwendung** von Maßnahmen zur Mitarbeitermotivation nimmt gerade im Hinblick auf die Patientenorientierung große Bedeutung ein, denn ist es wichtig zu wissen, was Behandlungs- und Pflegekräfte dazu bringt, gut zu arbeiten, oder, was sie daran hindert.

Die **Vorgehensweise** zur Mitarbeitermotivation basiert auf bereits vor Jahrzehnten entwickelten Theorien, die kaum an Bedeutung eingebüßt haben, so dass es lohnenswert ist, sich mit diesen Grundannahmen zu beschäftigen:

- Die hinreichend bekannte pyramidenförmige Darstellung der Bedürfnishierarchie, die *Maslow* 1943 in seiner Theorie über menschliche Motivation veröffentlichte, geht davon aus, dass der Mensch zunächst elementare physiologische und Sicherheitsbedürfnisse zu befriedigen sucht, bevor er nach sozialer Anerkennung, individueller Wertschätzung und Selbstverwirklichung strebt.
- Die 1959 von *Herzberg* veröffentlichte Zweifaktorentheorie geht davon aus, dass die Arbeitszufriedenheit von zwei Faktorengruppen beeinflusst wird (vgl. *Ulich*,

**Beispiel Mitarbeitermotivation**

Anwendungsbeispiele der Motivationstheorien:

Das Streben nach Sicherheit bedeutet beispielsweise auch ein geregeltes, ausreichendes Einkommen. Wenn dies nicht gewährleistet ist, könnte ein Mitarbeiter in Niedriglohnbereichen des Gesundheitswesens versuchen, durch Nebentätigkeiten auskömmliche finanzielle Verhältnisse zu erwirtschaften. Erst wenn sich diese Situation für den Mitarbeiter hinreichend positiv darstellt, wendet er sich der nächsten Stufe nach sozialer Anerkennung zu. Im beruflichen Umfeld stehen dabei soziale Beziehungen und die Zugehörigkeit zu einer Gruppe im Vordergrund. Auf der nächsten Stufe sind für ihn berufliche Wertschätzung und Anerkennung wichtig. Sie sind Voraussetzungen, um im Rahmen der Selbstverwirklichung seine Potenziale und Fähigkeiten auszuschöpfen zu können.

Das in manchen Gesundheitseinrichtungen übliche Weihnachtsgeld lässt sich beispielsweise als Hygienefaktor ansehen, der erst dann zur Unzufriedenheit beiträgt, wenn er wegfällt. Die Zahlung wird am Jahresende vorausgesetzt und eine höhere Zufriedenheit wird dadurch in der Regel nicht erzeugt.

Eine überraschende Beförderung stellt dementsprechend einen Motivator dar und erzeugt zusätzliche Zufriedenheit. Ihr Nichteintreten hätte nicht zu Unzufriedenheit beigetragen.

Quelle: Eigene Darstellung.

2005, S. 203ff.): Es gibt als selbstverständlich erachtete Hygienefaktoren, die Unzufriedenheit vermeiden und Motivatoren, die zur Zufriedenheit beitragen und die Arbeitsleistungen positiv beeinflussen können.

- Etwa zeitgleich begründete *McGregor* die XY-Theorie, die einerseits von einem arbeitsunwilligen Menschentypus X ausgeht, der einer engen Führung mit Kontrollen und Sanktionen bedarf, sowie dem Menschentypus Y, der leistungsbereit nach Selbstverwirklichung strebt und für den ein delegierendes, kooperatives Führungsverhalten besser geeignet erscheint.
- Ebenfalls in den 60er Jahren erlebte die Anreiz-Beitrags-Theorie, wie sie beispielsweise von *March/Simon* in Zusammenhang mit der Mitarbeitermotivation vertreten wurde, eine erste große Verbreitung. Nach ihr werden die Mitarbeiter durch verschiedene Anreize dazu bewegt, Arbeitsbeiträge zu leisten. Die Beitragsleistung entspricht dem Anreizempfang und umgekehrt das Anreizangebot den geleisteten Beiträgen, sodass sich beide in einer Art Gleichgewicht befinden.

Auf den klassischen Motivationstheorien aufbauend wurde eine Vielzahl von Konzepten entwickelt, die unterschiedliche Bedürfnisstrukturen (existenzielle Bedürfnisse, Beziehungen, Kontakte, Erfolge, eigene Entwicklung, Macht, Geltung etc.), die Auswirkungen der Arbeitszufriedenheit und des Arbeitsumfelds, den Grad der grundsätzlichen Leistungsbereitschaft und des Leistungsvermögens, sowie von außen gesetzte Anreize beinhalten. *Barbuto/Scholl* fassen diese und andere Merkmale 1998 beispielsweise zu extrinsischer und intrinsischer Motivation zusammen, wonach die Motivationsquellen zu suchen sind in

- Extrinsisch: z. B. Aussicht auf konkrete Vorteile, Anforderungen des Umfelds, Beiträgen zur gemeinsamen Zielerreichung,
- Intrinsisch: z. B. erfüllende Aufgaben, Spaß an der Arbeit, eigenen Idealen.

## 7.3 Einsatz

### 7.3.1 Personalkennzahlen

Aufgabe von Personalkennzahlen ist es, aus der Fülle personalwirtschaftlicher Informationen wesentliche Aussagen herauszufiltern, die personelle Situation der Gesundheitseinrichtung möglichst treffend wiederzugeben und einen schnellen und komprimierten Überblick über die Personalstrukturen zu vermitteln. Sie stellen vordefinierte Werteangaben dar, die durch Kombination von Zahlen des Personalwesens entstehen, regelmäßig ermittelt werden und aus denen sich Aussagen zu personalwirtschaftlichen Sachverhalten der Gesundheitseinrichtung komprimiert und prägnant ableiten lassen.

Personalkennzahlen finden als wichtiges Instrument des Personalcontrollings **Anwendung**, indem sie dazu beitragen, Planung, Steuerung und Kontrolle mit dem Ziel optimierter Personalzuordnungen und möglichst wirtschaftlicher Abläufe zu sichern. Sie werden häufig als wichtige Planungs- und Entscheidungsgrundlage verwendet und übernehmen bei der Erkennung von Störgrößen und Engpässen die Aufgaben, den Istzustand im Personalbereich zu analysieren, Schwachstellen festzulegen, neue Sollwerte gegenüber den bisherigen Istwerten zu entwickeln sowie entsprechende Maßnahmen zu entwickeln und den Aktionsplan durch Kennzahlen bis zu einer optimalen Lösung zu kontrollieren.

Zu Beginn der **Vorgehensweise** für die Entwicklung von Personalkennzahlen sind zunächst die Ziele für ein derartiges Kennzahlensystem festzulegen und zu gewichten. Anhand der Festlegung, welche Informationen gewonnen werden sollen, sind die Kennzahlen zu definieren und die Art und Weise zu klären, wie diese ermittelt werden sollen. Anschließend werden die Kennzahlenempfänger ausgewählt und die Darstellung der Kennzahlenergebnisse festgelegt. Zur eigentlichen Erhebung haben die Sicherung der Informationsquellen und Vergleichsgrundlagen sowie die Bestimmung der Erhebungszeitpunkte bzw. -räume (z. B. einmalig, regelmäßig, Monats-, Quartalsberichte etc.) zu erfolgen. Auch ist festzulegen, wer für die Erstellung der Kennzahlen verantwortlich ist. Soll im Rahmen des Personalcontrollings effizient mit Kennzahlen gearbeitet werden, sind diese an den Bedürfnissen der Gesundheitseinrichtung auszurichten. Es ist daher beispielsweise zu prüfen, ob die vorgesehenen Kennzahlen geeignet, steuerungsrelevant, wirkungsvoll und verständlich sind. Ebenso ist sicherzustellen, dass sie nicht fehlinterpretiert werden können und mögliche Wirkungszusammenhänge zwischen den Kennzahlen realitätsnah, passend und zweckmäßig abgebildet sind. Als absolute Größen geben Personalkennzahlen erfasste Werte direkt wieder, während relative Personalkennzahlen in Beziehung zu anderen Größen gesetzt werden. Um kei-

**Beispiel Personalkennzahlen**

- Mitarbeiteranzahl: Anzahl der Mitarbeiter aufgeschlüsselt nach bestimmten Kriterien, z. B. Gesamtzahl, VZK, Teilzeitbeschäftigte, Beurlaubte, durchschnittliche Mitarbeiteranzahl einzelner Abteilungen (Stationen, Kliniken, Pflegebereiche); Summe aller Mitarbeiter, VZK Teilzeitbeschäftigten etc.
- Krankheitsquote: Anteil krankheitsbedingter Ausfälle an der Gesamtmitarbeiterzahl der Gesundheitseinrichtung (Anzahl aller Kranken ÷ Summe aller Mitarbeiter) × 100.
- Abwesenheitsstruktur : Relativer Anteil Abwesender nach dem Abwesenheitsgrund (Abwesende nach Ursachen ÷ Summe aller Mitarbeiter) × 100.
- Fehlzeitenquote: Fehlstunden im Verhältnis zur Soll-Arbeitszeit (Fehlzeiten ÷ Soll-Arbeitszeit) × 100.
- Fluktuationsquote: Verhältniszahl, die sich aus der Anzahl der Kündigungen und der durchschnittlichen Mitarbeiteranzahl zusammensetzt (Anzahl der Personalaustritte ÷ durchschnittliche Zahl der Mitarbeiter) × 100.
- Beschäftigungsgrad: Verhältnis von Plan- zur Ist-Beschäftigung (Ist-Beschäftigung ÷ Plan-Beschäftigung) × 100.
- Beschäftigungsstruktur : Verhältniszahl, die für Strukturanalysen im Personalbereich gebildet wird (z. B. Unterscheidung nach Geschlecht: Summe aller Mitarbeiterinnen ÷ Summe aller Mitarbeiter) × 100.
- Gehaltsentwicklung: Durchschnittliche Gehälter je Mitarbeiter (Gehaltssumme ÷ Summe aller Mitarbeiter).
- Mitarbeiterumsatz: Verhältniszahl, die die Leistung der Gesundheitseinrichtung je Mitarbeiter darstellt (Umsatzerlöse ÷ durchschnittliche Zahl der Mitarbeiter).
- Betriebsunfallquote: Verhältnis von der Anzahl der Unfälle in der Gesundheitseinrichtung zur Anzahl der Mitarbeiter (Unfälle ÷ Summe aller Mitarbeiter) × 100.
- Mehrarbeitsquote: Wert, der die Überstunden der Mitarbeiter wiedergibt (Überstunden ÷ Summe Soll-Arbeitsstunden) × 100.
- Weiterbildungskosten: Intensität der Fort- und Weiterbildung der Mitarbeiter (Weiterbildungskosten ÷ Summe aller Mitarbeiter) × 100.
- Krankheitsleistungen: Zeigen an, wie viel für einen Mitarbeiter aufgebracht werden muss, wenn dieser krankheitsbedingt ausfällt (Krankheitsaufwand ÷ Summe aller erkrankten Mitarbeiter) × 100.

Quelle: In Anlehnung an Frodl, A. (2014b): Personalcontrolling. Studienbrief 3 des Studiengangs Management von Organisationen und Personal im Gesundheitswesen – Strategische Steuerung von Organisationen und Personal. Hamburg. S. 29ff.

ne mangelnde Konsistenz von Personalkennzahlen zu erzeugen, darf die Verwendung mehrerer Kennzahlen in einem Kennzahlensystem keinen Widerspruch auslösen. Es sollten nur solche Größen zueinander in Beziehung gesetzt werden, zwischen denen ein Zusammenhang besteht.

Personalkennzahlen haben den **Vorteil**, große und schwer überschaubare Personaldatenmengen zu wenigen aussagekräftigen Größen verdichten zu können. **Nachteile** sind insbesondere in der Gefahr zu sehen, wichtige Einzelinformationen zu verlieren oder in eine Kennzahleninflation zu münden, wenn für das Personalcontrolling zu viele Kennzahlen gebildet werden, deren Aussagewert im Verhältnis zum Erstellungsaufwand letztlich zu gering ist bzw. bereits von anderen Kennzahlen abgedeckt wird.

### 7.3.2 Quantitative Personalbedarfsrechnung

Die quantitative Personalbedarfsrechnung ermittelt den zukünftigen zahlenmäßigen Bedarf an Mitarbeitern und Führungskräften in einer Gesundheitseinrichtung. Sie geht dabei in der Regel von dem Nettopersonalbedarf aus, der sich aus dem Bruttopersonalbedarf mit den benötigten Leistungsstunden abzüglich allen anderen Arbeitszeiten, wie vorgeschriebene Pausen, Rüstzeiten, Übergabezeiten, Zeiten für Weiterbildung, Krankenstand, Urlaub etc. ergibt. Er entsteht beispielsweise durch das dauerhafte oder vorübergehende Ausscheiden von Mitarbeitern z. B. infolge von Kündigung, Freistellung, Verrentung, Mutterschafts- und Erziehungszeit. Sie sind als Arbeitskräfte zu ersetzen. Auch kann sich ein zusätzlicher Personalbedarf aus Ausweitungen der Behandlungs- oder Pflegekapazitäten ergeben. Er kann aber auch aus Arbeitszeitverkürzungen oder neuen Aufgaben folgen, die durch das vorhandene Personal nicht abgedeckt werden können.

Ein wichtiges **Anwendungsgebiet** der quantitativen Personalbedarfsrechnung ist die Personalplanung als Teilgebiet des Personalmanagements und der Betriebsführung.

Die **Vorgehensweise** zur quantitativen Ermittlung des Personalbedarfs geht zunächst von unterschiedlichen Methoden zur Datenerhebung aus:
- Selbstaufschreibung: Analytische Ermittlung messbarer, sich wiederholende Aufgaben (Arbeitsmengen, Bearbeitungszeiten und -häufigkeiten etc.) in freier oder vorstrukturierter Form.
- Begleitzettelmethode: Eignet sich insbesondere für Prozesse und stellenübergreifende Aufgabenerledigungen und liefert beispielsweise durch das Festhalten von Eingangszeit, Bearbeitungsdauer und Ausgangszeit auf einem vorgangsbegleitenden Papier Ist-Daten über Prozessbeteiligte, Verzweigungen, Bearbeitungs-, Transport-, Liege- und Durchlaufzeiten, Schnittstellen und Rückkopplungen.
- Zeitmessungen: Ermittlung von Ist-Zeitdaten für einzelne Aufgaben oder durch fortwährende Beobachtung.
- Multimomentmethode: Erhebt zu vorher festgelegten Zeitpunkten Aufgaben- und Verteilzeitanteile kann auch zur Überprüfung der Auslastung an gleichartigen Arbeitsplätzen eingesetzt werden.
- Prognosemethode: Stochastische Ermittlung des Personalbedarfs durch Ermittlung der Ist-Zeitdaten auf der Grundlage von im Rahmen von Interviews erfragten Einschätzungen der Mitarbeiter.
- Vorgabemethode: Geht davon aus, dass die betreffende Stelle auch ohne Berechnung von Arbeitsmengen und Bearbeitungszeiten notwendig ist, weil sie sich beispielsweise aus der Aufbauorganisation als Leitungsfunktion oder aufgrund rechtlicher Anforderungen (z. B. Hygiene-, Brandschutz-, Arbeitssicherheitsbeauftragte) ergibt.

**Beispiel quantitative Personalbedarfsrechnung**

Tab. 7.4: VZK-Bedarf für Abrechnungstätigkeiten im Rahmen der Kassenliquidation in Abhängigkeit von Arbeitsmenge, Bearbeitungszeit und Fehlzeitfaktor.

| Abrechnungsfälle pro Tag (durchschnittl. Arbeitsmenge AM) | | | Durchschnittl. Bearbeitungszeit in Minuten (BZ) | | Fehlzeitfaktor (FZ) | | VZK (8 Std./Tag) Berechnung: (AM x BZ x FZ) / 8 |
|---|---|---|---|---|---|---|---|
| 50 | 80 | 100 | 15 | 30 | 1,2 | 1,4 | 1,875 |
| × | | | × | | × | | 1,875 |
| | × | | × | | × | | 3 |
| | | × | × | | × | | 3,75 |
| × | | | | × | × | | 3,75 |
| | × | | | × | × | | 6 |
| | | × | | × | × | | 7,5 |
| × | | | × | | | × | 2,1875 |
| | × | | × | | | × | 3,5 |
| | | × | × | | | × | 4,375 |
| × | | | | × | | × | 4,375 |
| | × | | | × | | × | 7 |
| | | × | | × | | × | 8,75 |

Quelle: In Anlehnung an Frodl, A. (2014c): Strategische Personalgewinnung – Personalmarketing – Personaleinsatzplanung. Studienbrief 4 des Studiengangs Management von Organisationen und Personal im Gesundheitswesen – Strategische Steuerung von Organisationen und Personal. Hamburg. S. 32f.

Der quantitative Personalbedarf wird häufig in Personentagen (PT), Vollzeitkapazitäten (VZK) oder Full Time Equivalents (FTE) ausgedrückt. Bei der Berechnung wird zudem ein Faktor für Fehlzeiten (FZ) verwendet, um Verteilzeiten, wie unregelmäßig anfallende Ausfallzeiten (z. B. Ermüdung, Wartezeiten und Nebenarbeiten), Krankheit oder Urlaub zu berücksichtigen.

Der **Vorteil** einer quantitativen Personalbedarfsrechnung besteht in ihrem Ansatz, den Bedarf auch tatsächlich begründen, belegen und damit auch besser einschätzen zu können. Als **Nachteil** ist anzusehen, dass im Gesundheitswesen viele Tätigkeiten zahlenmäßig nur schwer erfassbar sind und die analytische Personalbedarfsermittlung damit an ihre Grenzen stößt.

### 7.3.3 Qualitativer Personalbedarf

Die qualitative Personalbedarfsermittlung hat zum Ziel, die benötigten Qualifikationen der zukünftigen Stelleninhaber und Stelleninhaberinnen zu ermitteln und geht dazu von der Erfassung der Arbeitsanforderungen an die einzelnen Arbeitsplätze aus. Aufgrund von beispielsweise organisatorischen Änderungen wandeln sich auch die Arbeitsinhalte, was zu Aufgabenänderungen, veränderten Qualifikationsbedarfen und damit auch zu Auswirkungen auf den Personalbedarf führt. Er leitet sich somit aus den Aufgaben ab, welche die Mitarbeiter zu erfüllen haben. Fähigkeiten und Kenntnisse, fachliche und persönliche Qualifikationen sind dabei gleichermaßen zu berücksichtigen.

Wichtiges **Anwendungsgebiet** der qualitativen Personalbedarfsermittlung ist die Personalplanung mit ihrer Aufgabe, die benötigten personellen Ressourcen für die betriebliche Leistungserstellung und der anforderungsgerechten Erledigung der Aufgaben bereit zu stellen.

Die **Vorgehensweise** bei der qualitativen Personalbedarfsermittlung basiert in der Regel auf einer Arbeitsanalyse, die ihrerseits die Grundlage für die Gewinnung von Informationen über die fachlichen und persönlichen Leistungsanforderungen eines Aufgabenbereichs bildet. Dazu werden die Arbeitsplätze und Arbeitsvorgänge in Gesundheitseinrichtungen sowie jene persönlichen Eigenschaften systematisch untersucht, die der jeweilige Mitarbeiter als Stelleninhaber zur Erfüllung der an ihn gerichteten Leistungserwartungen besitzen sollte. Die Arbeitsanalyse gibt Antworten auf Fragen nach

- den zu erbringenden Leistungen,
- dem daraus ableitbaren Anforderungsprofil und
- den hierfür benötigten Qualifikationen.

Eine wesentliche Grundlage zur Ermittlung des qualitativen Personalbedarfs sind somit die Stellenanforderungen und damit die Beherrschung von einzelnen Teilarbeitsvorgänge, die aus der Zerlegung der Aufgaben und Tätigkeiten in einzelne Arbeitsschritte gewonnen werden. Das *Genfer Schema* (vgl. REFA, S. 43) unterscheidet beispielsweise folgende Anforderungskategorien:

- Geistige Anforderungen: Konzentrationsfähigkeit, Fachkenntnisse, Abstraktionsvermögen.
- Körperliche Anforderungen: Kraft, Geschicklichkeit, Muskelbelastung, Nerven- und Sinnesbelastung.
- Verantwortung: Verantwortungsbewusstsein, Sorgfalt, eigenverantwortliches Handeln.
- Arbeitsbedingungen: Gerüche, Temperaturen, Nässe, Schmutz.

Die nach einzelnen Anforderungskategorien für jede Stelle abgeleiteten Anforderungsprofile dienen dazu, für die Stellenbesetzung eines konkreten Arbeitsgebiets möglichst die geeignetste Person zu finden und im Rahmen der Personalentwicklung eine sach- und bedarfsgerechte Mitarbeiterqualifikation durchzuführen.

Von **Vorteil** ist insbesondere, dass sich das Ergebnis der qualitativen Personalbedarfsermittlung neben der Erstellung von Anforderungsprofilen auch zur Dokumentation von Arbeitsplatzbeschreibungen, für die Arbeitsablaufgestaltung und für die Einarbeitung neuer Mitarbeiter eignet.

**Beispiel qualitativer Personalbedarf**

Tab. 7.5: Beispiel für das Anforderungsprofil einer Zahnmedizinischen Verwaltungsassistentin (ZMV).

| Anforderung | Beispiele |
|---|---|
| Patientenorientierung | Zuwendungsbereitschaft und Geduld; kompetente Ansprechpartnerin und Problemlöserin; Geschicklichkeit in schwierigen Situationen; aktive Kontaktaufnahme zu Patienten; diskretes Verhalten. |
| Abrechnungskenntnisse | Durchführung problemorientierter Abrechnung nach GOZ und BEMA; Erweiterung um hinzukommende Spezialgebiete; vertiefte fachliche Kenntnissein der Privat- und Kassenliquidation. |
| Verwaltungskenntnisse | Selbstständige Textgestaltung mit modernen Kommunikations- und Informationsmitteln; Kompetenzen in typischen Rechtsfragen der Praxisverwaltung; souveräner Umgang mit relevanten Problemstellungen; Pflege der Patientenkontakte. |
| Selbständigkeit | Selbstständiges Handeln in Schwerpunktbereichen der Praxisverwaltung, problemorientiertes Arbeiten und Koordinieren. |
| Belastbarkeit | Gelassenheit in Stresssituationen; positive Ausstrahlung; sicheres Auftreten; Beharrlichkeit und Ausdauer. |
| Teamorientierung | Bereitschaft zu Kompromissen; Aufgreifen von Anregungen; laufende Information; Abstimmung von Problempunkten; konstruktive Reaktion auf Spannungen; lösungsorientierte Diskussionen. |

Quelle: Eigene Darstellung.

Ein **Nachteil** der qualitativen Personalbedarfsermittlung zeigt sich häufig erst in der Arbeitspraxis: Zu hoch gesteckte Anforderungen lassen sich nicht erfüllen und die Bewerbereignung oft auch nicht im Rahmen der Einstellung, sondern erst in der Probezeit hinreichend überprüfen.

### 7.3.4 Schichtplan

Ein Schichtplan dient zur Dokumentation und Einsatzplanung der Schichtarbeit. Er trägt zur Arbeitsstrukturierung bei, indem er die Arbeitszeiten des benötigten Personals regelt und damit die jederzeitige Patientenversorgung sicherstellt. Idealerweise legt er jedoch nicht nur Arbeitsbeginn und Arbeitsende, die Verteilung der Arbeitszeiten auf einzelne Tage, den Arbeitsort und anderes mehr fest, sondern berücksichtigt eine arbeitswissenschaftlich möglichst günstige Arbeitszeitgestaltung für die Mitarbeiter.

**Beispiel Schichtplan**

Tab. 7.6: Schichtplan für eine Pflegekraft im 24-stündigen Stationsdienst in Anlehnung an *Bundesanstalt für Arbeitsschutz und Arbeitsmedizin.*

| | **Woche** | | | | | | | | |
|---|---|---|---|---|---|---|---|---|---|
| **Tag** | **1** | **2** | **3** | **4** | **5** | **6** | **7** | **8** | **9** |
| Montag | F | | N | F | | S | | S | F |
| Dienstag | F | S | | F | | N | | S | F |
| Mittwoch | F | S | | F | | N | F | | S |
| Donnerstag | F | S | | F | | N | F | | S |
| Freitag | F | N | | F | S | | F | | S |
| Samstag | | N | F | | S | | S | F | |
| Sonntag | | N | F | | S | | S | F | |

F = Frühschicht/S = Spätschicht/N = Nachtschicht

Quelle: In Anlehnung an Bundesanstalt für Arbeitsschutz und Arbeitssicherheit – BAuA (Hrsg., 2005): Beispiele arbeitswissenschaftlich günstiger Arbeitszeitgestaltung mit Hilfe von BASS 3.0. Dortmund. URL: http://www.baua.de/de/Informationen-fuer-die-Praxis/Handlungshilfen-und-Praxisbeispiele/Arbeitszeitgestaltung/Arbeitszeitgestaltung.html. Dortmund. Abfrage: 07.08.2014.

Wichtigstes **Anwendungsgebiet** von Schichtplänen ist die Schichtarbeit und damit der Aufteilung der Gesamtarbeitszeit in einen Arbeitsrhythmus mit regelmäßig wechselnder Besetzung der Arbeitsplätze.

Die **Vorgehensweise** zu Erstellung von Schichtplänen sieht zunächst die Klärung der erforderlichen Rahmenbedingungen vor, wie beispielsweise:
- Vorhandensein einer Betriebs- bzw. Dienstvereinbarung als Vereinbarung zwischen Arbeitgeber und Betriebsrat über die betriebliche Angelegenheit der Gestaltung von Schichtsystemen,
- erforderliche Ausdehnung der Gesamtarbeitszeit,
- ausreichende Anzahl der Mitarbeiter,
- Vorhandensein der Akzeptanz bei den Mitarbeitern etc.

Anhand der Gesamtarbeitszeit in Tagen bzw. Stunden pro Tag und der Pausen sind die Anzahl und die Zeiten einzelner Schichten zu definieren. Bei der Mitarbeiterzuordnung zu den jeweiligen Schichten sind unter anderem zu berücksichtigen
- die Zeitdauer der einzelnen Schichten,
- die Art des Schichtsystems (Zwei-, Drei- oder Mehrschichtsystem) sowie
- die erforderlichen Überlappungszeiten für einzelne Schichten.

Die Schichtplanerstellung geht üblicherweise zunächst von dem zu berücksichtigenden Personalbedarf aus, der in der Regel zu bestimmten Tages- und Nachtzeiten unterschiedlich ist und sich häufig auch an den Wochenenden und Feiertagen von dem werktäglichen Bedarf unterscheidet. Im Anschluss an die Festlegung der Schichtstärken sind die Schichtpläne unter Berücksichtigung regelmäßiger Wechsel, Urlaubszeiten und Feiertage zu entwickeln. Weitere zu berücksichtigende Rahmenbedingungen sind in der Regel mit tariflichen Vereinbarungen oder durch Betriebsvereinbarung festgelegte Erholungszeiten, sowie Sonderregelungen für Jugendliche, werdende und stillende Mütter verbunden. Bei der Schichtplanerstellung sind beispielsweise auch möglichst viele Tätigkeiten der Nachtdienste in die Tagdienste zu integrieren oder den Wünschen nach einer Begrenzung von Nacht- und Spätdiensten, vielen freien Tagen hintereinander und vollständig freien Wochenenden so weit wie möglich zu entsprechen.

Als **Vorteile** von Schichtarbeit und sie strukturierende Schichtpläne werden beispielsweise eine Steigerung der Kapazitätsauslastung, die Senkung der Fallkosten, die Einrichtung von Bereitschaftsleistungen, durchgehende Öffnungszeiten oder auch die Steigerung des Leistungsangebots einer Gesundheitseinrichtung angesehen. **Nachteilig** sind weniger die Schichtpläne selbst, als vielmehr die gesundheitlichen Auswirkungen von regelmäßigen Einsätzen in Wechselschichtsystemen, die damit einhergehenden physischen und sozialen Belastungen, die Beeinträchtigungen von gleichmäßigen Ruhezeiten und des menschlichen Biorhythmus.

### 7.3.5 Stellenausschreibung

Aufgabe einer Stellenausschreibung ist es, geeignete Arbeitnehmer und Arbeitnehmerinnen zur Bewerbung um einen freien Arbeitsplatz zu bewegen. Ihr Ziel ist dabei nicht eine möglichst große Anzahl an Bewerbungen zu erzielen, sondern möglichst qualifizierte zu bekommen. Zunächst lässt sich grundsätzlich zwischen internen und externen Stellenausschreibungen unterscheiden. So kann eine interne Stellenausschreibung beispielsweise mit dem Betriebsrat vereinbart sein, um eigenen Mitarbeitern die Bewerbung auf eine höherwertige Stelle zu ermöglichen und ihnen grundsätzlich den Vorzug gegenüber externen Bewerbern zu geben. Die externe Stellenausschreibung erfolgt in der Regel dann, wenn die Stelle intern nicht besetzt werden kann oder soll.

Die Stellenausschreibung gelangt überwiegend im Rahmen der Personalgewinnung zur **Anwendung**, die sich mit der Bereitstellung der erforderlichen Arbeitskräfte befasst und auf der Ermittlung des Personalbedarfs aufbaut.

Die **Vorgehensweise** zur Durchführung einer Stellenausschreibung sollte durch das Verständnis geprägt sein, dass die Einstellung und der Einsatz einer jeden Arbeitskraft eine Investition darstellt, deren Vorteilhaftigkeit sorgfältig zu prüfen ist und die auch ein Risiko darstellt, mit dem möglichen Ergebnis einer nicht erfolgreich absolvierten Probezeit eingegangen wird. Die öffentliche Ausschreibung in Form von Stellenanzeigen in Zeitungen und Zeitschriften wird hierbei mehr und mehr durch Veröffentlichung im Internet im Rahmen des so genannten E-Recruiting abgelöst. Dies kann sowohl über die eigene Website des Arbeitsgebers erfolgen, als auch über eine Jobbörse, wie beispielsweise www.jobscout.de, www.job.de, www.arbeitsagentur.de,

**Beispiel Stellenausschreibung**

„Pflegedienstleitung (m/w) (Pflegedienstleiter/in)

Für unsere Mobilen Dienste mit Einsatzgebiet im Raum ... suchen wir die stellvertretende Pflegedienstleitung (m/w) in Voll- oder Teilzeit ab durchschnittlich 30 Wochenstunden.

Sie verfügen über die Qualifikation als verantwortliche Pflegefachkraft nach § 71 Abs. 3 SGB XI. Sie setzen sich für die bestmögliche Pflege und Betreuung unserer ambulanten Kunden ein. Sie tragen dazu bei, unser Ziel eines kooperativen Miteinanders und einer Arbeitsatmosphäre, die von Respekt und Toleranz im Umgang miteinander getragen wird, zu verwirklichen. Auf Sie warten eine spannende Aufgabe und engagierte Kollegen. Die Vergütung erfolgt nach Tarif...

Für Informationen wenden Sie sich gerne an unsere Gebietsdirektorin Frau ... unter Tel. ...

Ihre Bewerbung senden Sie bitte an: ...

Die ... ist Mitglied im ... und betreibt als gemeinnütziges, modern ausgerichtetes Unternehmen Pflegeheime, eine Rehaklinik und eine Einrichtung für Menschen mit Behinderungen sowie Mobile Dienste und zahlreiche Betreute Wohnungen. Insgesamt betreut die ... mit ... Beschäftigten rund ... pflege- und hilfebedürftige Menschen. Sie ist damit das größte soziale Dienstleistungsunternehmen im Bereich der Altenpflege in ..."

Quelle: In Anlehnung an Bundesagentur für Arbeit (Hrsg., 2015b): Stellenangebot – Pflegedienstleitung (m/w) (Pflegedienstleiter/in). Online im Internet: http://jobboerse.arbeitsagentur.de/vamJB/stellenangeboteFinden.html?execution=e1s1&_eventId_detailView&benc=qnHZ%2Fys6SA3ncwR7Wdft7z%2B01S1pThE42uq8upG5HXJBuaj9%2FpyVqg%3D%3D&benc=4NzpRXF%2BHPviLzqG9NHYhSp8S0LAFrzrtMq%2BeQpa5elcgVHtr0Zwqud9pCBFFm6cvrGaLQPfkBc%3D&benc=JP1DzRhhtwtDTUM%2F%2B4tpzPaT7hBz9xxq8urKg3nW7CpX3W3yFYfL85orZv1xlM3MNukPfP8lc7d%2B6%2F4I0763SQ%3D%3D&benc=joNoazqhxlgslZs2Cb1qnfzj4cPRXT4lhBHTEkGedHoCyTKQ6PSULg%3D%3D. Abfrage: 09.03.2015.

www.stellenmarkt.de, www.medi-jobs.de, www.medizin-jobs.de oder www.pflegejob.de.

Unabhängig von der Art und Weise der Veröffentlichung sollte die Stellenausschreibung eine Reihe von wesentlichen Informationen enthalten:

- Kontaktaufnahme: Telefonnummer eines Ansprechpartners für erste Informationen, die aus der Stellenanzeige nicht hervorgehen.
- Informationen über Arbeitgeber: Beschreibung sollte den tatsächlichen Gegebenheiten entsprechen; unrichtige Beschreibungen und überzogene Darstellungen führen zu Enttäuschungen und mangelndem Vertrauen in den neuen Arbeitgeber.
- Angebote: Beschreibungen sollten realistisch und nicht zu viel versprechend abgefasst sein.
- Anlass der Personalsuche: Nennung zeugt von Offenheit sowie Transparenz und lässt keinen Raum für Spekulationen zu.
- Erwartungen an Bewerber: Anforderungen sollten realistisch und nicht zu hoch gesteckt sein.

- Gesuchtes Berufsbild: Möglichst präzise Beschreibung, um auch die richtigen Bewerbungen zu erhalten.

**Vorteile** insbesondere externer Stellenausschreibungen sind beispielsweise eine möglicherweise größere Auswahl an qualifizierten Fachkräften, die Vermeidung von Kettenreaktionen bei interner Nachbesetzung und die Vermeidung von Frustrationen abgelehnter interner Bewerber. Im Vergleich zu internen Stellenausschreibungen können ein höheres Risiko der Fehlbesetzung und höhere Einarbeitungskosten von **Nachteil** sein.

# 8 Beispiele aus dem Bereich „Qualitätsmanagement“

## 8.1 Qualitätsmanagementsystem

### 8.1.1 Qualitätsbericht nach § 137 SGB V

Der Qualitätsbericht nach § 137 SGB V ist eine regelmäßig zu erstellende strukturierte, schriftliche Darlegung, die die Qualitätssicherungsmaßnahmen eines nach § 108 SGB V zugelassenen Krankenhauses zum Gegenstand hat. Nach Angaben des *Gemeinsamen Bundesausschusses* (vgl. Gemeinsamer Bundesausschuss 2014, S. 3ff.) sind seine Ziele die Transparenz und Qualität der Versorgung im Krankenhaus zu verbessern, Information, Orientierungs- und Entscheidungshilfe im Vorfeld einer Krankenhausbehandlung zu ermöglichen, Grundlagen für vergleichende Informationen und Empfehlungen der Kassenärztlichen Vereinigungen und Krankenkassen über die Qualität der Versorgung zu schaffen und Krankenhäusern zu ermöglichen, ihre Leistungen nach außen transparent und sichtbar darzustellen. Die Inhalte des Berichts sind insbesondere die jeweilige Qualitätspolitik, die Darstellung des Qualitätsmanagementsystems und seine beabsichtigte Weiterentwicklung, sowie die Maßnahmen zur Qualitätssicherung.

Wichtiges **Anwendungsgebiet** der Qualitätsberichterstattung ist somit die Darstellung des Stands der Qualitätssicherung eines Krankenhauses.

Die **Vorgehensweise** bezüglich Inhalt und Umfang von Qualitätsberichten ist in § 3 der Regelungen zum Qualitätsbericht der Krankenhäuser (Qb-R) des Gemeinsamen Bundesausschusses beschrieben, wie beispielsweise:

- Stand der Qualitätssicherung in dem jeweiligen Krankenhaus,
- verpflichtenden Maßnahmen der Qualitätssicherung,
- grundsätzliche Anforderungen an ein einrichtungsinternes Qualitätsmanagement,
- Kriterien für die indikationsbezogene Notwendigkeit und Qualität der durchgeführten diagnostischen und therapeutischen Leistungen, insbesondere aufwändiger medizintechnischer Leistungen, einschließlich Mindestanforderungen an die Struktur-, Prozess- und Ergebnisqualität,
- die im Abstand von fünf Jahren zu erbringenden Nachweise über die Erfüllung der Fortbildungspflichten,
- Katalog planbarer Leistungen nach dem *Krankenhausfinanzierungsgesetz (KHG)*, bei denen die Qualität des Behandlungsergebnisses in besonderem Maße von der Menge der erbrachten Leistungen abhängig ist sowie Mindestmengen für die jeweiligen Leistungen je Arzt, Ärztin oder Krankenhaus und Ausnahmetatbestände,
- Art und Anzahl der Leistungen des Krankenhauses sowie eine Erklärung, die Auskunft darüber gibt, ob sich das Krankenhaus bei Verträgen mit leitenden Ärzten und Ärztinnen an die Empfehlungen der *Deutschen Krankenhausgesellschaft* hält

**Beispiel Qualitätsbericht nach § 137 SGB V:**

Tab. 8.1: Inhalt eines strukturierten Qualitätsberichts in Anlehnung an Anlage 1 der Regelungen zum Qualitätsbericht der Krankenhäuser (Qb-R) des Gemeinsamen Bundesausschusses.

A Struktur- und Leistungsdaten des Krankenhauses bzw. des Krankenhausstandorts
- A-1 Allgemeine Kontaktdaten des Krankenhauses
- A-2 Name und Art des Krankenhausträgers
- A-3 Universitätsklinikum oder akademisches Lehrkrankenhaus
- A-4 Regionale Versorgungsverpflichtung für die Psychiatrie
- A-5 Medizinisch-pflegerische Leistungsangebote des Krankenhauses
- A-6 Weitere nicht-medizinische Leistungsangebote des Krankenhauses
- A-7 Aspekte der Barrierefreiheit
- A-8 Forschung und Lehre des Krankenhauses
  - A-8.1 Forschung und akademische Lehre
  - A-8.2 Ausbildung in anderen Heilberufen
- A-9 Anzahl der Betten im gesamten Krankenhaus
- A-10 Gesamtfallzahlen
- A-11 Personal des Krankenhauses
  - A-11.1 Ärzte und Ärztinnen
  - A-11.2 Pflegepersonal
  - A-11.3 Spezielles therapeutisches Personal
  - A-11.4 Hygienepersonal
- A-12 Verantwortliche Personen des einrichtungsinternen Qualitätsmanagements
- A-13 Besondere apparative Ausstattung
- A-14 Patientenorientiertes Lob- und Beschwerdemanagement

---

B Struktur- und Leistungsdaten der Organisationseinheiten/ Fachabteilungen
- B-[X].1 Name der Organisationseinheit/Fachabteilung
- B-[X].2 Zielvereinbarungen mit leitenden Ärzten und Ärztinnen
- B-[X].3 Medizinische Leistungsangebote der Organisationseinheit/Fachabteilung
- B-[X].4 Fachabteilungsspezifische Aspekte der Barrierefreiheit der Organisationseinheit/Fachabteilung
- B-[X].5 Fallzahlen der Organisationseinheit/Fachabteilung
- B-[X].6 Hauptdiagnosen nach ICD
- B-[X].7 Durchgeführte Prozeduren nach OPS
- B-[X].8 Ambulante Behandlungsmöglichkeiten
- B-[X].9 Ambulante Operationen nach § 115b SGB V
- B-[X].10 Zulassung zum Durchgangs-Arztverfahren der Berufsgenossenschaft
- B-[X].11 Personelle Ausstattung
  - B-[X].11.1 Ärzte und Ärztinnen
  - B-[X].11.2 Pflegepersonal
  - B-[X].11.3 Spezielles therapeutisches Personal in Fachabteilungen für Psychiatrie, Psychotherapie und Psychosomatik

---

C Qualitätssicherung
- C-1 Teilnahme an der externen vergleichenden Qualitätssicherung nach § 137 Abs. 1 Satz 1 Nr. 1 SGB V
  - C-1.1.[Y] Erbrachte Leistungsbereiche/Dokumentationsrate für:
  - C-1.2.[Z] Ergebnisse für Qualitätsindikatoren aus dem Verfahren gemäß QSKH-RL für:
- C-2 Externe Qualitätssicherung nach Landesrecht gemäß § 112 SGB V

C-3 Qualitätssicherung bei Teilnahme an Disease-Management-Programmen (DMP) nach § 137f SGB V
C-4 Teilnahme an sonstigen Verfahren der externen vergleichenden Qualitätssicherung
C-5 Umsetzung der Mindestmengenregelungen nach § 137 Abs. 3 Satz 1 Nr. 2 SGB V
C-6 Umsetzung von Beschlüssen zur Qualitätssicherung nach § 137 Abs. 1 Satz 1 Nr. 2 SGB V
C-7 Umsetzung der Regelungen zur Fortbildung im Krankenhaus nach § 137 Abs. 3 Satz 1 Nr. 1 SGB V

Quelle: In Anlehnung an Gemeinsamer Bundesausschuss (Hrsg., 2014): Regelungen zum Qualitätsbericht der Krankenhäuser, Stand: 20. November 2014 des Gemeinsamen Bundesausschusses gemäß § 137 Abs. 3 Satz 1 Nr. 4 SGB V über Inhalt, Umfang und Datenformat eines strukturierten Qualitätsberichts für nach § 108 SGB V zugelassene Krankenhäuser (Regelungen zum Qualitätsbericht der Krankenhäuser, Qb-R), in der Neufassung vom 16. Mai 2013 veröffentlicht im Bundesanzeiger (BAnz AT 24.07.2013 B5) in Kraft getreten am 25. Juli 2013, zuletzt geändert am 20. November 2014, veröffentlicht im Bundesanzeiger (BAnz AT 12.12.2014 B4) in Kraft getreten am 13. Dezember 2014, Anlage 1.

bzw. für welche Leistungen leistungsbezogene Zielvereinbarungen getroffen wurden.

Der Qualitätsbericht ist in maschinenverwertbarer Form zu erstellen, die Berichterstellung hat jährlich in dem Erstellungsjahr über das abgeschlossene Vorjahr (Berichtsjahr) zu erfolgen und der Bericht ist an die gemeinsame Annahmestelle der gesetzlichen Krankenkassen, ihrer Verbände und des Verbands der privaten Krankenversicherung zu übermitteln. Von ihnen sind die ordnungsgemäß gelieferten Qualitätsberichte jeweils spätestens zum 31. Januar des dem Erstellungsjahr folgenden Jahrs vollständig und unverändert im Internet zu veröffentlichen.

### 8.1.2 Qualitätsmanagementhandbuch

Das Qualitätsmanagementhandbuch dokumentiert die Anwendung des Qualitätsmanagements und beschreibt alle wichtigen Aspekte der Prozessorganisation und -struktur, um die Vorgehensweisen möglichst übersichtlich darzustellen. Es enthält relevante Dokumente, Dienst- und Arbeitsanweisungen sowie Vordrucke, die für die Erfüllung der Anforderungen des jeweiligen Qualitätsmanagementsystems erforderlich sind.

**Anwendung** finden Qualitätsmanagementhandbücher im Gesundheitswesen überwiegend im Rahmen der medizinischen Versorgungsqualität, um die Qualität in der Patientenversorgung durch aktives Fehlermanagement zu verbessern und durch Qualitätsmessungen, Ergebnistransparenz und Qualitätsoptimierungen nachhaltig sicherzustellen.

**Beispiel Qualitätsmanagementhandbuch**

Tab. 8.2: Beispielstruktur eines Qualitätsmanagementhandbuchs in Anlehnung an Qualitätsmanagementhandbuch der Neurochirurgische Klinik am Universitätsklinikum Heidelberg.

| |
|---|
| 1 Allgemeines<br>1.1 Inkraftsetzung, Verteiler, Symbolerklärung, Bezug zur ISO 9001:2000, Gesetzliche und behördliche Regelungen, Abfolge und Wechselwirkung der Prozesse<br>1.2 Dokumentation des QM- Systems |
| 2 Managementfestlegungen und -prozesse<br>2.1 Aufbauorganisation, Beauftragte, Prozesseigner, Qualitätslenkungsgremium Neurochirurgie<br>2.2 Strategie und Ergebnisse<br>2.3 Bewertungssysteme und Kommunikation<br>2.4 Personalmanagement<br>2.5 Öffentlichkeitsarbeit |
| 3 Hauptprozesse<br>3.1 Studienorganisation<br>3.2 Allgemeines Behandlungsmodell und Leitlinienumsetzung<br>3.3 Diagnostische Verfahren in der Neurochirurgie<br>3.4 Management der Stationen NCH 1 und NCH 2 und NCH 3<br>3.5 Management der Intensivstationen<br>3.6 OP Management<br>3.7 Management der Ambulanzorganisation |
| 4 Unterstützende Prozesse |

Quelle: In Anlehnung an Universitätsklinikum Heidelberg (Hrsg., 2006): Qualitätsmanagementhandbuch der Neurochirurgische Klinik am Universitätsklinikum Heidelberg. Version 1.3. Heidelberg. S. 2ff.

Die **Vorgehensweise** zu Erstellung eines Qualitätsmanagementhandbuchs richtet sich überwiegend nach dem jeweiligen Qualitätsmanagementsystem. Zu den qualitätsrelevanten Systemen und Normen im Gesundheitswesen zählen beispielsweise:

- DIN EN 15224: Allgemeine Anforderungen an die Organisation und das Qualitätsmanagement, sowie konkrete Forderungen an die Patientensicherheit und das Management klinischer Risiken in den Behandlungs- und Pflegeprozessen.
- ISO 9001: Managementsystemnorm, die sich auch auf Gesundheitseinrichtungen übertragen lässt und die beschreibt, was durch die Elemente eines Qualitätsmanagementsystems erfüllt werden soll.
- Qualität und Entwicklung in Praxen (QEP): Für Arztpraxen und MVZ von den *Kassenärztlichen Vereinigungen* entwickelt und aus den drei Hauptelementen Qualitätsziel-Katalog mit Kernzielen und Erläuterungen, Manual mit Umsetzungsvorschlägen und Musterdokumenten sowie Seminare für niedergelassene Ärzte und deren Personal bestehend.

- Europäisches Praxisassessment (EPA): Vom *AQUA-Institut* angeboten und neben einem Grundmodell für Hausärzte spezielle, modifizierte Systeme für Kinder- und Jugendmediziner, Zahnmediziner, MVZ und Ärzte sonstiger Fachrichtungen vorsehend.
- Kooperation für Transparenz und Qualität im Gesundheitswesen (KTQ): Im Krankenhausbereich weit verbreitetes und auf die speziellen Anforderungen in den Bereichen Krankenhäuser, Praxen und MVZ, Rehabilitationseinrichtungen, ambulante und stationäre Pflegeeinrichtungen, Hospize und alternative Wohnformen sowie Rettungsdienste ausgelegtes Zertifizierungsverfahren zur Darlegung und Begutachtung von Qualitätsmanagementsystemen im Gesundheitswesen.

Für die Zertifizierung eines Qualitätsmanagementsystems und die regelmäßigen Wiederholungsaudits ist es wichtig, dass das eingeführte Qualitätsmanagementsystem aktuell dokumentiert ist und interne Audits anhand des Qualitätsmanagementhandbuchs zur Vorbereitung genutzt werden.

Ein Qualitätsmanagementhandbuch in digitaler Form hat den **Vorteil**, dass die Inhalte zentral bearbeitet und jederzeit abteilungsübergreifend den Mitarbeitern zur Verfügung gestellt werden können. Es erleichtert zudem die Dokumente auf aktuellstem Stand zu halten und sicher in der jeweiligen Gesundheitseinrichtung zu verteilen. Gedruckte Exemplare haben häufig die **Nachteile** einer raschen Veralterung und des Umlaufs von nicht aktuellen Exemplaren.

## 8.2 Medizinproduktequalität

### 8.2.1 Bestandsverzeichnis

Nach § 8 der *Medizinprodukte-Betreiberverordnung (MPBetreibV)* hat der Betreiber für alle aktiven nichtimplantierbaren Medizinprodukte der jeweiligen Betriebsstätte, deren Betrieb von einer Stromquelle oder einer anderen Energiequelle abhängig ist (aktive Medizinprodukte), ein Bestandsverzeichnis zu führen. Dies gilt für das Errichten, Betreiben, Anwenden und Instandhalten von Medizinprodukten nach § 3 des *Medizinproduktegesetzes (MPG)* mit Ausnahme der Medizinprodukte zur klinischen Prüfung oder zur Leistungsbewertungsprüfung. Diese Verpflichtung betrifft alle Einrichtungen des Gesundheitswesens und damit jede Einrichtung, Stelle oder Institution, in der Medizinprodukte durch Angehörige der Heilberufe oder dazu befugte Gewerbeberechtigte berufsmäßig betrieben oder angewendet werden. Die Aufnahme in ein Verzeichnis, das auf Grund anderer Vorschriften geführt wird, ist ebenfalls zulässig.

Das Bestandsverzeichnis kommt hauptsächlich im Rahmen der Sicherstellung der Medizinproduktqualität zur **Anwendung**, die die Patientensicherheit und die Sicherheit der Behandler und Anderer, die mit medizinischen Materialien, Geräten und Apparaten als Medizinprodukte konfrontiert werden, zum Ziel hat.

**Beispiel Bestandsverzeichnis**

Tab. 8.3: Bestandsverzeichnis nach § 8 der *Medizinprodukte-Betreiberverordnung (MPBetreibV).*

| Lfd. Nr. | Bezeichnung | Art/ Typ | Seriennr./ Loscode | Jahr der Anschaffung | Name/Firma/ Anschrift des Verantwortlichen nach § 5 MPG | Kennnummer der benannten Stelle | Standort | betriebl. Zuordnung | Frist für die sicherheitstechn. Kontrolle |
|---|---|---|---|---|---|---|---|---|---|
| | | | | | | | | | |
| | | | | | | | | | |
| | | | | | | | | | |
| | | | | | | | | | |
| | | | | | | | | | |
| | | | | | | | | | |
| | | | | | | | | | |

Quelle: Eigene Darstellung.

Die **Vorgehensweise** zur Führung des Bestandsverzeichnisses ist ebenfalls in § 8 der *Medizinprodukte-Betreiberverordnung (MPBetreibV)* geregelt. So sind in das Bestandsverzeichnis für alle zur Verwendung bereit stehenden aktiven Medizinprodukte folgende Angaben einzutragen:

- Bezeichnung (hier sollte zusätzlich die Bezeichnung nach der vom *Deutschen Institut für medizinische Dokumentation und Information (DIMDI)* veröffentlichten Nomenklatur für Medizinprodukte eingesetzt werden), Art und Typ, Loscode oder die Seriennummer, Anschaffungsjahr des Medizinproduktes,
- Name oder Firma und die Anschrift des für das jeweilige Medizinprodukt Verantwortlichen nach § 5 des Medizinproduktegesetzes,
- die der CE-Kennzeichnung hinzugefügte Kennnummer der Benannten Stelle, soweit diese nach den Vorschriften des Medizinproduktegesetzes angegeben ist,
- soweit vorhanden, betriebliche Identifikationsnummer,
- Standort und betriebliche Zuordnung,
- die vom Hersteller angegebene Frist oder die vom Betreiber festgelegte Frist für die sicherheitstechnische Kontrolle.

Das Bestandsverzeichnis ist laufend zu führen und es muss so angelegt sein, dass unmittelbar festgestellt werden kann, ob und wo aktive Medizinprodukte in einer Gesundheitseinrichtung betrieben werden. Die zuständige Behörde kann Betreiber von der Pflicht zur Führung eines Bestandsverzeichnisses oder von der Aufnahme bestimmter Medizinprodukte in das Bestandsverzeichnis befreien. Die Notwendigkeit zur Befreiung ist vom Betreiber eingehend zu begründen. Für das Bestandsverzeichnis sind neben der Papierform auch alle Datenträger zulässig, die die Verfügbarkeit der Angaben während der Dauer der Aufbewahrungsfrist sicherstellen und durch die die Angaben innerhalb einer angemessenen Frist lesbar gemacht werden können. Der zuständigen Behörde ist auf Verlangen beim Betreiber jederzeit Einsicht in das Bestandsverzeichnis zu gewähren.

### 8.2.2 Medizinproduktebuch

Nach § 7 der *Medizinprodukte-Betreiberverordnung (MPBetreibV)* ist unter anderem für Säuglingsinkubatoren, externe aktive Komponenten aktiver Implantate sowie nichtimplantierbare aktive Medizinprodukte zur

- Erzeugung und Anwendung elektrischer Energie zur unmittelbaren Beeinflussung der Funktion von Nerven und/oder Muskeln beziehungsweise der Herztätigkeit einschließlich Defibrillatoren,
- intrakardialen Messung elektrischer Größen oder Messung anderer Größen unter Verwendung elektrisch betriebener Messsonden in Blutgefäßen beziehungsweise an freigelegten Blutgefäßen,
- Erzeugung und Anwendung jeglicher Energie zur unmittelbaren Koagulation, Gewebezerstörung oder Zertrümmerung von Ablagerungen in Organen,
- unmittelbare Einbringung von Substanzen und Flüssigkeiten in den Blutkreislauf unter potentiellem Druckaufbau, wobei die Substanzen und Flüssigkeiten auch aufbereitete oder speziell behandelte körpereigene sein können, deren Einbringen mit einer Entnahmefunktion direkt gekoppelt ist,
- maschinellen Beatmung mit oder ohne Anästhesie,
- Diagnose mit bildgebenden Verfahren nach dem Prinzip der Kernspinresonanz,
- Therapie mit Druckkammern und
- Therapie mittels Hypothermie

ein Medizinproduktebuch von jedem Betreiber als zusammenfassende Übersicht zu führen.

Das Medizinproduktebuch kommt ebenso wie das Bestandsverzeichnis hauptsächlich im Rahmen der Sicherstellung der Medizinproduktqualität zur **Anwendung.**

Die **Vorgehensweise** zur Führung des Medizinproduktebuchs ist ebenfalls in § 7 der *Medizinprodukte-Betreiberverordnung (MPBetreibV)* geregelt. So sind in das Medizinproduktebuch für das jeweilige Medizinprodukt folgende Angaben einzutragen:

**Beispiel Medizinproduktebuch**

Tab. 8.4: Medizinproduktebuch nach § 7 der *Medizinprodukte-Betreiberverordnung (MPBetreibV).*

| Lfd. Nr. | Bezeichnung | Funktionsprüfung: Nachweis | Einweisung: Datum/ Einweisungsbeauftragter/eingewiesene Personen | Sicherheits u. messtechn. Kontrollen: Datum/ Ergebnis | Instandhaltungen: Datum/ Name/ Firma | Vertragspartner f. sicherheits/ messtechnische Kontrollen/ Instandhaltungen: Name/ Firma/ Anschrift | Funktionsstörungen und wiederholte gleichartige Bedienungsfehler: Datum/ Art/Folgen | Vorkommnisse: Meldung an Behörden/ Hersteller |
|---|---|---|---|---|---|---|---|---|
| | | | | | | | | |
| | | | | | | | | |
| | | | | | | | | |
| | | | | | | | | |
| | | | | | | | | |
| | | | | | | | | |
| | | | | | | | | |

Quelle: Eigene Darstellung.

- Bezeichnung (nach der vom *Deutschen Institut für medizinische Dokumentation und Information (DIMDI)* veröffentlichten Nomenklatur für Medizinprodukte) und sonstige Angaben zur Identifikation des Medizinproduktes,
- Beleg über Funktionsprüfung und Einweisung,
- Name des Beauftragten, Zeitpunkt der Einweisung sowie Namen der eingewiesenen Personen,
- Fristen und Datum der Durchführung sowie das Ergebnis von vorgeschriebenen sicherheits- und messtechnischen Kontrollen und Datum von Instandhaltungen sowie der Name der verantwortlichen Person oder der Firma, die diese Maßnahme durchgeführt hat,
- soweit mit Personen oder Institutionen Verträge zur Durchführung von sicherheits- oder messtechnischen Kontrollen oder Instandhaltungsmaßnahmen bestehen, deren Namen oder Firma sowie Anschrift,

- Datum, Art und Folgen von Funktionsstörungen und wiederholten gleichartigen Bedienungsfehlern,
- Meldungen von Vorkommnissen an Behörden und Hersteller.

Für das Medizinproduktebuch sind alle Datenträger zulässig, sofern die Angaben während der Dauer der Aufbewahrungsfrist verfügbar sind. Ein Medizinproduktebuch ist nicht für elektronische Fieberthermometer als Kompaktthermometer und Blutdruckmessgeräte mit Quecksilber- oder Aneroidmanometer zur nichtinvasiven Messung zu führen.

# Literaturhinweise

Abfallverzeichnis-Verordnung (AVV) vom 10. Dezember 2001 (BGBl. I S. 3379), zuletzt durch Artikel 5 Absatz 22 des Gesetzes vom 24. Februar 2012 (BGBl. I S. 212) geändert.

Ärztekammer Niedersachsen (Hrsg., 2015). Musterarbeitsvertrag für Medizinische Angestellte. Online im Internet: https://www.aekn.de/assets/downloadcenter/files/MFA/Fort--und-Weiterbildung/Arbeitsvertraginteraktiv.pdf. Hannover. Abfrage: 25.1.2015.

Aktiengesetz (AktG) vom 6. September 1965 (BGBl. I S. 1089), zuletzt durch Artikel 26 des Gesetzes vom 23. Juli 2013 (BGBl. I S. 2586) geändert.

Apothekenbetriebsordnung (ApBetrO) in der Fassung der Bekanntmachung vom 26. September 1995 (BGBl. I S. 1195), zuletzt durch Artikel 1a der Verordnung vom 19. Februar 2013 (BGBl. I S. 312) geändert.

Arbeitsgemeinschaft der Wissenschaftlichen Medizinischen Fachgesellschaften – AWMF u. a. (2009). Diagnostik bei Verdacht auf chronische Herzinsuffizienz. In Leitlinie NVL chronische Herzinsuffizienz. Stand: August 2013. Düsseldorf.

Bausch, A. u. a. (2000). Innovationen im Controlling am Beispiel der Entwicklung monetärer Kennzahlensysteme. In Controlling 12(3), München: Beck-Verlag.

Berufsbildungsgesetz (BBiG) vom 23. März 2005 (BGBl. I S. 931), zuletzt durch Artikel 22 des Gesetzes vom 25. Juli 2013 (BGBl. I S. 2749) geändert.

Berufsgenossenschaft für Gesundheitsdienst und Wohlfahrtspflege BGW (Hrsg., 2008). Gefahrstoffverzeichnis – Baustein 115 zur Gefährdungsbeurteilung für Gefahrstoffe. Informationsbroschüre. Stand: April 2008. Köln.

Betriebsverfassungsgesetz (BetrVG) in der Fassung der Bekanntmachung vom 25. September 2001 (BGBl. I S. 2518), zuletzt durch Artikel 3 Absatz 4 des Gesetzes vom 20. April 2013 (BGBl. I S. 868) geändert.

Bezirkskrankenhaus Lohr (Hrsg., 2014). Zielgruppe. www.bezirkskrankenhaus-lohr.de/sozio/zielgruppe/index.html. Lohr. Abfrage: 15.12.2014.

Bitzer, B. (2014). Implementierung der ADKA-Leitlinie „Aseptische Herstellung und Prüfung applikationsfertiger Parenteralia"– Erster Teil GAP Analyse. In Krankenhauspharmazie 35(9). Stuttgart: Deutscher Apotheker Verlag.

Blum, K.; Löffert, S.; Offermanns, M. u. a. (2010). Krankenhaus Barometer Umfrage 2010. Deutsches Krankenhaus Institut (Hrsg.). Düsseldorf.

Bücker, T. (2002). Pflegecontrolling für Stationsleitungen – Anwendung des Target Costing auf einer kardiologischen Abteilung. In. Klinikum der Universität München (Hrsg.): Campus für Alten- und Krankenpflege. www.klinikum.uni-muenchen.de/Campus-fuer-Alten-und-Krankenpflege/download/inhalt/Controlling/Pflegecontrolling.pdf. München. Abfrage: 23.09.2014.

Bürgerliches Gesetzbuch (BGB) in der Fassung der Bekanntmachung vom 2. Januar 2002 (BGBl. I S. 42, 2909; 2003 I S. 738), zuletzt durch Artikel 4 Absatz 5 des Gesetzes vom 1. Oktober 2013 (BGBl. I S. 3719) geändert.

Bundesagentur für Arbeit (Hrsg., 2015a). Medizinische(r) Fachangestellte(r) – Aufgaben und Tätigkeiten im Einzelnen. berufenet.arbeitsagentur.de/berufe/berufId.do?_pgnt_act=goToAnyPage&_pgnt_pn=0&_pgnt_id=resultShort&status=T01. Nürnberg. Abfrage: 06.01.2015.

Bundesagentur für Arbeit (Hrsg., 2015b). Stellenangebot – Pflegedienstleitung (m/w) (Pflegedienstleiter/in). jobboerse.arbeitsagentur.de/vamJB/stellenangeboteFinden.html?execution=e1s1&_eventId_detailView&benc=qnHZ%2Fys6SA3ncwR7Wdft7z%2B01S1pThE42uq8upG5HXJBuaj9%

2FpyVqg%3D%3D&benc=4NzpRXF%2BHPviLzqG9NHYhSp8SOLAFrzrtMq%2BeQpa5elcgVHtr0Zwqud9pCBFFm6cvrGaLQPfkBc%3D&benc=JP1DzRhhtwtDTUM%2F%2B4tpzPaT7hBz9xxq8urKg3nW7CpX3W3yFYfL85orZv1xlM3MNukPfP8lc7d%2B6%2F4I0763SQ%3D%3D&benc=joNoazqhxlgslZs2Cb1qnfzj4cPRXT4lhBHTEkGedHoCyTKQ6PSULg%3D%3D. Abfrage: 09.03.2015.

Bundesanstalt für Arbeitsschutz und Arbeitssicherheit – BAuA (Hrsg., 2005). Beispiele arbeitswissenschaftlich günstiger Arbeitszeitgestaltung mit Hilfe von BASS 3.0. www.baua.de/de/Informationen-fuer-die-Praxis/Handlungshilfen-und-Praxisbeispiele/Arbeitszeitgestaltung/Arbeitszeitgestaltung.html. Dortmund. Abfrage: 07.08.2015.

Bundesdatenschutzgesetz (BDSG) in der Fassung der Bekanntmachung vom 14. Januar 2003 (BGBl. I S. 66), zuletzt durch Artikel 1 des Gesetzes vom 14. August 2009 (BGBl. I S. 2814) geändert.

Bundesfinanzministerium (Hrsg., 2013). Anleitung zum Vordruck „Einnahmenüberschussrechnung – Anlage EÜR“ (Gewinnermittlung nach § 4 Abs. 3 EStG). Stand: Juni 2013. Berlin.

Bundesministerium für Wirtschaft und Technologie (Hrsg., 2012). Fachkräfte sichern – Mitarbeiterbefragung. Broschüre. Berlin.

Bundesverband Deutscher Leasingunternehmen BDL eV (Hrsg., 2014). Im Fokus: Medizintechnik. bdl.leasingverband.de/im-fokus/medizintechnik. Berlin. Abfrage: 27.05.2014.

Bundesverband Materialwirtschaft, Einkauf und Logistik BME e.V. (Hrsg., 2014). BIP-Checkliste – Lieferantenaudit vor Ort. www.bme.de/fileadmin/bilder/BME-Weekly/2014/0611/BME_Checkliste_Lieferantenaudit.pdf. Abfrage: 11.11.2014.

Bundeszahnärztekammer BZÄK- und Deutscher Arbeitskreis für Hygiene in der Zahnmedizin – DAHZ – (Hrsg., 2014): Hygieneplan/Arbeitsanweisungen für Zahnmedizin. Stand: April 2014. Berlin u. a.

Champy, J., Hammer, M. (1996). Business Reengineering. Die Radikalkur für das Unternehmen. 6. Aufl. Frankfurt a. M. u. a.: Campus-Verlag.

Clade, H. (1987). Kostenstrategie für das Krankenhaus: Wie kann die Fixkostenlast abgebaut werden? In Deutsches Ärzteblatt 84(8). Köln, S. A412–A415.

DATEV (Hrsg., 2010). DATEV-Handbuch betriebswirtschaftliche Branchenlösungen Krankenhäuser. Stand: März 2010. Nürnberg.

Deutscher Caritasverband – DCV (2014). Mit Benchmarking steigt die Qualität im Altenheim. www.caritas.de/neue-caritas/heftarchiv/jahrgang2009/artikel2009/mit-benchmarking-steigt-die-qualitaet-im. Abfrage: 09.07.2014.

Deutsches Krankenhaus Institut DKI (Hrsg., 2014). DKI Management Report 2014. www.dki.de/unsere-leistungen/beratung/dki-management-reports/dki-management-report. Düsseldorf. Abfrage: 08.07.2014.

Einführungsgesetz zum Bürgerlichen Gesetzbuch (BGBEG) in der Fassung der Bekanntmachung vom 21. September 1994 (BGBl. I S. 2494; 1997 I S. 1061), zuletzt durch Artikel Artikel 4 Absatz 4 des Gesetzes vom 1. Oktober 2013 (BGBl. I S. 3719) geändert.

Einkommensteuergesetz (EStG) in der Fassung der Bekanntmachung vom 8. Oktober 2009 (BGBl. I S. 3366, 3862), zuletzt durch Artikel 11 des Gesetzes vom 18. Dezember 2013 (BGBl. I S. 4318) geändert.

Emmrich, V., Specht, L. (2002). Wahrnehmung und Identifikation von Risiken aus Unternehmens- und aus Managementsicht. In Pastors, P. (Hrsg.): Risiken des Unternehmens – vorbeugen und meistern. München u. a.: Hampp-Verlag.

Fleischer, W. (2004): Ärztliche Führungskräfte – Coaching on the job. In Deutsches Ärzteblatt 101(25). Köln, S. A1834.

Fraunhofer-Institut für Optronik, Systemtechnik und Bildauswertung IOSB (Hrsg., 2014). Frühwarnsystem für Epidemien. Presseinformation vom 21.02.2014. Karlsruhe/München.

Frings, M., Löbach, R. (2011). „Das kann sich sehen lassen“– Pflegeprozessplanung nach Wiler/ MDK-Qualitätskriterien Theorie und Praxisbeispiele. Vortragsunterlage Gerontologisches Forum 14.11.2011 der LVR-Klinik Bonn Gerontopsychiatrisches Zentrum, Institutsambulanz.

Frodl, A. (2014a). Gesundheitsbetriebe zukunftsfähig gestalten – Instrumentarien zur erfolgreichen Entwicklung von Einrichtungen des Gesundheitswesens. Berlin: DeGruyter.

Frodl, A. (2014b). Personalcontrolling. Studienbrief 3 des Studiengangs Management von Organisationen und Personal im Gesundheitswesen – Strategische Steuerung von Organisationen und Personal, Hamburger Fern-Hochschule (Hrsg.) Hamburg.

Frodl, A. (2014c): Strategische Personalgewinnung – Personalmarketing – Personaleinsatzplanung. Studienbrief 4 des Studiengangs Management von Organisationen und Personal im Gesundheitswesen – Strategische Steuerung von Organisationen und Personal, Hamburger Fern-Hochschule (Hrsg.) Hamburg.

Frodl, A. (2013): BWL für Mediziner. 2. Auflg. Berlin: DeGruyter.

Gebührenordnung für Zahnärzte (GOZ) vom 22. Oktober 1987 (BGBl. I S. 2316), zuletzt durch Artikel 1 der Verordnung vom 5. Dezember 2011 (BGBl. I S. 2661) geändert.

Gefahrstoffverordnung (GefStoffV) vom 26. November 2010 (BGBl. I S. 1643, 1644), zuletzt durch Artikel 2 der Verordnung vom 15. Juli 2013 (BGBl. I S. 2514) geändert.

Gemeinsamer Bundesausschuss (Hrsg., 2014): Regelungen zum Qualitätsbericht der Krankenhäuser, Stand: 20. November 2014 des Gemeinsamen Bundesausschusses gemäß § 137 Abs. 3 Satz 1 Nr. 4 SGB V über Inhalt, Umfang und Datenformat eines strukturierten Qualitätsberichts für nach § 108 SGB V zugelassene Krankenhäuser (Regelungen zum Qualitätsbericht der Krankenhäuser, Qb-R), in der Neufassung vom 16. Mai 2013 veröffentlicht im Bundesanzeiger (BAnz AT 24.07.2013 B5) in Kraft getreten am 25. Juli 2013, zuletzt geändert am 20. November 2014, veröffentlicht im Bundesanzeiger (BAnz AT 12.12.2014 B4) in Kraft getreten am 13. Dezember 2014.

Handelsgesetzbuch (HGB) in der im Bundesgesetzblatt Teil III, Gliederungsnummer 4100-1, veröffentlichten bereinigten Fassung, zuletzt durch Artikel 1 des Gesetzes vom 4. Oktober 2013 (BGBl. I S. 3746) geändert.

Hans Böckler Stiftung (Hrsg., 2015). Datenbank Betriebsvereinbarungen – Flexible Schichtsysteme. www.boeckler.de/cps/rde/xchg/hbs/hs.xsl/4129.htm?bvdoku.theme=25#bvdoku_all. Düsseldorf. Abfrage: 27.1.2015.

Health AG (2014). Modulares Factoring sichert den Praxiserfolg. www.healthag.de/presse/pressematerial/modulares_factoring_sichert_den_praxiserfolg. Nürnberg. Hamburg. Abfrage: 26.05.2014.

Hummel, D., Steden, P. (2001). Frühwarnsysteme für die externe Bankbeobachtung – Bedarf und Entwicklungsansätze. In Schierenbeck, H. u. a. (Hrsg.), Handbuch Bankcontrolling. 2. Aufl. Wiesbaden: Gabler-Verlag.

Infektionsschutzgesetz (IfSG) vom 20. Juli 2000 (BGBl. I S. 1045), zuletzt durch Artikel 2 Absatz 36 u. Artikel 4 Absatz 21 des Gesetzes vom 7. August 2013 (BGBl. I S. 3154) geändert.

Innungskrankenkasse Brandenburg und Berlin IKKBB (Hrsg., 2012). Pflegetagebuch. www.ikkbb.de/fileadmin/user_upload/doc/Pflege/IKK-Pflegetagebuch-2012.pdf. Berlin. Abfrage: 01.03.2015.

Kassenzahnärztliche Vereinigung Baden-Württemberg KZV BW (Hrsg., 2014). Patientenbindung – Der Computer macht es einfach. www.kzvbw.de/site/beruf/berufsinfos/2013/07/patientenbindung. Stuttgart. Abfrage: 11.12.2014.

Kassenzahnärztliche Vereinigung Berlin (Hrsg., 2014). Heil- und Kostenplan für Zahnersatz. www.kzv-berlin.de/patienten/kosteninformationen/heil-und-kostenplan.html. Berlin. Abfrage: 26.09.2014

Kehl, T., Güntensperger, M., Schmidt, W. u. a. (2005). Strategieentwicklung und ihre Umsetzung mit der Balanced Scorecard – das Praxis-Beispiel der Zürcher Höhenkliniken. Der Controlling-Berater (4) Sonderdruck CB 01240042. Freiburg: Haufe-Verlag.

Klinikum Mittelbaden (Hrsg., 2013). Geschäftsbericht 2012. Baden-Baden.

Klinikum Nürnberg (Hrsg., 2014a). Dezentrales Controlling und Ressourcensteuerung – Leistungsbeschreibung. www.klinikum-nuernberg.de/DE/ueber_uns/Fachabteilungen_KN/zd/dezcontrolling/leistungen/Leistungsbeschreibung_DC.html. Nürnberg. Abfrage: 24.07.2014.

Klinikum Nürnberg (Hrsg., 2014b). Leitbild des Klinikums Nürnberg – Unter dem Motto „Wir sind für Sie da!“. www.klinikum-nuernberg.de/DE/ueber_uns/daten_und_fakten/leitbild.html. Nürnberg. Abfrage: 21.05.2014.

Knittermeier, F. (2014). Negativtrend gestoppt – Paracelsus-Klinik ist übern Berg. In Hamburger Abendblatt. www.abendblatt.de/region/norderstedt/article125085722/Negativtrend-gestoppt-Paracelsus-Klinik-ist-uebern-Berg.html. Hamburg. Abfrage: 28.07.2014.

Kotler, P., Bliemel, F. (2001). Marketing-Management. 10. Aufl. Stuttgart: Schäffer-Poeschel Verlag.

Krankenhaus-Buchführungsverordnung (KHBV) in der Fassung der Bekanntmachung vom 24. März 1987 (BGBl. I S. 1045), zuletzt durch Artikel 7 Absatz 1 des Gesetzes vom 20. Dezember 2012 (BGBl. I S. 2751) geändert.

Krankenhausfinanzierungsgesetz (KHG) in der Fassung der Bekanntmachung vom 10. April 1991 (BGBl. I S. 886), zuletzt durch Artikel 16a des Gesetzes vom 21. Juli 2014 (BGBl. I S. 1133) geändert.

Länder-Arbeitskreis zur Erstellung von Rahmenhygieneplänen nach § 36 IfSG (Hrsg., 2003). Rahmen-Hygieneplan gemäß § 36 Infektionsschutzgesetz (IfSG) für Einrichtungen zum ambulanten Operieren. Stand: Mai 2003.

Landesbeauftragter für den Datenschutz Niedersachsen (Hrsg., 2015). Datenschutzrechtliche Hinweise zur Einführung der elektronischen Personalakte im öffentlichen Dienst in Niedersachsen. Stand: 2.1.2015. Hannover.

Medizinprodukte-Betreiberverordnung (MPBetreibV) in der Fassung der Bekanntmachung vom 21. August 2002 (BGBl. I S. 3396), zuletzt durch Artikel 3 der Verordnung vom 11. Dezember 2014 (BGBl. I S. 2010) geändert.

Medizinproduktegesetz (MPG) in der Fassung der Bekanntmachung vom 7. August 2002 (BGBl. I S. 3146), zuletzt durch Artikel 16 des Gesetzes vom 21. Juli 2014 (BGBl. I S. 1133) geändert.

Meffert, H. (2000). Marketing – Grundlagen marktorientierter Unternehmensführung: Konzepte, Instrumente, Praxisbeispiele. 8. Aufl. Wiesbaden: Gabler-Verlag.

Menker, K. (2006). Pflegetheorie und -praxis. München: Elsevier.

Pekrul, S., Zorn, S. (2013). Prozesse und Prozessmodellierung in der ambulanten Pflege – Medienbruch, Schnittstellenproblematik, Mehraufwand. In: Krankenhaus IT-Journal, Bd. 1. Dietzenbach. Antares Computer-Verlag.

Pflege-Buchführungsverordnung (PBV) vom 22. November 1995 (BGBl. I S. 1528), zuletzt durch Artikel 7 Absatz 3 des Gesetzes vom 20. Dezember 2012 (BGBl. I S. 2751) geändert.

REFA Verband für Arbeitsstudien und Betriebsorganisation e. V. (Hrsg., 1993). Methodenlehre der Betriebsorganisation: Lexikon der Betriebsorganisation. München: Carl-Hanser-Verlag.

Reuschl, A. (2011). Kritische Würdigung von Business Reengineering und Geschäftsprozessoptimierung für den Einsatz in Krankenhäusern. In Bouncken, R. (Hrsg.): Bayreuths Reports on Strategy. Bd. 5. Universität Bayreuth. Lehrstuhl für Strategisches Management und Organisation. Bayreuth.

Robert-Koch-Institut (Hrsg., 2004). Richtlinie für Krankenhaushygiene und Infektionsprävention. In Bundesgesundheitsbl – Gesundheitsforsch – Gesundheitsschutz 47: 409–411 (10.1007/s00103-004-0803-x). Berlin.

Schug, I. (2003). Entwicklung eines führungsorientierten Kennzahlensystems im Rahmen der EFQM-Zertifizierung eines Krankenhauses. In Beiträge des Deutschen Forums für Krankenhausmanagement (dfkm) – Informations- und Dokumentationsportal für Krankenhausmanager (Hrsg.). Wiesbaden-Biebrich.

Sitter, H. (2010). Klinische Algorithmen. Präsentationsunterlage des Instituts für Chirurgische Forschung an der Philipps-Universität Marburg. Marburg.

Sommerhoff, P. (2013). Strategische Positionierung. Krankenhausmarke – Wunschdenken oder Realität. In Health & Care Management (HCM). 4(12). Bad Wörishofen: Holzmann.

Städtisches Klinikum Solingen gGmbH (Hrsg., 2014). Projektkoordination in der Städtisches Klinikum Solingen gemeinnützige GmbH. www.klinikumsolingen.de/351-0-Projektmanagement.html. Solingen. Abfrage: 22.12.2014.

Statistisches Bundesamt (Hrsg., 2014). Gesundheitsberichterstattung des Bundes: Kosten der Krankenhäuser in 1.000 Euro. Gliederungsmerkmale: Jahre, Deutschland, Kostenarten (Sachkosten, Personalkosten), Einrichtungsmerkmale (Bettenzahl/Art der Zulassung/Anzahl der Fachabteilungen/Träger). www.gbe-bund.de/oowa921-install/servlet/oowa/aw92/WS0100/_XWD_FORMPROC?TARGET=&PAGE=_XWD_2&OPINDEX=1&HANDLER=XS_ROTATE_ADVANCED&DATACUBE=_XWD_30&D.000=ACROSS&D.001=PAGE&D.953=DOWN&D.922=DOWN. Bonn. Abfrage: 29.07.2014.

St. Elisabeth-Krankenhaus Leipzig (Hrsg., 2014). Apotheke – Unit Dose System. Krankenhaus-Apotheke – Unit Dose Versorgung. www.ek-leipzig.de/medeinr/apotheke_unit_dose.html. Leipzig. Abfrage: 25.11.2014.

Stift Tilbeck GmbH (Hrsg., 2009). Make-or-buy als Chance – am Beispiel Wirtschaftsdienst. Folienvortrag anlässlich der CBP-Fachtagung „Schluss mit lustig ...!?" am 21.-23. April 2009 in Würzburg. Havixbeck.

Technische Regeln für Biologische Arbeitsstoffe (TRBA) 250 – Biologische Arbeitsstoffe im Gesundheitswesen und in der Wohlfahrtspflege. Ausgabe März 2014. GMBl 2014, Nr. 10/11 vom 27.03.2014. Änderung vom 22.05.2014, GMBl Nr. 25.

Ulich, E. (2005). Arbeitspsychologie. 6. Auflage. Stuttgart: Schäffer-Poeschel-Verlag.

Umsatzsteuergesetz (UStG) in der Fassung der Bekanntmachung vom 21. Februar 2005 (BGBl. I S. 386), zuletzt durch Artikel 4 des Gesetzes vom 18. Dezember 2013 (BGBl. I S. 4318) geändert.

Universitätsklinikum Leipzig (Hrsg., 2014): Organigramme zur Struktur des Universitätsklinikums Leipzig – Departments. www.uniklinikum-leipzig.de/r-organigramm-a-115.html. Leipzig. Abfrage: 22.12.2014

Universitätsklinikum Heidelberg (Hrsg., 2006): Qualitätsmanagementhandbuch der Neurochirurgische Klinik am Universitätsklinikum Heidelberg. Version 1.3. www.klinikum.uni-heidelberg.de/fileadmin/neurochirurgie/pdf/QMH_07_2006.pdf. Heidelberg. Abfrage: 28.2.2015

Völz, B. (2014). Schufa Merkmale und Löschfristen für Banken. www.schufascore.com/Schufa-Merkmale.html. Hamburg. Abfrage: 04.06.2014.

Weber, J. (2014). Gemeinkostenschlüsselung. In. Springer Gabler Verlag (Hrsg.): Gablers Wirtschaftslexikon. wirtschaftslexikon.gabler.de/Archiv/175/gemeinkostenschluesselung-v4.html. Wiesbaden: Gabler-Verlag. Abfrage: 01.08.2014.

# Stichwortverzeichnis

K



L



M

www.ingramcontent.com/pod-product-compliance
Lightning Source LLC
Chambersburg PA
CBHW050037220326
41599CB00040B/7192

* 9 7 8 3 1 1 0 5 7 9 9 3 2 *